教育としてのCLIL 笹島 茂

CLIL Pedagogy in Japan

SANSHUSHA

もくじ

はじめに

　CLIL（Content and Language Integrated Learning 科目内容とことばを統合した学習）はようやく日本でも知られるようになった。しかし、いまだにその理解には揺れがあり、疑問を感じている人もいる。このような理解がおそらく日本の英語教育の長所でもあり短所でもある。本書ではCLILを「英語」に特化し、「英語教育」の領域で議論するが、CLILは本来英語教育でもなく言語教育でもなく、「統合的な教育（integrated education）」のひとつの学習形態と考える。CLILを広い意味での「教育（pedagogy）」として捉え、実践的にCLILの理解を図りたい。

　さらに、本書では「教育」を英語の「pedagogy」として論を進める。英語のpedagogyは一般的に「教授法、指導法（the art and science of teaching）」と訳されるが、多様な意味を持つ社会文化背景によって微妙に違うニュアンスを持った用語である。たとえば、スコットランドの教育政策では次のようにpedagogyを捉えている。

> Pedagogy is about learning, teaching and development influenced by the cultural, social and political values we have for children ... in Scotland, and underpinned by a strong theoretical and practical base. (Learning & Teaching Scotland, 2005, p. 9)
> 教育は、スコットランドでは…子どもに向けた文化的、社会的、政治的価値によって影響され、確固とした理論的実践的基盤によって支えられ、学ぶこと、教えること、成長することに携わる。（筆者訳）

本書では「教育」を「学ぶこと、教えること、成長すること」と捉え、その視点からCLILの理解を図る。さらには、英語教育としてCLILを議論することが日本という文脈では重要であると考え、CLILが広く日本の教育全般に有効に利用されることを願う。

　CLILはヨーロッパで政策的に始められた。現在、ヨーロッパでは多様なCLILが展開しており、その多様さがCLILに活力を与えている。学校現場ではカリキュラムとして定着したが、応用言語学（applied linguistics）の研究者からCLILに対する批判も少なからずある。CLILの理論的脆弱性は多少あったとしても、言語教育政策の実践

面において多くの教師から支持され、各教科の教師にも受け入れられ、多くの学習者の目的にかなった教育として浸透している。

　筆者は、2000年はじめにヨーロッパの言語教育と言語教師教育の調査のなかでCLILに出会った。その際の筆者の疑問は率直に「CLILとは何だ?」であったが、言語だけを学ぶのではなく、内容も学ぶという点に興味を感じた。当時は、CBI（Content-based Instruction 内容重視の指導）やESP（English for Specific Purposes 明確な目的のための英語）に興味を持ち、その視点からCLILを見ていた。国や地域によって事情は違うが、多くの教師（英語教師ではなく）が関心を示しかつ実践をしていることを知り、2005年頃から調査を開始した。

　同時期に日本でも多くの人が関心を持ち始め、2010年頃までには急速にCLILは認知されるようになった。筆者があちらこちらでCLILを話題にした時期にはすでにいくつかの研究調査が始まっていた。それまでにすでに実施されていたバイリンガル教育やCBIなどが、CLILと名前を変え始めたと言ってもよいかもしれない。こうしてCLILが周知され、CLILに対する期待がさまざまに増幅され、多少迷走しつつ日本に浸透した。しかし当初からの「CLILとは何か?」という根本的な問いは常にくりかえされ、今日まで来ている。

　本書はそのような疑問に答えようと試みている。誰もが納得する答えにはならないかもしれないが、日本という状況における「CLILとは何か?」という問いにはある程度の方向性を示すことができると考える。本書はCLIL指導書として活用できるが、CLILのマニュアル本ではない。ある手法で、ある教材を用いて、ある活動をすることで、CLILを展開することを意図しているわけではない。そのような型にはまった指導法を提示すれば、それはすでにCLILとは言えない可能性があるからである。「CLILとは何か?」という問いを丹念に具体的実践的に探求することで、多くの教師がCLILを理解し、CLILを実践し、そしてさらにCLILが発展することを願う。

　CLILは、言語教育の伝統からは少し外れる考えからヨーロッパで生まれたが、決して新しい学習でもなく指導法でもない。きわめて素朴な教育であり、特に新しい言語教育を提案しているわけではない。いわば、多様なアイディアが組み合わさっ

たことで生まれた、今までにはないパッチワークキルトのような統合的な学習である。新しさはその発想にある。CLILは、科目の内容を学ぶ対象となる外国語（目標言語）を使って、かつ、外国語を学ぶことも統合して学習することを想定した教育である。その発想は、複雑であるが直感的に新鮮なのである。

　CLILは、2010年以降急速にヨーロッパから各地に広がっている。CLILという名称も定義も、異なる意図を持ち世界中に展開し始めた。日本もそのひとつである。今までの言語学習の枠組みを越えた形で進行していることは明確で、言語教師の多くが関心を持ち、新たな視点でCLILを捉えようとしている。本書では、英語教育を基盤としてCLILを考えるので、従来の英語教育と比較対照しながら議論を進め、その発展型としてのCLILを模索する。

　2011年に出版した『CLIL——新しい発想の授業』(三修社)では、ヨーロッパのCLILを紹介する形で編集したが、本書は、日本の教育環境におけるCLILの導入と展開をこれまでの研究と実践をもとにまとめ、日本の文脈に適したCLILの理論的な枠組みを集大成として提案したい。CLILが急速に広がるなかでひとつの柱を提供したいと考えている。このような点を踏まえて、次のように構成されている。

　第1章では、日本の教育システムや文化を背景にCLILの基本理念について考える。CLILの定義、CLILと教育、学習、外国語学習、バイリンガル教育、イマージョン、CBIなどと関連させて、日本におけるCLILのあり方を提示する。第2章では、ヨーロッパで生まれたCLILについて概観する。これまでの経緯、研究・実践の動向、小中高大の各学校段階やインターナショナルスクール・IB (International Baccalaureate 国際バカロレア) など、多言語多文化社会とヨーロッパの統合、平和を背景として生まれたCLILの成り立ちなどを考える。第3章では、CLILの基本とヨーロッパでの実践を解説する。フィンランド、スペイン、イタリア、ドイツ、オーストリア、スウェーデン、フランスなどの事例を踏まえて、第1章の日本の文脈に適したCLILの理念を補足する。第4章では、CLIL指導技術を理論と関連させて具体的な事例をもとにわかりやすく提示する。第5章では、具体的な事例を踏まえて、CLILを導入するにあたり課題と応用を発展的に考察する。第6章では、小中高大のCLILの実践と連携に

関連して、各学校段階でのCLILのあり方を具体的に提案する。第7章では、ヨーロッパから世界に広がるCLIL的アプローチの現状と可能性を考える。第8章では、CLILと教材の問題を扱い、これからの教材開発の具体的なヒントを提示する。第9章では、CLIL教育を日本に根付かせるためにはCLIL教師の養成と研修が欠かせないことを指摘し、今後のCLIL教員養成と研修のあり方と方向性を提案する。

　筆者のこれまでのCLIL研究と実践をもとに構成し、日本の教育システムや文化に適応した形でCLILを教育としてまとめた。学ぶことも教えることも複雑であり、簡便な方法はないと言い切ってよいだろう。「〜メソッド」と言われる教育はある面では有効であるが、状況に左右される。教育は、複雑で多様で常に変化する生き物である。CLILで何かが変わるということはないかもしれない。また、CLILが何かをもたらすこともないかもしれない。ひとつ言える確かなことは、CLILを実践しようとすることが、教師と学習者の学ぶこころに変化を醸し出すのである。

引用文献

Learning & Teaching Scotland (2005). *Let's Talk About Pedagogy: Towards a Shared Understanding for Early Years Education in Scotland*. Dundee: Learning and Teaching Scotland.

第 **1** 章

日本の教育を背景としたCLILの基本理念

CLILは学習の理念を提供している。「CLILはヨーロッパの環境で成り立つかもしれないが、日本では無理だ」と言う人がいる。確かにヨーロッパで実施されているCLILを真似てもうまくはいかないだろう。しかし、それはCLILの本質をよく理解していない人の考え方で、指導法にこだわることに起因する。CLILを大きな教育の枠組みと捉え、教育理念として理解すると、CLILが見えてくるだろう。本章では、日本という教育環境でCLILをどう捉え、どのように実践したらよいか、ひとつの指針を示すことにする。

1.1 CLIL指導法と英語指導法

CLIL指導法はいわゆる英語指導法とどう違うのかを考えてみよう。CLILはその名称の通り、科目内容やテーマを学ぶことと、言語（本書では英語と日本語）を学ぶことを統合した学習である。その点から考えれば、CLIL指導法は英語指導法とは異なる。しかし、英語指導法も実は多様であり、定型はない。CLILも同様で定型はない。学習指導法にはそれぞれの理念があり、現実には多様なアプローチが展開されている。何を教えるかというカリキュラムはそれぞれの状況に応じて決まりがある。日本の初等中等教育においては学習指導要領に準拠することになる。英語指導法も学習指導要領に準拠して工夫されることになるが、CLILは必ずしもそうである必要はない。

ヨーロッパではCLILがカリキュラムに定められている国もあるが、明確に規定されていない国も多い (cf. Eurydice, 2017)。背景にあるEUの言語（教育）政策、CEFR（ヨーロッパ言語共通参照枠 Common European Framework of Reference for Languages) (Council of Europe, 2001) の理解が重要で、なかでも複言語主義 (plurilingualism) を見落としてはいけない。そこでは、ヨーロッパ言語（主に英語）がコミュニケーションのツールとして利用されている。英語などを使って数学や理科などの科目を学ぶことが、高等教育を受ける学習者には必要とされ、CLILという統合学習が生まれたが、CLIL指導法に何か特徴的な方法があるわけではない。ヨーロッパの言語教育の基本はコミュニケーション能力を育成するCLT（コミュニカティブ・アプローチ Communicative Language Teaching) であり、言語教育の面から見ればCLILもその一環でしかない。その意味から、CLILは、複言語主義を背景として科目の内容を併

せて学ぶ機会を提供し、自律学習を促し、それぞれの科目の学びを統合している点に特徴がある。

　日本の初等中等教育の学習指導要領の目標は英語のコミュニケーション能力の育成である。基本はCLTであるが、理想は現実とかなり乖離していると言わざるを得ない。「教養か実用か」などという議論がいまだに行われている。この背景はかなり複雑であり、明治の頃と根本は変わらない面がある。英語指導法もCLTを基盤としているものの、ヨーロッパの教育システムや社会状況とは大きく異なるために、形はかなり違ってしまっている。CLILを導入する際に、ヨーロッパで培われた理念や実践をまねているだけでは意味がない。CLILは緩やかな理念を基盤とした統合学習の一端であり教育的試みである。CLILを教育と捉え、適切な学び方・教え方のアプローチをCLILという枠組みのなかで工夫することが大切だ。

　まず、日本の英語教育の歴史をふりかえることから本章を始め、日本の文脈を考慮しながら、CLILの基本的な理解を深めることにする。

1.2　日本の英語教育の伝統

　日本の英語指導は江戸時代に長崎の出島で始まったとされる。当時オランダ商館があった出島に1808年にイギリス船が侵入し、脅威を感じた江戸幕府が英語の必要性を感じ、オランダ人のブロンホフ (Blomhoff) が指導した。実際にどのように英語指導が行われたかは定かではないが、推測するに、オランダ語と日本語を介して英語の語彙、文法、発音などが、音読練習や語句の理解を通して学ばれたのであろう。この指導の際に作成されたのが『諳厄利亜語林大成』という英和辞典であることから、新しい言語を学ぶ際の基本的なアプローチが生まれたと考えられる。また、1841年に漁に出て遭難し、アメリカ船に助けられたジョン万次郎はアメリカで教育を受け、日本に帰り『英米対話捷径』という英語教本を作成した。必要に迫られ英語を実践的に学んだ経験を生かし、英語教師や通訳として活躍した。

　この2つのエピソードは、今日の日本の英語教育の特徴を示している。適切な英語教師がいなければ、書物などを通して、発音、文法、語彙を理解するために音読や書写を行い、日本語を介して英語を理解する学習が続けられる。この頃の英語は、

情報収集のための文書の読解が中心であった。ジョン万次郎のように英語が堪能な日本人は少なかった。彼が日本人のために作成した教本は会話表現などを理解する上では貴重なものだったのだろう。その後、明治期になって「お雇い外国人」と呼ばれる各分野の専門家や教師を欧米の知識や技術を導入するために雇用した。その過程で主に英語が学ばれたが、英語だけではなく、フランス語、ドイツ語などを中心に当時の列強から多くの知識や技術を吸収した。さらには、商業英語などの分野でも実践的で実利的な学習法が発展した。

　次第に、英語が使える人や英語を教えられる人が増え、読解、語彙学習、文法学習中心の日本的な英語指導法が定着していった。学習者のニーズも、英語が実際に使えることよりは「受験」を目的とした内容にシフトしたために、知的能力を試す科目として変質した面がある。実学としての英語学習は必要に応じて発展したが、公教育における英語教育は、文法訳読を中心とする知識偏重の形となっていった。今日でもこのような伝統的な指導が相変わらず行われていることは想像に難くない (cf. 伊村、2009)。

　このような日本の英語教育の伝統はCLILが普及したヨーロッパとは大きく異なる。しかし一方で、日本で行われている英語学習の方向性にはCLIL的な要素がかなり含まれている。たとえば、江戸時代の英語学習は、英語のコミュニケーションが主たる目的ではなく、当時必要な知識や欧米の技術を知ることが目的であり、内容をともなっていた。その際に試行錯誤のなかで行われた学習は統合的な学習で、学び方に関する思考が学習者のなかで活性化した。それが次第に薄れ、英語の基礎基本を公教育で行うことに付随して、英語を教育的に扱い、かつ、知識 (語彙、文法、発音、文学など) や技能 (読む、聞く、書く、話す) などを、英語学、英文学などの学問の専門分野化にともない語彙、文法、発音、意味、文化などの各分野に細分化することで、CLILが持つ統合的な側面は消えていったと考えられる。

1.3　伝統的な英語指導法とCLIL

　日本における英語教育は、2つの主流となる指導法の変遷とその特徴から、**表1.1** のようにまとめることができる。

文法訳読法 （the Grammar Translation Method: GTM）	オーラル・メソッド（the Direct Method） オーラル・アプローチ （the Audio-lingual Method） コミュニカティブ・アプローチ （Communicative Language Teaching, CLT）
文法、語彙、読解	音声、場面、機能
教養（知識、思考、文学、文化、社会など）	実際の英語の使用、聞く・話すなどのやりとり
非母語話者の指導者	母語話者及び堪能な非母語話者の指導者

表1.1 英語教育の指導法の変遷と特徴

　日本における文法訳読法（the Grammar Translation Method: GTM）は、正則（英語で教える英語授業）と変則（日本語で英語を教える英語授業）という大きな指導法の違いのなかで生まれ、前者が実用的で英語に焦点を当てたのに対し、後者は、英語授業が中等教育に普及したことを背景として、教師と生徒との関係性のなかで、日本社会で英語を学ぶことのニーズに合わせて育まれた指導法である。日本の文法訳読法は、教養を目的とした英語学習として発展したと言える。

　オーラル・メソッド（the Direct Method）は、文法訳読法への批判から取り入れられたが、日本の実態には合わなかった。大正期に日本の英語教育の改善のために招かれたパーマー（Palmer）も述べている通り、英語だけで教えることに固執するわけではなく、日本の学習者に適した形で指導することを推奨した。オーラル・アプローチ（the Audio-lingual Method）も同様に英語の使用を重視した指導法であるが、当時の行動主義の考え方を反映して、口頭練習を通じて、何度もくりかえすことを重視した。オーラル・メソッドとほぼ目的は同じであるが、非母語話者でも可能な効率的指導法として発展した。その後に登場したのが、コミュニカティブ・アプローチ（Communicative Language Teaching, CLT）だ。コミュニケーション能力の育成に特化し、場面や機能を整理して、授業活動を展開する指導法である。今日では一応このCLTが主流となっているが、実態は多様である。CLILもCLTの一部であり、CLIL授業も英語によるコミュニケーション能力を育成することに主眼を置いている。歴史的に見ると、英語が使われる場面や内容を重視するCLILは、英語教育指導が細分化し、専門性が強調されてきた流れを統合しようとしている点にその特徴があると言えるだろう。この点ついては後に詳細に説明する。

1.4 CLTとCLIL

　CLTはコミュニケーション能力の育成を目的にしている。コミュニケーション能力（communicative competence）は、Hymes(1972)が使った用語である。Chomsky(1965)が言語を言語能力（linguistic competence）と言語運用力（linguistic performance）の2つに分けたことに関して、Hymesは社会言語学の立場から批判し、言語をコミュニケーションと捉え、より複雑な要素から構成されるコミュニケーション能力として位置づけ、言語学習を強調した。Canale & Swain(1980)が、コミュニケーション能力をさらに次のように下位区分していることはよく知られている。

- 文法能力（grammatical competence）
- 談話能力（discourse competence）
- 社会言語能力（sociolinguistic competence）
- 方略能力（strategic competence）

現在ではこの立場が主流であり、コミュニケーション能力自体はかなり複雑に構成されていることが認識されている。この考えの背景には、単に言語だけを取り上げてコミュニケーション能力を養成するだけではなく、その背景にある内容が存在している。コミュニケーション能力は各場面や状況に応じて多様であり、コミュニケーションの目的は、何かを学び、考え、伝え、共有することである。CLILはその延長線上にあり、CLTの理念を基盤として学ぶ内容を統合したコミュニケーション能力の育成を目指す、ごく自然な発想で生まれた教育だ。

　CLILではコミュニケーション能力の育成は重要な目標で、文法、語彙、発音、そして談話構造も社会文化的な面も学び、人とのコミュニケーションをどう円滑にするかなども学ぶ。たとえば、数学のCLILであれば、数学という内容の言語の特徴を理解しながら、問題にかかわってコミュニケーションを学ぶ。

例）等式（equation）について学ぶ

A **variable** is a symbol for a number we don't know yet. It is usually a letter like **x** or **y**, so **x** or **y** is called a variable. A **number** on its own is called a **constant**. It means we know it. A **coefficient** is a **number** used to multiply a **variable**. 5x means 5 times **x**, so 5 is a **coefficient**.

使われている語句は慣れないかもしれないが、文法は単純である。実際の話し言葉では、数字や記号があり、しぐさがあり、多少の言葉の欠落や発音の間違いがあっても問題はない。このようなやりとりは日常的ではないかもしれないが、CLILが特徴とする点はそこにある。

1.5 CLILと文法、語彙、発音

　CLILへの批判は、「英語の基礎基本がなければ英語での内容の学習は無理である」という点に集約されるかもしれない。その問題を前提として、CLIL教育における文法、語彙、発音の扱いをここで整理しておく。CLILアプローチでも当然英語の基礎基本は大切に考えている。初学者であれば、文法、語彙、発音などの基本は丁寧に扱う必要がある。小学校や就学前で英語を学ぶ場合は、CLILでも英語の授業でも表面的にはあまり違いがない。適宜目的に応じて、文法、語彙、発音などの基本的な活動を次に示す観点から扱うことが肝要である。

1) 文法の扱い
- 学ぶ内容で扱われる文法に焦点を当てる
- 理解のための文法は意味の理解を中心に置く
- 使用のための文法は誤りには寛容で、気づきを促す
- 文構造、受動態、時制、接続詞、関係詞、分詞、動名詞などの文法の基本は、適宜まとめて理解を図る
- 前置詞、副詞句、句動詞、慣用的な表現は場面に応じて理解を図る

- 日本語による文法理解の時間を適切に設定する
- 文法理解のためのドリルは継続的に行う

2) 語彙の扱い

- 学ぶ内容と関連させて語句を理解する
- 日常の基本的な語句は英語と日本語で常に見えるところに配置し、頻繁に使う
- 新しい語句を辞書などで簡易に調べられる環境を整備する
- 語彙制限はせず、必要な語句は学習者に応じて際限なく提供する
- 英語と日本語は必要に応じて対応するようにする
- 語句は、触れたり、使用することによって学ぶように工夫する
- 語彙は、読む、聞く、書く、話すなど実践的な活動のなかで強化する

3) 発音の扱い

- 標準的な発音指導は適宜行うが、まずはコミュニケーションを重視する
- 聞く活動においては、意味理解を重視し、特にカタカナ語や日本語との比較に留意する
- 話す活動においては、日本語と相違する音についてはていねいに指導する
  例）テーマ—theme、ウイルス—virus、アルコール—alcohol、キャリア—career
- 日本語訛りの発音もある程度許容し、コミュニケーションを重視する
- 発音を指導する場合、ELF (English as a Lingua Franca) を基準として「通じること (intelligibility)」を優先する
- 多様な英語に対応できるように、非母語話者の英語などにも触れる
- 発音に対して過剰な正確さを要求しないように注意する
- 授業活動のなかで、継続的に個々の発音のポイントをくりかえし練習する

文法、語彙、発音などの指導は、学習者のニーズを優先し、体系的に行うよりは、扱う内容に合わせて適宜行うとよい。また、学習者からの要求があったときに適切に対応すると効果的である。

1.6 CLILと各技能の指導

　読む、聞く、書く、話すという4技能の活動は、バランスよく提供することが大切である。ヨーロッパでの言語教育において重要な共通の枠組みとなっているCEFRでは、この言語活動を次のように分けている。

- Understanding（Listening, Reading）　　　　　理解する（聞く、読む）
- Speaking（Spoken Interaction, Spoken production）　話す（やりとり、発表）
- Writing（Writing）　　　　　　　　　　　　　書く（書く）

それぞれの技能を6段階（C2, C1, B2, B1, A2, A1）のレベルに分け、各レベルの技能を「〜ができる」というCan Doの記述で表現している。日本版には、CEFR-J (投野他、2013)あるいはJapan Standards (JS) (川成、岡、笹島, 2013) などがあり、最近では学習指導要領にも反映されるようになっている。CLIL教育でもCEFRの言語技能レベルを参照し、言語の到達度目標や評価に利用している。

　CLILの特徴は、学ぶ科目やテーマに関連した英語を通して、英語のコミュニケーション能力を育成することにある。CLIL授業ではコミュニケーション能力はCEFRと関連させて測定されていることが多い。英語の授業では、英語の知識や技能に焦点を当てその習熟を図ることに目標を置き、内容に関しては特に重きを置かない。それに対してCLILは、科目の内容やテーマに興味を持ち、関連した知識などを学ぶことに目標を置いているので、英語に関しては、技能ごとに授業活動を通じてCEFRなどを利用して評価している。日本でもCLIL授業を行う場合は、英語の文法や語彙や発音などの細かい知識や技能を評価するのではなく、各活動を通じて、コミュニケーション能力としての各技能を育成し、評価することが求められる。

　たとえば、読む活動の場合を例に考えてみよう。次の英文は『How to grow rice（米の作り方）』を説明している。その際、How many days do you need to grow rice through harvest?などの質問はせずに、Let's try to grow rice! First, what should you do? Please show the process with illustrations.などとして活動を促す。

> **How to grow rice**
>
> Planting rice is not so difficult. You just need at least 40 days of warm temperatures over 21 degrees Celsius in principle. If you live in the west of Japan, you will have the best luck, but you can also try growing rice indoors.
>
> 1. You need to find one or several plastic containers without holes. How many miniature rice paddies you want to create is a priority.
> 2. You need to either buy rice seed from a gardening supplier or a food store.
> 3. Fill the plastic container with dirt or potting soil.
> 4. Add water up to 5 centimeters over the soil level.
> 5. Add a handful of the rice to the plastic container and make it sink to the dirt.
> 6. Keep the plastic container in a warm and sunny area and move it to a warm place at night.

読む技能から、聞く、話す、書くという活動へと統合的に発展させ、評価し、『How to grow rice（米の作り方）』という課題を通じて、内容にも興味を持ち、知識を身につけていく。さらに、実際に米を育ててみることは価値のある活動となる。

　学習者の英語コミュニケーション能力の不足により教師の支援が必要な場合がある。CLIL を実践する教師の醍醐味はその点にある。CLIL では、英語だけで教える必要はなく、適宜日本語を使用する。4技能すべてにおいて大切な点はそのバランスと適切さである。4技能を統合してバランスよく指導することが CLIL の基本である。

1.7　統合的な学習（科目内容・テーマ＋言語）としての CLIL

　CLIL は統合的な学習のひとつである。「統合する（integrate）」は、ケンブリッジ辞典で "to combine two or more things in order to become more effective" と定義される。「統合学習（integrated learning）」は、「統合することによる、より効果的な学習」のことである。統合的な学習は複雑で自然な学びであり、いくつかのことが組み合わさっている。それを個々に処理するのではなく、CLIL では統合したまま、効果的

に工夫して多面的に扱う。

　英語教育は、応用言語学などの発達により、言語の習得や学習などのメカニズムを科学的に探求する方向に向かい、音韻論、形態論、統語論、意味論、記号論、語用論など、また、音声学、社会言語学、認知言語学などに細分化された言語学の各分野に影響されてきた。そして、それぞれの知見は英語教育に大きく貢献してきた。特に、第二言語習得（SLA）研究はさまざまな分野の知見を取り入れ、授業や学習環境をより意識して言語習得と学習のメカニズムを探求し、その研究成果を積み上げてきた。しかし、学習者は統制された環境で言語に特化して言語だけを学習しているわけではなく、同時に多くのことを考え、興味を持っている。学習プロセスには複雑な要因が働いているので、実験的なデータを積み重ねても、得られたデータは直感的経験的に積み重ねられた学習の裏付けにしかならないことが多い。

　言語学の知見にもとづいた学習法の提案は多くある。巷には英語学習法の本が並び、語彙の覚え方、発音のコツ、英会話、効果的なリスニング、速読、英語の書き方、効果的な文法理解など、多くの英語学習方法が提示されている。日本の場合、高校受験や大学受験という目標に向かって従来からの学習方法が踏襲されている傾向がある。しかし、学習者はそれぞれの学習スタイルに合った適切な学習をすることが大切だ。学習プロセスは、認知的なことだけではなく情緒的な面の働きに影響を受けやすいにもかかわらず、画一的な学習方法に偏る傾向がある。学習自体の特性は統合的な要素を多く含んでいるので、人の学びを機械的に捉えることはあまり得策ではない。

　確かに、言語だけに特化した学習のほうが英語教師は教え易い。事実、医師、弁護士などと同様に教師も専門職と考えられ、中等教育では英語は英語の教師が教えるものとされている。資格がない場合は教えることができず、それぞれの教科には適切な指導法が定着した。教科間連携は形式的に実施しづらい。しかし、CLILは、教科科目の内容を目標言語で教えるというそれまでの伝統から外れた統合的な教育を取り入れた。北米のESL環境でのCBI、2言語が併用される社会状況でのバイリンガル教育、イマージョンプログラムなどではなく、ヨーロッパでは普通の学校教育でCLILが推進された。主な理由は、ヨーロッパでの人の移動の促進とEU域内での単位互換性の普及だった。この転換が今日のCLIL教育の発展につながっている。教育は画一的な方向に向かうのではなく、現実を見て多面的に考えることが重要である。

実施した結果、学習に効果的な結果が得られたことと、教育によい影響を与えたことが、ヨーロッパでのCLILの浸透をさらに促進した。しかし、指導法に明確な指針があるわけではなく、基本的な要件は、数学、理科、社会などを教える教科の教師が英語などの目標言語で教えることであり、評価の主たるポイントは目標言語による教科の内容の理解である。目標言語の多くは英語であるが、フランス語やドイツ語などのヨーロッパ言語もCLILとして普及している。

　CLILを実施する場合は、「統合」という点に注目することが大切である。「～すれば～できるようになるだろう」という仮説検証のような直線的な考えではなく、学ぶ内容と関連する言語の目標を定め、その目標を達成するための枠組みをCLILという統合学習とし、そこに至るプロセスは、学習者の自律に任せ、教師も学習者のつまずきを考慮しながら、目標に至る学習プロセスを支援し、評価する。教師の役割は、必ずしも内容を教えることではなく、1) 教材を提示すること、2) 基本的なリソースを提供すること、3) 課題（活動、タスクなど）を設定すること、4) 学習成果の共有を図る方法と場を設定すること、5) ふりかえり・評価・フィードバックをすること、である。CLIL教師は、統合学習自体をアレンジし、支援し、共に学ぶ。教師が留意することは、目標言語の英語使用の支援と工夫である。そこでは、母語である日本語の効果的な使用を考慮し、言語の統合、学ぶ内容の統合の両方を考える必要がある。

1.8　CLILの教育理念と指導法

　CLILは、指導法（methodology）と言われるが、教科科目の内容・テーマと言語を統合する学習という教育理念（pedagogical principles）のもとに実施される教育の総体（entity）である。明確な指導方法やテクニックがあるわけではない。一般にCLILとして紹介されるほとんどの指導方法は従来の英語教育や学習方法で紹介されている。語彙指導であれば、実際の物事を示し動作を行うことで意味の理解を促進し、推測し理解したことを練習し、実際に自分で使ってみる。読解指導であれば、ジグゾー学習などCLTの活動がCLILの指導で利用される。言語学習という括りであれば、CBIもCLILも活動に大差があるわけではない。

　学習の焦点の半分が内容の学習にあるという点がCLILの本質である。言語学習に重

きを置いたCLILはソフト（soft, partial, language-driven）CLILと呼ばれ、日本で注目されるのはほぼこのアプローチである。日本の文脈では多くのケースは英語教育としてのCLILである点を考えると、CLILの教育理念は英語教育を柱とし、指導法も英語教育の伝統を踏まえる必要がある。内容の学習が中心となるハード（hard, total, content-driven）CLILは、日本の学校教育ではカリキュラム上導入がむずかしいので、本書では詳しくは扱わない。しかし、このような区分は便宜上のことであり、日本の文脈で考える場合は、あまり意味がない。CLILは、CLILという教育理念のもとに展開されるメソドロジーであり、その観点から自然に展開される教育が言語学習に重きを置くCLILとなる。

　CLILの教育理念は「4つのC（4Cs）」(Coyle, 1999)を基本として考えることが重要である。

- Content（科目内容やテーマを学ぶ）
- Cognition（思考と学習の工夫）
- Communication（目標言語でのコミュニケーション能力）
- Culture（文化の多様性の理解と対応能力）

この「4つのC」で表された理念をもとに学習が構成され、CLIL教育が形成される。CLIL教育の基本は、「言語が学びにつながり、内容の学びのために言葉があり、学びを通して思考する」ということになる。また、CLIL教育は次のように表される。

$$\boxed{\text{言語（英語＋日本語）}} \rightleftarrows \boxed{\text{学び・思考}} \rightleftarrows \boxed{\text{科目内容・テーマ}}$$

日本の学校文化を考慮すれば、英語だけを使って授業することは多くの場合得策とは言えない。さらに、英語だけに特化することは、今後の日本の社会状況から判断すると望ましいことではない。必要に応じて日本語や他の言語を扱うことは重要である。
　日本におけるCLIL教育で重要なことは、日本語と英語という言語をどのようにバランスをとって学習するかである。英語と日本語は言語学的に離れているので、英語を学ぶ場合は基礎基本の学習が欠かせないとよく指摘される。しかし、これまでの英語教育の歴史が示すように、それでは成果が上がることはなかった。上記に示

した図式のように「学び」を中心に、内容と言語の学習を統合して考え、言語教育だけの伝統ではなく、多様な学習や教育の伝統のもとに新しい指導方法が構築される必要がある。従来のように、「文法訳読の授業」VS「英語でコミュニケーション活動する授業」という単純な図式ではなく、学習者のニーズに対応し、状況に応じた授業を適切に選択することが、CLIL教育につながる。

1.9 CLILの学習理論

　CLILを支える学習理論の中核は、社会構成主義(social constructivism)、あるいは、ヴィゴツキー(Vygotsky)の社会文化理論(sociocultural theory)である。CLILが提唱された頃の学習理論の流れを取り入れたもので、CLIL独自の理論ではない。また、当時のヨーロッパが推進していたCEFRの枠組みに大きく影響されている。その成り立ちは、『CLIL──新しい発想の授業』を参照してほしい。ここでは、その学習理論のなかで日本の状況に役立つ理論を紹介する。

1) スキャフォールディング(scaffolding)
　「足場づくり、足場かけ」などと訳される学習者が学ぶ際の適切な支援のことである。ヴィゴツキーが述べる最近接領域(Zone of Proximal Development, ZPD)という考え方にもとづく。子どもが発達する上で、少し援助すればできるときに適切に手を差し伸べることである。どのタイミングでどう援助するかは状況に応じる。適切に援助されれば、学習は効果的に進むことは容易に想像がつく。スキャフォールディングが大切だということは多くの教師は納得するだろう。問題は、そのタイミングと具体的な内容である。同じような状況でも同様の支援が同様の効果を示すかどうかはわからない。上手に指導している教師の真似をしてもうまくいかないことも多い。

2) ブルームの教育目標の分類：HOTSとLOTS
　一般にブルームの分類(Bloom's Taxonomy)として知られている認知(思考)技能の分類である。高次の思考技能をHOTS (higher order thinking skills)、低次の思考技能をLOTS (lower order thinking skills)として分類している。より高次に進むにつれて

CLIL授業思考技能レベル	具体的な活動内容と工夫
HOTS	高次の思考技能
授業で学んだことから発展的に何かを創造する（creating）	英語で学ぶことだけではなく、英語と日本語両言語の発想から、独創的なこと（うまく英語で表現できないことを工夫して表現し、新しい考えを生み出すなど）を考え、それを自律して実行する。 例）創作物（物語、詩など）をつくる、パンフレットなどをつくる、学んだ内容をまとめる、編集する、改訂するなど
授業での学びを批判的に考え評価する（evaluating）	英語で学ぶ内容について全般的に批判的にふりかえり、効果性、価値観、成果など全体を比較しながら、評価し判断する。 例）学んだ内容を確認する、査定する、事例を見つける、報告する、調査する、指示する、話し合う、管理する
授業で学ぶ内容や英語を分析する（analyzing）	英語で学ぶ際に、授業活動のなかのそれぞれの学習ポイントの要素、原理、構成、関係、質、信頼性などを解釈する。 例）分析する、仕分けする、比べる、測る、実験する、グラフ化する、筋立てする、推測する
HOTS/LOTS	高次低次の中間思考技能
授業で学んだことを応用する（applying）	英語で学んだ知識を応用し、理論を実践に換え、実際の状況に応じて行動する。 例）学んだ英語を使って、話す、書く、実行する、作る、変える、用意する、反応する、演じる
LOTS	低次の思考技能
授業で学ぶ内容と言語を理解する（understanding）	英語で提示された意味を理解し、自分の言葉で言い換え、解釈し、説明する。 例）英語で学んだことを、説明、報告、言い換える、まとめる、図解する、日本語にする、書き換える、具体例を言う
授業で学ぶ内容と言語を記憶する（remembering）	英語で提示された情報を、機械的に意味なく練習するのではなく、英語だけではなく日本語でも考え、意味を確認し、思い返し、おぼえる。 例）おぼえ方の工夫（ラベルづけ、定義づけ、リスト化、関連付けなど）をする、くりかえす、遊ぶ、ゲームをする、何度も触れる

表1.2 CLILにおけるブルームの教育目標の分類

思考が深くなり、学習の質が高くなるとされる。CLILでは特に内容と言語を統合するにあたり、この分類に留意してCLIL授業での学習活動を考えることを特徴としている。

　日本の学習環境でもこの認知の分類は大いに役立ち、CLILに限らず応用できる。この分類を日本の状況に合うようにまとめたものが**表1.2**である。上に向かうに従って高次となるが、日本の状況では「応用する（applying）」は、場合によっては高次の要素が入るので、ここでは中間の分類と考えた。特に日本のCLILでは相応に重要な思考と言える。

3) CLILにおける学習と関連する言語（language of/for/through learning）

　CLILでは学習と関連する言語の役割は重要である。学習と言語の関係を簡潔に示した「言語の三点セット」（the language triptych）は、CLILの学習理論の骨格をなすと言ってもよいだろう。

- **LoL** 学習の言語（language of learning）
- **LfL** 学習を行うための言語（language for learning）
- **LtL** 学習のなかで培われる言語（language through learning）

　LoLは、学ぶ内容と直結した学習内容の言語である。これは英語教育だけに焦点を当てていると忘れがちな基本的な言語である。たとえば、地球温暖化（global warming）の問題を扱えば自然に語彙は決まってくる。地球温暖化が、気候変動のことで、温室効果ガスによって地球表面の大気や海洋の平均温度が上昇してしまう現象ということを理解していれば、英語でも理解が早い。

> **Global warming** occurs when **carbon dioxide** (CO_2) and other **air pollutants** and **greenhouse gasses** collect in the **atmosphere** and absorb **sunlight** and **solar radiation** that have bounced off the earth's **surface**.

　LfLは、LoLを学び学習活動を行う際に使用される説明、指示、質問、回答などの言語である。英語の授業であれば、Good morning. How are you? Thank you. Good.

That's great. Excuse me. Repeat. Listen carefully. Look up here. What's this? It's clear. How do say you ... in English? など、いわゆるclassroom Englishがそれにあたる。授業の内容によって使用される英語は当然変化する。LfLはLoLと関連しており、多様であり、一概にリスト化することは得策ではない。ニーズ分析 (needs analysis) やジャンル分析 (genre analysis) などの観点から教材を扱う際に状況に合わせて考慮する必要がある。

　次の数学（算数）と地理の授業の教師の発話を比較してみよう。

（数学、算数）

Let's see if we can figure out 3 times 60. There are a couple of ways you can think about it. You can also view this as 60 three times. Or you can view this as 60 plus 60 plus 60. So it is going to be 180.

（地理）

Have you ever wondered how many countries there are in Europe? If you look closely at the map, you can learn a lot about the countries. Let's see what countries are in Europe. Mainland Europe is made up of many of the countries from France to Italy. Norway, Sweden, Finland and Denmark are known as Scandinavia. Spain and Portugal are called the Iberian Peninsula. Belgium, Netherlands and Luxembourg are known as the Benelux countries.

このように、LfLとLoLは授業では分野に必要な用語以外は発話に共通する部分が多く、また、内容と関連するので理解しやすいと考えられる。

　LtLは、CLILでは最も重視される。学習過程のなかで学習者が「発見する」言語であり、学習者にとっては最も定着しやすい言語である。活動を通じて遭遇する予期しない学習であり、潜在学習 (implicit learning) あるいは暗黙知 (tacit knowledge) と言われることと関係する。LfLとLoLは、ある程度明示的に学習目標として設定できるが、LtLはそうではない。

　LtLは、学習者が学ぶ過程で意図せずに学ぶ。たとえば、映画を見ていて、ある場面でケガをして苦しんでいる人に、"Hold on, hold on, please!" と叫んでいることから、hold onの意味を知る。あるいは、授業で先生から赤いペンを借りる必要があ

り、英語で言わなくてはいけない場面で、多くの他の生徒が"Could I borrow your red pen, please?"と言って借りているのを見て、自分も使ってみたら、"Oh, sure. Here you are."と先生が言って、"Thank you."とやりとりをして、何度も使いおぼえる。このような意図しない学習の言語は、これまでの英語教育では見過ごされてきたが、その重要性は認識されてきている。CLILはLtLの効果に注目している。

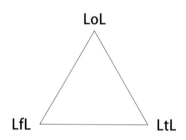

図1.1 言語の三点セット（the language triptych）

　図1.1のようにLoLとLfLとLtLはすべて関連するので、それらを分けて考えることはできない。ある活動はLoLにつながり、それはLfLやLtLとつながる。教師は、教材を扱う際、指導案を考える際、実際に指導する際などに「言語の三点セット」を頭に入れ、学ぶ内容やトピックのことを併せて考えるべきであり、評価に関しても統合的な評価を形成的に考えることが大切である。LoLとLfLとLtLは、3つで1つである。

4）統合学習としてのCLILの目標
　CLILの目標は次の3つに集約される。

- 教科科目やテーマなどの内容（知識・技能）の学習
- 英語などの言語の学習（日本語も含めた言語意識）
- 学習スキル

英語学習に重きを置くことは日本のCLIL教育には現実的であるが、英語だけが授業内の言語であるという窮屈なアプローチは避けるほうがよい。日本語も内容を学ぶ

意味では欠かせない言語である。英語か日本語か、あるいは、英語か学ぶ内容かなどと二者択一に考えないことが重要である。英語から他の言語へと日本語と関連させながら言語意識を培うことが、CLILのひとつの目的でもある。

　日本における統合学習としてのCLILの目標は、ヨーロッパと日本の言語事情が異なるので、日本の状況に合わせて考える。日本では英語教育の伝統があり、言語形式や文化が大きく異なることから正確さが要求されてきた。また、これまでの教育の伝統から、母語の国語教育による思考力・判断力・表現力などが重視されている。現在は、多くの分野で英語が主要な言語として活用されているが、その学習スキルは、いわゆる専門教育などで必要とされるスタディ・スキルズ（academic study skills）とは異なり、受験のための学習スキルであることが多い。そのような言語学習の伝統を変える意味でも、上記のCLILの3つの目標（教科科目やテーマなどの内容［知識・技能］の学習、英語などの言語の学習［日本語も含めた言語意識］、学習スキル）は有効であり、学習者のニーズにかなう目標である。

　CLILの学習理論は、多面的で多様で柔軟性があることが特徴的であり、現在提唱されるほぼすべての学習理論を包括している。その特徴は、1）スキャフォールディング、2）ブルームの教育目標の分類、3）言語の三点セット、4）統合学習としてのCLILの目標（内容の学習、言語意識、学習スキル）の4つに集約されるだろう。

1.10 CLILとバイリンガル

　CLILはバイリンガル教育の一種である。「CLILとバイリンガルやイマージョンはどう違うのか？」という問いがよくある。学術的には意見は分かれるが、実践的にはあまり意味がない。CLILでは英語と日本語を活用し、両言語の伸長を内容の学びとともに図ろうと意図している。CLILの基本はバイリンガルであり、「英語だけで教える」という教育ではない。そのことを前提として、日本のCLILとバイリンガリズムについて確認しておく。

　バイリンガリズムの研究は子どもの言語習得に強い関心を持っている。子どもの言語習得や学習のメカニズムを探究する過程で、2言語併用の環境が子どもの言語習得や認知・思考プロセスにどのように影響しているかを探究している。日本でも

バイリンガル状況は増えているが見えにくい。世界的にはバイリンガルあるいは多言語はごく普通で、それが知的に影響を与えているとは考えにくい。英語は多くの国でビジネスや学習で必要な言語となり、教養としての言語という認識は低い。また、英語や外国語を学ぶことが実用的な面に重きを置いているのは否定しようがない。CLIL教育はそのようなことも背景にしてヨーロッパで生まれた。目標言語である英語は自然な学習活動のなかで使われ、バイリンガルが望ましいとする動きが主流となっている。英語を使うことはもちろん大切であるが、内容の学習から離れてしまうことはCLILの特徴を損ねてしまう。バイリンガルになるのは、学習者を想定すれば自然な流れである。学ぶ中身を削減して不自然に言語学習活動をするよりは、自然に英語を使いながら学ぶほうが効果的と考える。その意味からCLILにおけるバイリンガルは実践としての2言語併用である。

　ヨーロッパでも、CLILとバイリンガル教育を明確に区別してはいない。CLILをバイリンガルと呼んでいる活動も多々あるが、従来のバイリンガル教育とは異なり、目標言語と母語を適切に扱い、学ぶ内容に焦点を当てている。目標言語で教科科目を学ぶという学習では、教師は学習者の理解を確認しながら内容に焦点を当て、目標言語と母語を使う。現状ではEUの言語政策であるCEFRにもとづく「母語＋2言語」が浸透し、高等教育における単位の互換性が機能し、EU域内で単位を取得するシステムが定着した。実質、英語を中心とするEUの高等教育の普及とともに、CLILという教育は発展したと言える。

1.11　CLILとCBIとイマージョン

　CBI（Content-based Instruction）は以前から実施されてきた指導法で、北米のESL（English as a Second Language 移民や学習のために入国した英語ができない人を対象に、英語で学ぶあるいは仕事するために生活上必要な言語として英語を学ぶプログラム）などで発展してきた。CBIは、英語教育を中心として発展し、英語での学習に対応するために英語力を育成する目的で実施された。英語が必要とされる切羽詰まった状態で学校教育を受け、仕事をして生活していかなければならないという状況を想定した言語教育である。ESLとは異なる状況の学校教育などでも同様の状況は

考えられるが、学習内容を理解する上では、科目内容を母語で学び、その上で、英語でも学ぶ科目を設定することが多い。CBIは基本的に同じ内容を母語と英語の両言語で学ぶことを意図している。

　CBIは状況次第ではCLILとほぼ同じであるが、両者の違いは目標と理念だろう。CBIもCLILも統合学習であり内容と言語の両方を学ぶ。あえて言えば、CBIが内容を目標言語で学べるように言語の習熟に焦点を当てるのに対して、CLILは両方をダイナミックに統合し、学習者の自律を目標として、ある程度学習者に学習を委ねる。そのために授業は柔軟であり形がない。CBIに較べるとCLILは多様で、より複雑と言える。

　ヨーロッパでも、CBI、バイリンガル、イマージョンなどをコンセプトとした教育は実施され、英語を中心として多様な展開がある。研究者はそれぞれの研究分野の理念にもとづいて区別しこれらの用語を使用するが、教育実践者は設定された教育目標のもとに学習を展開し、それを評価しながら実践する。バイリンガル教育であれば、言語発達に焦点を当てるかもしれない。イマージョンであれば、学ぶ内容により焦点が当たるかもしれないが、言語発達にも気を配る。CBIも同様であるが、それぞれ前提となる状況が違うので、多面的に発展し、結果もさまざまである。

　イマージョンは目標言語を使って学ぶことであり、バイリンガルともCBIとも共通するコンセプトがある。インターナショナルスクール、バイリンガルスクール、IB（International Baccalaureate）などの教育は、英語という言語に焦点を当て、英語を媒介として学校活動を行い、各科目を学ぶことを目標とする。このような教育は英語を中心として世界中に広がっている。これらの教育形態は外形的によく似ているが、状況に応じてかなり中身は異なっている。IBは設定されたカリキュラムを基準として独自の教育を進めているが、学校や教師の裁量に任せられることが大きく、自由度が高い。学習者の動機づけを背景として到達目標や目的意識は高く、比較的良質な教育が提供されていることが多い。

　CLILは、これらの教育と相反するものではなく、状況によってはまったく同じである。CLILの考え方は、それらをすべて取り込んでさらに柔軟な対応と展開を意図している点に特徴がある。これまでのバイリンガル教育、CBI、イマージョンと言われる教育アプローチは、特殊な状況のもとで行われる特別な教育プログラムであり、日本のように外国語としての英語が日常的に切り離された学校カリキュラムの科目

に過ぎない教育状況では、まず想定されない。しかし、CLILはそのような状況でも実施可能なのである。

　CLILと、バイリンガル教育、CBI、イマージョンとの関係は、**図1.2**で表すことができるだろう。それぞれのコンセプトは成り立ちが異なるが、図にある通り、CLILとバイリンガル教育が大きなコンセプトであるのに対して、CBIとイマージョンは小さなコンセプトである。互いに相容れないものがあるが、図のようにそれぞれが重なりあい、状況に応じて変化している。CLILはそのなかでも最も新しい考え方であり、それぞれのコンセプトのよい面を取り入れて、CEFRを具現化しようとした。CLIL自体は定型の指導法を目指すものではなく、ある知識内容の学習と技能の習熟と、それに関連する言語の習熟を目的としている発展途上の教育アプローチである。教師は、授業に全面的にCLILを導入する必要はなく、現在教えている科目に部分的にCLILを取り入れるだけでもよい。「英語の授業は英語で」などと言わなくても、CLILという教育は、学習者にはそれ相応の効果が期待される。

図1.2　CLIL、バイリンガル教育、CBI、イマージョンの関係

1.12 CLILとトランスランゲージング（translanguaging）

　CLILにおける言語使用は学習目標言語である英語が主であることが望ましいが、

母語の日本語を制限するわけではない。そこで、CLIL教育は、近年のバイリンガル教育の考えを支持し、トランスランゲージング（translanguaging 言語を交差して使用すること）という言語の柔軟な役割を教育的に利用している。トランスランゲージングは、1990年代にウェールズ語のバイリンガル授業の際に教育方法として使われたのが最初と言われている。言語が混在して使われることを肯定的に捉え、柔軟に教育的に使用する動きが、ヨーロッパのCLILの発展とも重なり、注目を集めるようになった。多言語社会ではいくつかの言語が交差して使われるのがふつうだが、従来の言語学ではコードスイッチング（code switching）と呼ばれ否定的に捉えていた傾向がある。

　トランスランゲージングは、CLIL教育では重要な理念あるいは指導方法と捉えられるようになっている。言語を英語と日本語とに分けて考えるのではなく、場面や状況に応じて両言語を効果的に自然に使うようにする点が、「英語の授業は英語でする」というEMI（English Medium Instruction）とは異なる。背景には、Swain (2006) が使ったことで注目された「ランゲージング（languaging 言語はコミュニケーションだけではなく、意味を形成し知識や経験を共有するために動的に使われる）」という言語の動的な役割がある。García (2009) は、動的バイリンガル教育（dynamic bilingualism）を主張し、バイリンガルの人がコミュニケーションする際にそれぞれの言語の特徴や方法をうまく利用する行為としてトランスランゲージングを教育的に推奨した。CLIL教育では内容を学ぶ際に単に学習目標言語だけを学ぶのではなく統合的に学ぶことを重視するので、トランスランゲージングはまさに実践なのである。

　本書では、このトランスランゲージングをごく自然な行為と捉えている。バイリンガルや多言語という状況を肯定的に捉え、授業では英語だけではなく日本語を使用することも必然と考え、状況によっては多言語も積極的に受け入れる。ヨーロッパと異なり、英語という外国語学習に特化し、多言語多文化に関しては日常的に体験することが少ない状況では、CLILは大いに機能する可能性がある。意図的にトランスランゲージングの状況をCLIL教師が心がけることは必要だ。その観点から、CLILでは動的なバイリンガルを積極的に行うことを提案し実践する。

1.13 日本のCLIL基本理念

　日本でCLILを実践することの重要な意味は、これまでの英語教育を変えるきっかけになる可能性があるということにある。CLILは魔法でも特別な指導法でもなく、ごく自然で素朴な発想で生まれた統合学習である。ヨーロッパの状況に適している教育であるが、日本では言語に対するニーズが異なる。ヨーロッパでも英語は主流であるが、他のヨーロッパ言語も重要である。なおかつ、EUという共同体があり、人と物の移動があり、言語が政治とビジネスに密接につながっている。日本はそれとは違う状況にあるが、英語教育に関しては同様の対応が早急に必要である。

　CLILは、さらにこれまでの日本の言語教育全般の状況を変える可能性がある。日本の言語教育は、母語である日本語と外国語としての英語が主である。このような言語教育システムは長年変わらず今日に至っている。これまで多くの英語教育の問題が叫ばれてきたが、あまり大きな変化はない。小学校英語教育が始まっているが、多少の問題を抱えてのスタートとなっている。これまでの英語教育のみならず言語教育全般の伝統と文化のしがらみから離れて、大きな転換をする必要があると考える。「教養か実用か？」「文法訳読かコミュニケーションか？」「日本語が先か？」というこれまでの不毛な論争から脱却するヒントがCLILにはある。

　そのためには、日本においてCLILを実施する確固とした理念が必要である。本書ではその理念を次の6項目にまとめて提案する。

- CLILは言語教育の一環である（language learning）
- CLILは思考力を育成する教育である（cognition）
- CLILは目標言語によるコミュニケーション能力を育成する（communication）
- CLILは互いの文化を理解する場を提供する（interculture）
- CLILは学習者の自律学習を促進する（cognition+context）
- CLILは学ぶ内容に焦点を当てることで学ぶ意欲を喚起する（content）

この理念は、本書で設定している次の日本におけるCLILの定義とCLILの枠組み（framework）の**図1.3**に準拠している。

日本におけるCLILの定義

CLILは、学ぶ内容（科目やコースなどに関連した知識、理解、技能）と言語（英語と日本語などのバイリンガル）の統合学習を表す総称的な言い方であり、コミュニケーション重視の言語指導を基盤として、認知（思考）と文化（文化間意識）に焦点を当てる。CLILは、学習状況により目標言語の学習と使用に関しては柔軟に対応し、変わる。

CLIL is a generic term to refer to integrated learning of content (knowledge, understanding, and skills related to subjects and courses) and language (bilingual: e.g. English and Japanese), focusing on cognition (thinking) and culture (intercultural awareness) based on Communicative Language Teaching. CLIL can/should be flexible in terms of language learning and use depending on its learning context. (Sasajima, 2014)

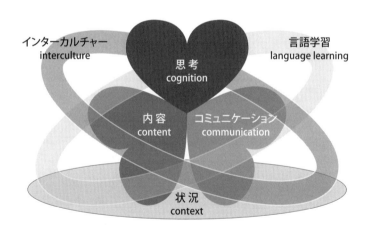

図1.3 日本におけるCLIL教育の枠組み

この定義と枠組みの図をもとに6つの理念を詳しく説明する。この図は、まず、思考（cognition）を重視し、その次に、内容（content）とコミュニケーション（communication）を考慮する。それぞれをハートの形にしているのは、「こころ」を大切にすることを意図している。CLIL教育を考える場合は、この3つの理念に、文化間意識としてインターカルチャー（interculture）、言語の構造と機能を意味する言

語学習 (language learning) の2つの理念が動的にかかわる。これらのすべてが状況 (context) に応じて多様に柔軟に変化する。日本におけるCLILの枠組みをこのように捉えている。

■ CLILは言語教育の一環である

日本の小中高の英語教育の現実を考えると、教師が英語を使い教え、検定試験などで到達目標を設定するだけで、生徒の英語力が効果的に向上するというわけにはいかない。現実の授業は複雑で、教師の教え方が大きく変わることはないからだ。ヨーロッパのように学校外で英語に触れる機会が多くあれば、各科目の教師が英語で教えるというCLILは環境が整えば可能であるが、日本ではそうはならない。しかし、CLILというコンセプトで英語を導入することは条件さえ整っていれば理にかなっている。問題は教師がどう考えるかである。教師が従来の伝統的な英語教育の延長で考えず、英語を道具として使いながら、学習者が科目内容やテーマなどの学習と併せて英語を学べるように工夫する。日本の実態に合うように、言語教育の一環としてCLIL教育を実践することが、現時点では最も効果的なCLIL教育となる。

■ CLILは思考力を育成する教育である

日本の英語教育は思考力の養成という一面が依然として強い。文法を理解することや日本語に訳すことを通して、書いてある内容を深く理解することが綿々と行われてきている。このような授業が廃れないのはメリットがあるからだ。確かにそのような学びは、入学試験には役立ち、学習者が成長してから学術分野や専門分野において英語力を活用するのに役立ってきた。このような学習は一面ではCLIL的であり、コミュニケーション活動や文化間理解の観点を入れればCLILの理念に叶う。教師がその環境を作れるかどうかが分岐点である。実際、英語教師は英語教育を専門としている人は少なく、文学、言語学、社会学など多彩な学問分野を学んで、英語教育関連の科目をいくつか学び、わずか3週間程度の教育実習で教員免許を取得し教員となっている。そのような背景はCLILが生かされる環境でもあり、多様な背景となる知識を活用すれば、英語授業にCLILの要素は容易に加味できる。成否は、授業で教師と学習者がどう英語に触れ、どう思考するかに左右される。試験対策を目的とした英語学習では発展しない。CLILには従来型の学習を変える力がある。

■CLILは目標言語によるコミュニケーション能力を育成する

CLILはCLTを基本とするので、当然コミュニケーション能力を育成することを目的とする。コミュニケーションするということは、意味のやりとり（negotiation of meaning）が行われることだ。当たり障りのない挨拶や言葉で成立するやりとりではなく、コミュニケーションには意図や伝えるべき内容が必要である。そのような状況から動機づけされ、成功体験を重ねることによりコミュニケーション能力が育成される。CLIL教育は必要な状況や意味をともなってそのプロセスを提供する。

■CLILは互いの文化を理解する場を提供する

CLILの最も理想的な環境は、異なる言語と文化を背景とした学習者がともに学ぶことである。しかし、そのような環境は日本では得られにくい。そのような環境があったとしても、日本では「まず日本語」「まず日本の文化」と考える傾向にあるので、CLILでは、全員が日本語を母語とする環境でも、互いの文化や考え方や特性を尊重する姿勢をふだんから育成する必要があると考える。それはCLIL教育の柱のひとつとなる。その際に、学び方までも教師が設定しないようにすることが大切だ。互いの学びを尊重する姿勢で、互いの優劣をつけることなく、それぞれの学習者の学習特性やスタイルを理解し、互いに学び方について考えるように仕向ける。そのような姿勢から文化間理解能力（intercultural communicative competence ICC）が育成され、協同学習などの活動が生まれる。協同学習の目的は「協同」することにあるのではなく、協同のなかでいかに自分が学ぶかである。

■CLILは学習者の自律学習を促進する

CLILはその成り立ちの過程でいくつかの学習理論の影響を受けてきた。しかし、確固とした「イズム」はCLILにはない。常に柔軟で多様なアプローチを維持してきている。しかし、CEFRを背景に生まれたので、自律学習を柱のひとつとしていることは確かである。日本でもこの自律学習の促進を目標とすることが、CLILを実践する大きな意義である。教師が、到達目標を設定し、評価項目に沿って成績をつけ、自律を考慮することなく授業活動をすれば、それはCLILではなくなる可能性が高い。CLILは、大まかな目標は設定するが、結果は学習者に委ねる。自律学習を促すことはCLILにとって大切な目標である。

■CLILは学ぶ内容に焦点を当てることで学ぶ意欲を喚起する

CLILは統合学習であり、日本では学ぶ内容やテーマと言語（英語と日本語）を統合的に扱い、学びを活性化させる。「学び」自体に大きな目標がある。CLILを実践する上で、この学びを忘れることは致命的である。正確な知識や技能を基礎段階で身につけることは大切であるが、自ら考える姿勢、学ぶ内容に興味を持つ姿勢、英語をむずかしいと考えるより、英語は学ぶ道具でありコミュニケーションの道具と考える統合的な学習が、CLILの本質である。英語という言語の複雑さや学習の困難さから焦点をずらすことが大切だ。CLIL教育にはそのような仕組みが組み込まれている。形式の正確さや適切さばかりに目を奪われることなく、学ぶ内容に焦点を当て、学ぶ意欲を喚起することは、CLILにとって最も重要な活動となる。

1.14 教育としてのCLIL

　日本では、当面CLILは言語教育の一環として位置づけることが大切である。学習者が英語をある程度活用できるようになればCLILをする意味が自ずと変わる。CLILはその移行段階を支える教育である。その点で、英語教育に従事し、ある分野の基本的な知識を持っている人が、CLILに携わることが重要である。また、CLILは思考力を育成する教育である。授業活動においては、英語でも日本語でも「考える」ことを優先する。英語を日本語に変換するという思考活動では、これまでの文法訳読方式からの脱却はむずかしい。英語によるコミュニケーション活動や英語を使う活動に焦点を当てる必要がある。この一連のプロセスを工夫することにCLILの醍醐味がある。それとともに、コミュニケーションにおいては、単に英語圏の文化を理解するだけでは意味がなく、多言語多文化を理解することに重きを置く必要がある。互いの文化を理解する場を提供し、学習者はそのなかでICCを身につける。CLILの主たる目的は、学習者の自律の育成である。英語を学ぶことの目的は、英語だけではなく英語の先にある。それは言語に対する意識であり、英語を通して学ぶ知見であり未来である。そのような意識を学習者が持てるようにCLILは学ぶ内容に焦点を当てる。学習者の学ぶ興味や内容は多様であり、教師はそれを強制するものではない。教師ができるのは、学習者の意欲を喚起することだ。

　学習に対するパラダイムは大きく変わりつつある。まずはICT（information & communication technology）の発達により学習内容が変容した。さらに、AI（Artificial Intelligence）、IoT（Internet of Things）などの発達も加速し、今日の社会における学習の質がそのような環境をどう利用するかにシフトしている。翻訳機能がいくら進歩しても言語学習がなくなることはない。日本語だけでは限界があり、英語だけでも十分とは言えない。コンピュータがある程度のコミュニケーションの手段を補ってくれるだろうが、共通の言葉による相手とのコミュニケーションは廃れることはない。

　私たちのコミュニケーションは、情報だけではなく、情緒的なやりとりも大切なことが多い。メールやSNSがどれだけ発達しても、直接顔を見てのやりとりは欠かせない。そこで大切なことはコミュニケーションの内容である。内容が充実することで思考し、言語意識や文化間意識も育成される。CLILはその「4つのC」の基本を大切にしている教育アプローチである。CLILが実践的に発展している背景には、本質的に複雑な教育に人間的な面を大いに生かし、統合的にアプローチしていることが一因としてあげられる。

　応用言語学が発展し、SLAが科学的に第2言語習得の解明を目的に詳細な研究を積み重ね、言語習得の順序性、誤答分析、中間言語など、言語を多角的に探求し、実践的な指導の現場に影響を与えてきた。しかし、必ずしも実践の現場の教師を満足させてきたわけではない。実際、授業が相当に複雑であることは多くの研究者が指摘している（e.g. Burns & Knox, 2011, Sasajima, 2014）。CLILは科学的な発想からは少し距離を置いた発想であり、実にプリミティブで素人的な考えに満ちているにもかかわらず、多くの教師は納得し、学習者も興味を感じ、CLILはあちらこちらで発展している。

　CLILはそのシンプルな定義から、単に内容と言語を絡めた統合学習に過ぎない。多様で人的資源の少ない教育現場で、教師の支援もなく、個々の学習者が統合的な学習に自律的に対応してきた。そのような状況に適応できない学習者に、CLILという統合学習は注目した。ヨーロッパでうまく機能したCLILは日本では多少困難が予想されるが、実践する価値がある。本書は、統合学習としてのCLILに意味があると考え、その教育的意義を体系的にまとめようと意図した。次第に認知されてきたが、まだ誤解のあるCLIL教育にひとつの理論的な支柱を提供したい。本書が目指すCLILは、教育としての考え方であり理念である。具体的なCLILアプローチはそれぞれの

実践者が発展的に工夫するものである。本書が示す骨子を理解し、新しい日本の教育環境に適合するCLILが生まれることを期待したい。

関連文献

Burns, A. & Knox, J. S. (2011). Classrooms as complex adaptive systems: A relational model. *TESL-EJ*, 15, 1. Retrieved from http://tesl-ej.org/pdf/ej57/a1.pdf.

Canale, M., & Swain, M. (1980). Theoretical bases of communicative approaches to second language teaching and testing. *Applied Linguistics*,1, 1-47.

Chomsky, N. (1965). *Aspects of the Theory of Syntax*. Cambridge, Massachusetts: The M.I.T. Press.

Council of Europe. (2001). *Common European framework of reference for languages: Learning, teaching, assessment*. Cambridge, U.K: Press Syndicate of the University of Cambridge.

Coyle, D. (1999). Theory and Planning for Effective Classrooms: Supporting Students in Content and Language Integrated Learning Contexts. In J. Masih (Ed.). *Learning Through a Foreign Language*. 46–62. London: CILT.

Eurydice (2017). *Key data on teaching languages at school in Europe: 2017 edition*. Luxembourg: Publication Office of the European Union.

García, O. (2009). Education, multilingualism and translanguaging in the 21st century. In Mohanty, A., Panda, M., Phillipson, R. & Skutnabb-Kangas, T. (Eds). *Multilingual Education for Social Justice: Globalising the local*, 128-145. New Delhi: Orient Blackswan.

Hymes, D. H. (1972). On Communicative Competence. In Pride, J. B., & Holmes, J. (Eds.), *Sociolinguistics*, 269-293. Baltimore, USA: Penguin Education, Penguin Books Ltd.

Sasajima, S. (2014). *An Exploratory Study of Japanese EFL Teachers Kokoro : Language Teacher Cognition at Secondary School in Japan*. Saarbrücken: LAP Lambert Academic Publishing.

Swain, M. (2006). Languaging, agency and collaboration in advanced second language proficiency. In Byrnes, H. (Ed.). *Advanced language learning: The contribution of Halliday and Vygotsky*, 95–108. London: Continuum.

伊村元道 (2009).『日本の英語教育200年』東京：大修館書店。

川成美香、岡秀夫、笹島茂 (2013).『外国語コミュニケーション能力育成のための日本型CEFRの開発と妥当性の検証』基盤研究 (B) 研究成果報告書、平成22年度〜平成24年度科学研究費補助金。

投野由紀夫他 (2013).『CAN-DOリスト作成・活用：英語到達度指標 CEFR-J ガイドブック』東京：大修館書店。

第2章

ヨーロッパのCLIL

第 2章では、CLILの基本を押さえる意味でヨーロッパでの成り立ちと現在の状況について解説する。CLILがどのような経緯からヨーロッパで生まれ、どのように発展し今日に至っているのかを整理しておくことは、日本において今後CLILを推進する上で重要である。日本は戦後から多くの分野で北米の影響が強く、教育においても英語教育においてもその傾向は同様である。しかし、21世紀に入り、CEFRの影響でヨーロッパの言語（教育）政策が日本の言語教育にも影響を与えるようになった。それとともに知られるようになったのが、CLILである。ここではCLILの背景を簡潔に整理して理解しておきたい。（『CLIL——新しい発想の授業』参照）

2.1 ヨーロッパのCLILの始まりから現在まで

　CLILは1990年代からヨーロッパで政策として始まった。EUの統合には言語の役割が重要と考え、CEFRを推進するなかでCLILの発想が生まれた。発端はカナダにおけるイマージョンの成功である。しかし、カナダの成功をヨーロッパに導入することが困難であることは予想された。CEFRは、自律学習を推進し複言語主義を推進する目的で、ELP（European Language Portfolio）を構想し、学習者が自ら母語だけではなくヨーロッパ言語を学ぶ方針を打ち出し、6段階の言語習熟度レベルを設定し、ヨーロッパにおける学習と仕事の移動の促進を図っていた。CLILは、学校で学習するそれぞれの科目を、英語を中心とした言語で学習することにより、移動と交流を後押しするという統合学習として政策的に進められた。教科科目の教師のなかに英語などができる、あるいは、バイリンガルの教師が少なからずいたので、無理のない推進を可能にした。

　こうして、1990年代にCLILの原型となる教育が実践可能な教師たちを中心に始まった。オランダ、フィンランド、スウェーデンなどの以前より英語教育が進んでいる国、あるいは、ヨーロッパですでに多言語多文化が浸透している地域がCLILを積極的に導入した。バイリンガルスクールなどはすでにCLILに近い教育を実践し、英語教育自体がヨーロッパの各地で盛んになってきていたので、CEFRやCLILの考え方に賛同し内容やテーマに絡めた統合学習が進みつつあった。

　同時期にヨーロッパ委員会（European Commission）が、実験的にCLILプロジェク

トを実施した。プロジェクトの終了とともに下火になったが、その実践報告が刺激となり、また、CEFRが本格的にスタートしたことも背景にあり、CLILは2000年代に入りヨーロッパ全体に広がった。国によって事情は異なるが、CLILの公的な教師養成が始まり、カリキュラムに正式に位置付けられるようになった。CLILは英語中心に広がったが、フランス語やドイツ語などのCLILも同様に普及した。このような相乗効果により、CLILは、国、地域、学校、教師、保護者、学習者を刺激し、ヨーロッパの多くの国で急速に発展して、今日に至っている。

　英語教師はCLILの蚊帳の外にいたが、実体としてはCLILが英語教育に一番影響を与えた。各教科科目の教師がCLILを教えることに少なからず興味を示し英語や他の言語で教え始めた。授業内容や指導形態はさまざまであるが、CLILという教育が言語（主に英語）教育に変化をもたらし始めた。当初は、CLILは言語科目ではないので、CLILと英語教育は違うと考えた英語教師も授業にCLIL的なことを取り入れ始めた。ヨーロッパでは教師が複数の教科を教えることはよくあり、英語が堪能な教師が多くいたことなども影響して、CLILはカリキュラムに浸透していった。

　現時点では、英国などの英語圏を除き英語によるCLILは一般的になっている。しかし、CLILという定型の指導法はないと考えたほうがよい。いくつかの指導技術が取り入れられ、教員研修も実施され、CLIL指導者も増えてきたが、基本的には、授業での言語活動の工夫であり、タスクや評価方法なども言語（英語）教育を専門とする人にとって特に珍しいものではない。ヨーロッパでのCLIL教師としての資格は、当該学習言語の能力と言語指導法などの基本を理解すること、当該科目の専門性とCLIL教育の理解と意欲に支えられる。CLILはヨーロッパを中心に教育として急速に浸透したが、批判も少なくない。批判の多くは、CLILにはしっかりとした理論がないことに起因する。また、その特徴である多様性と柔軟性のために明確で定型の指導法がなく柔軟に発展していることにも一因がある。実際、CLILという名称ではないが、同様の学習が展開しているケースも多い。

　現在CLILが世界中に広がりつつある理由のひとつは、応用言語学やSLAが設定してきた科学的な、言語教育に対する実践的な挑戦と考えられる。CLILは、近代の言語教育が発達する以前に、それぞれの学術分野や仕事において活躍する人が、個々に工夫して対応してきた学習を土台としている。効果的ではないかもしれないが、その状況のなかで試行錯誤して経験を積み重ねてきた暗示的な学習（implicit learning）

が示唆する知見に、当時の学習理論が影響を与えたのである。そのなかで大きく影響を与えている理論が社会構成主義の考えである。特にVygotskyの社会文化理論（sociocultural theory）の考えが多く採用され、今日のCLILを形作っていると考えるのが妥当であろう。

　ヨーロッパで広がったCLILは、世界中へのCEFRの拡散とともにアジアにも導入されている。日本では、早期英語教育の社会的要求、小学校での英語教育のカリキュラム化、高等学校や大学でのグローバル教育の影響から、EAPやESPの代替としてCLILが注目を浴びるようになっている。日本のCLILはカリキュラムではなく、英語力の必要性から草の根的に進んでいる。これは、IBプログラムなど国が進めるグローバル教育政策の一環であり、かつ、英語教育の一環としてのCLILであり、ヨーロッパとは理念が異なる。この方向性は、懸念となる「英語さえできればよい」とする考えと関連し、ヨーロッパのCLILが北米志向と重なることによりCLILの理念が変わり、「英語で学ぶ～」と変質し、議論の主体が単に英語力の向上と単純化された。本書は、CLILがそのように変質することなく、CLILが教育として理解されることを期待する。このように、CLILはヨーロッパとは少し違う形で広がってきているが、これについては後に詳しく触れる。

2.2　ヨーロッパのCLILの研究

　1990年代から政策的に始まったCLILは、応用言語学におけるバイリンガリズムやイマージョンなどの研究に大きな影響を受けている。数学、理科、地理などの教科教育の指導を取り入れ、学ぶ科目の内容と言語の両方に配慮しながら、独自の道を歩み始めた。ヨーロッパに限らず世界中で1980年頃より英語教育に関してさまざまな実験的プロジェクトが始まった。英語の必要性を認識した各国がこぞって英語力の育成に力を入れた。当然、それを目的とした英語教育研究が盛んになり、CLTを中心に、英語で学ぶバイリンガルスクールやIBプログラムなど、英語教育が加熱していった。CLILもそのなかでいくつかのプロジェクトとして実施された。総じて実践的な研究であり、授業の効果測定、授業分析、カリキュラム、教材、評価、教員養成や研修などが、CLILを導入することでどのように影響されるかが研究の対象と

なった (e.g. Dalton-Puffer & Smit, 2013)。

　CLIL研究のすべてを網羅的に解説することは本書の趣旨ではない。ここではフィンランドの事例を紹介し、CLILの研究がどのような経緯を経たかをふりかえる。フィンランドはよく知られているようにヨーロッパの教育における優等生であり、その実践は参考に値する。CLILにも先進的に取り組んだ背景には、外国語で科目を教えることが教師の裁量として認められていた (cf. Finnish National Board of Education, 2016) というCLILを始める環境が、フィンランドで整っていたことがある。さらに、フィンランドは国を挙げて教育に力を入れていたので、各地でCLILのプロジェクトが進行した。結果として成功例が多く報告されたが、実験としてのCLILだったためにプロジェクトの終了とともに多少下火となった。しかし、英語が堪能な教師が少なからずいたことで、その後も草の根的にCLILは進行した。それとともに、英語教育にも大きな影響を与えていたことがCLILの広がりに貢献したと言える。

　CLILの研究は、基本的に応用言語学の延長線上で実施され、語彙、発音、文法などの学習、授業における談話分析、バイリンガリズムの観点から見る言語と認知の問題などに関して多くの実績がある (cf. Coyle, 2007; Dalton-Puffer & Smit, 2013)。CLILの意義や本質的な問題も多くあり、「CLILとは何か？」などが議論となっている。しかし、CLILの本質でもある統合学習という観点から、言語教育以外の分野からの研究はほとんどない。つまり、CLILの研究は基本的に統合教育における言語の研究に終始しているのが現状である (cf. Llinares & Morton, 2017)。もうひとつの特徴は評価の面の研究である。これはESPと共通する観点であるが、分野の内容の学習の評価と言語の評価、あるいは、統合的な評価のあり方が課題となっている (cf. Wewer, 2014)。

　筆者が最も注目する点は、CLILという教育による教師と学習者の学びに関する考え方の変化である。特に言語学習に対する思い込みの変化が学習にどのように影響するかという研究だ。CLILは教師や学習者の動機づけに大きく関与する可能性がある。一般的に考えて、新しい言語を学ぶことはかなりの努力を要する。適性がなければ継続することはむずかしいので、適切な動機づけが必要だ。言語の学習の課題の多くは、その動機づけと自律学習の促進にあると言っても過言ではないだろう。たとえば、英語学習でつまずいた学習者にとって、CLILは、学習を修復する可能性を秘めたアプローチと予想される。

2.3 ヨーロッパのCLILの実践

　CLILは研究より実践が先行し、実践のなかから理論が形成されたと言える。ヨーロッパでの実践は、先に紹介したフィンランドのほかに、スウェーデン、ノルウェー、オランダ、ドイツ、フランス、イタリア、スペインなどの多くの国や地域で実験的に始まった。実際に数学や地理などの教科を英語を使って教え、科目内容の学習と英語という言語の習熟の2つの目標（dual-focused aims）を掲げ、実験的にCLILという教育を試みた。CLILの仕組みは単純だが、通常の教育のなかで実施するには、教師の創意工夫が必要である。もちろん英語だけではなく、フランス語、ドイツ語などのヨーロッパ言語、カタルーニャ語、バスク語、ゲール語などの地域言語も目標言語として、多様なCLIL教育の実践が報告されている。学習目標言語が堪能な教師が当該科目を教えるCLIL授業が多いが、目標言語の語学教師が当該科目の知識があり指導する授業もある。このようなCLILの実験的試みは英語などの語学の授業にも影響を与え、小学校及び幼児教育では単に言語を教えるだけではなく、科目の話題を統合的に取り入れる傾向が次第に増えてきた。

　EUの政策として実施されるようになったCLILは、EUの持続的な支援もあり、各地で多様に行われるようになっていった。スペインのように、いくつかの地域でカリキュラムとして導入され広がった国もあれば、フランス、オーストリア、ドイツなどのように教師の資格としてCLILを位置づけ、各地域や学校の裁量でCLIL授業が行われるところもある。イタリアでは後期中等教育でカリキュラムとして導入された。オランダ、スウェーデン、フィンランドなどでは、バイリンガルスクール、IBプログラムなどを中心に英語が各学校に浸透し、CLILがカリキュラムに取り入れられている。これらすべての実践は、EUを中心として進められるヨーロッパの統合に向けた政策に支えられたのである。一番大きな影響を与えているのはヨーロッパ評議会（Council of Europe）のCEFRである。CLILはCEFRと直接関係はないが、ヨーロッパ委員会がCLILを推進したことでCEFRの推進も実質的に支援した。

　2000年代に入ってからは、CEFRの基本構想である自律学習を推進するために計画されたELPとCLILがEUの言語教育政策の両輪であった。自律学習を促す手段として設定した言語パスポート（language passport）、言語記録（language biography）、資料（dossier）というELPの柱が「絵に描いた餅」の様相を呈し、授業で一体何をやれ

ばよいのかということが学校現場では問題になっていた。それでもCEFRの6レベルの言語尺度にもとづいたCan Doを促進し、言語活動を記録し、どのような実践があったかを、各学習者が記録するという自律学習は浸透した。しかし、CEFRは実質的に言語テストに利用され、評価測定の研究の発展とともに、当初から計画された授業の活性化には必ずしも結びつかなかった。

　CEFRの目標は、CLTの推進であり、ヨーロッパの統合、移動の促進、平和などを理念に掲げ、自律学習と複言語複文化主義にもとづくヨーロッパの共通の言語（教育）政策を提言し、その実現を目指したものである。特に教育面において英語を中心とした大学教育の単位の互換性から、英語による各教科科目の学習ニーズが高まり、英語による数学、理科、地理、歴史、芸術、工芸、体育などの授業が行われることの意義が生まれた。また、ヨーロッパ域内で教育を受けることが可能となり、特にビジネスなどに必要なフランス語、ドイツ語、スペイン語などの学習も促進された。背景には、CEFRの言語政策である「母語＋2言語」があり、その言語政策を推進するエンジンとしてCLILは大きな役割を担うことになった。

　CLILはEU加盟国だけではなく、ヨーロッパあるいはその近郊に広がり、さらには、世界中の言語教育のあり方に大きな影響を与えるようになった。CLILの実践は政策的に始まったが、興味深いのは、草の根的に教師のあいだでも広がったことだ。いくつかの言語が堪能な教師や言語と他の科目を教えられる資格を持っている教師が、率先してCLILに取り組み始めたのである。そのような教師にはCLILを実践するインセンティブがあった。たとえインセンティブがなくても、各地域や各学校などのニーズから、教師がCLILを実践することに動機づけされたことは事実である。

2.4　ヨーロッパの幼児教育および小学校のCLIL

　幼児教育では、CLILは言語シャワーやイマージョンなどと呼ぶほうが適当だ。幼児期は、第1言語や第2言語などの言語習得の段階にあり、生活環境次第で言語は急速に発達する。バイリンガルの研究ではこの時期の脳の発達が研究され、思考との関連性が指摘されてきた。しかし、幼児期に触れていた言語は触れなくなれば消えていくということも事実であり、習得するためには、一定の期間言語に触れること

と学習が必要である。幼児期に触れた言語は特に音声面では定着しやすく、影響力が大きいと言われている。2言語が使われる家庭や多言語多文化がふつうである社会では、幼児期からのバイリンガルはごく自然な状況である。その点から、CLILもイマージョンの一形態として認識され、早期の外国語教育に取り入れられるようになってきた。

　幼児期におけるCLILは遊びなどの活動が主で、モンテッソーリ教育で盛んなバイリンガル教育（イマージョン）と相通ずる。このような教育をCLILと呼ぶのかということには議論もあるだろうが、今後はより必要性が増してくるだろう。幼児へのCLIL教育実践は、英語力を早期から育成するだけではなく、継承言語などを保存することも想定している。幼児期におけるCLILはこのような観点からも重要な教育であり、多様な活動が想定されるが、特に留意する点は教師の育成である。CLILは、ヨーロッパの多言語多文化社会における複言語複文化主義を、効果的に推進する意味でも有効に機能していると言える。ヨーロッパの多言語地域では、イマージョンは意識的に行われている。たとえば、スペインのバスク地方のバスク語やカタルーニャ地方のカタルーニャ語、スコットランドのゲール語、ウェールズのウェールズ語、アイルランドの英語とアイルランド語、フランスのアルザス地方のアルザス語などである。スイスではドイツ語が主流であるが、フランス語やイタリア語やレト・ロマンシュ語などがある。これらの多言語状況に加えてどの地域でも英語を幼児教育として学ぶ環境も増えている。

　小学校でのCLIL教育は、各教科に関連した活動をどのように取り入れていくかが各国で議論されている。しかし、カリキュラムとしてCLILを取り入れている国は少なく、実際は、英語を科目として設定し、その一環としてCLIL教育が浸透している。その浸透の仕方は多様であり、一概にCLILを実施しているかいないかという区別がむずかしい。幼児教育や小学校教育では、英語学習のなかに歌やゲームなどの活動が取り入れられる。そのなかにほかの科目の内容をCLILの要素として導入し、学習を活性化している。その現状から判断すると、小学校で教師が選ぶアプローチのひとつとしてCLILが有機的に機能していると言える。

　カリキュラムとして実験的に小学校でCLILを取り入れているところは少なからずある。たとえば、スペインのマドリッド周辺の小学校では、理科や数学の授業を母語と英語で行なっている。オランダの小学校でも同様にバイリンガル教育は各教科

で進んでいる。同様のプロジェクトは各地で広がりを見せている。画一的に「英語で授業をする」という方針とは違い、地域や保護者からのニーズなどに応えて、教師の裁量によりCLILという教育を選び推進している。それと同時に英語教師による英語教育も並行して行われる。こうして次第にCLIL教育がそれぞれの地域の小学校で独自に進化して発展している。

2.5　ヨーロッパの中学校・高校のCLIL

　CLILは中等教育から始まった。数学や理科などの教科科目を英語で教えるということが、バイリンガル教育の広がりとCEFRの推進を背景に、1990年代からヨーロッパの各地の学校で始まった。学習者からしてもCLILは英語の学びを広げる意味でも有効であった。大学での学習や将来の仕事を考えれば、英語は重要であり、その英語を内容と関連して学ぶことは、ヨーロッパの多言語多文化社会への対応というニーズを満たす教育となったのである。当初はCLILという用語は使っていなかったが、次第にCLILという用語が認知され、このような統合学習に対する総称として浸透していった。その広がりの中心はやはり中学校や高校段階での教育にある。

　ヨーロッパでも国や地域によって状況はかなり異なる。しかし、英語に関して言えば、ほぼすべての学校で教えられるようになった。さらには、英語だけではなくその他の外国語も中学校や高校では教えられている。CLILに関しても実施の程度は多様であるが多くの学校で取り入れられ、CLIL教師の大半は中等教育に携わっている。学習者にもある程度の英語力があることがCLIL授業の前提となっているからだ。学校段階に限らず英語のコミュニケーション能力が効果的なCLILを可能にする。

　ヨーロッパでは、中等教育修了後に大学などの高等教育機関に進むか職業教育に進むか、進路が分かれる。EUを中心にヨーロッパ域内の相互移動は可能になり、英語などの言語は基盤として重要になっている。言語学習のニーズが教育や仕事とより密接になりつつあるので、学問、教養、言語に対する意識づけという抽象的な意味での言語教育は、中等教育での学習者のニーズには適切に応えていないということになる。それは、日本でよく批判の対象となる「意味のないコミュニケーション活動」よりも、正確な英語の基礎となる知識（発音、語彙、文法など）をまず指導すべき

であるという主張とはやや異なる。中等教育の英語学習は大学に進学する上でも必要であるが、それは大学での学習と密接に関係し、その先の仕事とも関連する。職業学校でも同様であり、その職業学習内容に英語が必要であれば英語は学ぶ必要性が生まれてくる。

　筆者の経験では、ヨーロッパの中等教育で、学校に来て授業中に寝ているというような生徒の行動はあまり見たことがない。学習したくない生徒は学校に来ないのがふつうだ。学校という場所は学ぶ場であり、部活動に特化する場ではない。CLILは、そのような背景からすれば生徒にも魅力的な教育となっている。ヨーロッパでは多くの大学で英語で学ぶ科目が開講されているし、ヨーロッパの主要言語（英語だけではなくフランス語、ドイツ語、スペイン語など）は、学ぶ意味でも重要で、単にコミュニケーションをして交流を図るという目的で学ものではない。ヨーロッパの言語事情を反映すると、CLILは教師にとっても生徒にとってもそれほどハードルの高いものではなく、学ぶ内容が理解できれば言語はそれほど大きな障害ではない。生徒の母語が必ずしも単一ではなく、英語が共通の言語となっている場合も珍しくないからである。

　ヨーロッパの中等教育では、このように政策的にも草の根的にもCLILが育つ土壌があったと言える。その基盤はやはりCEFRにある。CEFRが推進された2000年以後に各地で急速に広がったことがその事実をよく表している。このことは次章に詳しく記述するが、背景には、教師の職能にも特徴がある。日本とは異なり、教師の仕事は教科科目を教えることにあり、ある面で大学などと同様の職能であり専門性が重視されている。日本では教師の職能が多様であり、教科指導以外に多くの仕事があり、専門性の壁が高く、2教科を教えるということは稀で、英語で他教科を教えるという考え方の前に大きな壁がある。英語という言語教育に対する壁もあり、学校でCLILを導入するにはそう簡単にできない状況がある。ヨーロッパでは比較的そのような壁が低く、言語教師もいくつかの言語を教えていることが多い。その背景がCLILに対する抵抗も少なくしている。しかし、フランスなど母語や文化が強い国や地域では、日本と同様の傾向があることは否定できない。

2.6 ヨーロッパの職業学校のCLIL

　職業学校でも英語という言語の必要性は高く、工芸、技術、コンピュータなどの多くの科目と関連して英語は導入されている。そこではまず、学習者の英語力やニーズを考慮したCLILが展開される必要があり、学習者の英語力に応じて、多様に展開されることが予想される。科目の教師が英語を使って教えることができたとしても、適切な英語力に達していない学習者が多く、母語と英語の両言語の併用の工夫がカギとなる。確かに英語で学ぶことのニーズはあるので、CLILは重要なアプローチとなっている。

　職業系の科目に関して言えば、各分野の用語は英語が中心となっているため、英語学習はそれほどむずかしくはない。また、その分野のコミュニケーションも複雑ではなく、意味のやりとりであれば日常のコミュニケーションよりは簡単である。しかし、英語教師がその分野の英語を教えるには内容面で多少難があるので、科目の教師の指導が重要となる。情報、技術、医療、工学など、EU域内ではどの分野に

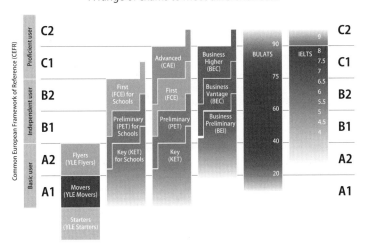

図2.1 Cambridge英検とCEFR

出典：https://www.cambridge-exams.ch/de/node/2308

おいても英語力が必要であることは否めない。国（オーストリアなど）や地域によっては、ある程度英語が使える科目の教師にCLIL研修を提供することで、教師がCLILを指導できるように支援している。そのような制度がなくても、状況に応じて英語が使える教師が英語で当該科目を指導していることは多々ある。

　職業学校に限らず、英語指導のノウハウを持たない教師が、英語を使って指導してよいのかという点に、問題は集約される。ヨーロッパでも当然そのことは意識されているが、それほど大きな問題となることはないようだ。科目の教師が求められる英語力はCEFRにおいてC1あるいはB2以上と設定されているからである。この指標は、結局のところCambridge英検におけるFCE, CAEなどのテストのレベルで測定される（**図2.1**）。

　この指標は、日本でよく議論になる「標準的な英米の発音、文法、語彙などの形態としての正確さ」ではなく、CLTの基本的な考え方である意味や機能（notional functional syllabus）を基準としたコミュニケーション能力（communicative competence）である。日本では「正確さ（accuracy）VS. 流暢さ（fluency）」の議論が根強くあるが、ヨーロッパではそれほど強調されることはない。それぞれの状況で英語が「使える」ということが重要であり、「使える」ということは職業分野の内容と当然関連する。CLILはその意味において職業学校でも導入されている。

　職業教育においては、それほど複雑な文法や語彙は必要ではない。その分野での用語の定義はかなり明確で、複雑な文法構造や文化的な背景を必要としない。意味のやりとりは簡素で平明である。また、英語の正確さにこだわる必要はなく、必要に応じて英語を使い、必要がなければ母語でよいのである。言語学的には多少の課題が残るかもしれないが、学習者からしてみれば、英語を使って仕事ができればよく、英語として不完全であっても、内容の面で問題がなければ十分である。さらには、アイデンティティの面からも多少の訛りがあるほうが自然である。

　フィンランドやスウェーデンなどの職業教育では、工芸、コンピュータ技術などで学習者が必要に応じて英語で関連のことを学び、英語を活用して実習などをしている。実態はそれぞれの国や地域や教育機関によりさまざまであるが、学習者のニーズに対応している。その下地となるのが教員養成である。教師がいくつかの言語を話せることと、EU域内での移動が促進されていることが職業教育におけるCLILを支えている。

この流れに沿って、英語教師自体も、学習者が学ぶ職業分野や実際に必要とする内容にシフトし、教師の専門や興味に応じて関連する内容を取り上げ、英語のコミュニケーション能力を育成するためのCLIL教育を展開している。

2.7　ヨーロッパの大学・大学院のCLIL

大学などの高等教育機関ではCLILという用語は使われることはなかったが、状況は変わってきている。オランダを中心に、ICLHE（Integrating Content and Language in Higher Education）（http://www.iclhe.org）という高等教育を中心としたCLIL研究実践の組織も活発に活動するようになっている。CLILの前段階としては、ESPあるいはLSP（Languages for Specific Purposes 明確な目的のための言語）という応用言語学の分野がある。基本的な考え方には重複する点が多くあるが、その成り立ちが大きく異なっている。ESPやLSPは言語学としてのアプローチであるが、ICLHEは、次の目標が示すように、高等教育の内容と言語のインターフェースに関して共有を図り、協同して相乗効果を生み出すために、多様な分野を取り込んでいる。

- ICLHE aims to provide a platform for the exchange of opinions, experiences, initiatives and research concerning the interface between content and language in higher education.
- ICLHE aims to take initiatives in order to stimulate the synergy from cooperation among members from different backgrounds and contexts.

CLILは、内容の学習と言語の学習にかかわる統合に焦点を当て、必ずしも言語教育的な視点だけではない。背景には、ヨーロッパにおける多言語多文化状況への対応と、それにかかわる高等教育の多様化がある。多くの高等教育における主たる共通の使用言語は英語となっているが、ヨーロッパの各国の言語も重要である。また地域言語とその地域にかかわる学習内容は当然関連するので、英語だけでは収まらない。また学術分野、科学技術、ビジネス分野では英語が中心となるが、実際の仕事や日常の生活では英語だけということにはならない。CLILは、それぞれのニーズに

応えた教育であり、複言語複文化主義に対応しているからだ。

　高等教育に関しては、1999年から進められているボローニャ・プロセスが大きな役割を果たしている。EUにおける高等教育機関の単位互換システムにより、学習者の他国への移動が促進され、学ぶ内容や言語に何らかの基盤を創出する必要性が出てきた。その際に大きな役割を果たした言語教育方針が、CEFRが推進した自律学習を促すELPと、多言語状況のなかでカリキュラム上の苦肉の策として生まれたCLILである。当初から実験的にこれらの言語教育と科目内容などとの統合教育を進めたのが、英語教育を積極的に推進した北欧や、多言語多文化状況が進んでいたオランダ、ベルギーなどである。

　フィンランドの高等教育機関では、CLILというよりはバイリンガル教育あるいはEMI (English Medium Instruction 英語で行う授業) として浸透した面もあるが、職業大学においてはESPが導入された。英語が堪能なあるいは英語を母語とする専門の教員が、英語で専門分野の内容を教えている。スウェーデンやオランダでも同様で、社会文化的にも英語で教えることや学ぶことはごく自然な状況となっている。ベルギーでは複数の言語が公用語で多言語状況にあり、英語はほぼ公用語に近い扱いを受けている。そのような状況で中等教育を中心に推進されたCLILは高等教育にも広がっていった。

　大学や大学院という高等教育においては、EMIを中心にEAPあるいはESPというアプローチが伝統的に取られ、それに必要な教材が言語的に提示されてきた。ESPでは、ジャンル分析 (genre analysis) という観点から、分野に特化した語彙、文法、談話構造などを、学習者自身が適切に対応できるように、教師がサポートする。それに加えて、言語的な観点からだけではなく内容を統合する観点を取り入れたのが、CLILアプローチである。初等中等教育に定着したCLILは高等教育でも必要となる教育で、多くの学生にはEMI、EAP、ESPだけでは不十分であり、言語学習だけではなく統合的な学習あるいは教育が必要となっている。

2.8　ヨーロッパのインターナショナルスクール、IBなど

　バイリンガル教育、イマージョン、インターナショナルスクールなどもCLIL教育

と言えるが、当事者はCLILとは言わないことが多い。それぞれの学校の目標に従い、英語で各科目を学ぶ。教師は英語母語話者かバイリンガルであり、英語を自然に使うことができ、当該科目の教師としての資格を備えている。CLILはこのような教育と共通する点が多いが、異なる点もある。

　インターナショナルスクールの歴史はかなり古く、1世紀以上前から言語や文化が異なる地域で生活する家庭の子女のための教育として、英語やフランス語などを中心とした教育カリキュラムを基盤として世界の主要都市で始まった。具体的な教育基準があるわけではないが、国際学校図書館協会（IASL）は2009年に次のような指針を出している。

- 他のインターナショナルスクールとのカリキュラムの転移の可能性
- 他のインターナショナルスクールへの転校の容易さ
- 多国籍多言語環境
- 国際性のあるカリキュラム
- 国際的認証（IBなど）
- 異動し易い多国籍の教師による指導
- 選抜ではない入学
- 英語（フランス語）による学習＋1言語

このインターナショナルスクールの指針には、多くの点でCLILに共通する要素がある。違いは、インターナショナルスクールが英語（フランス語）という国際共通語（a lingua franca）を指導言語として扱っているのに対して、CLILは言語をあくまでも学習言語として扱い、学習内容を学ぶ点にある。

　インターナショナルスクール、IB、CLILなどを、次の**表2.1**のように整理できる。表では、「統合的な学び」と細分化された「科目の学習」を対極として、そのすべての学びにかかわる「言語学習」を組み合わせて示してある。カリキュラム上では言語学習もひとつの科目として存在するが、すべの学びに言語が介在すると捉え別立てにした。CLILは、このような学習すべてのなかで学ぶ内容と言語を統合した総体として中心に位置する教育と考えられ、すべての学びに通じる要素を抱えているとも言える。そのために、CLILは複雑な統合学習でさまざまな要素が混在し、常に「これは

CLILと言えるのか?」あるいは「CLILとは何か?」と問われ続けることになる。

統合学習(学び全体)	言語学習
IB(国際バカロレア)	イマージョン
インターナショナルスクール	バイリンガル教育
CLIL教育(内容と言語を統合した学習)	
教科間連携(教科横断型学習)	言語学習
科目などの多様な学習	言語学習

表2.1 CLILとその他の言語学習の比較

　この多面的なCLILの位置付けがヨーロッパでのCLILの発展につながったと考えられる。CLIL以前から行われてきたインターナショナルスクールやバイリンガル教育などの一部を受け継ぎ、CLILは寄せ木細工のように独自の教育を創出した。しかし、CLILの視点からそれぞれの教育を比較して見ると、CLIL教育の多様性と柔軟性がより明確になり、CLILが現在多くの国で推進されている統合的な学びやグローバル教育などの基盤となっていることがよくわかる。また、英語を中心としたグローバル化する社会で要求されるインターナショナルスクールやバイリンガル教育が、CLILという統合学習を生み出したとも言える。

2.9　多言語状況における複言語主義としてのCLIL

　CLILの始まりはヨーロッパの統合を推進するためのEUの教育政策にある。その基盤となる言語(教育)政策がCEFRである。CEFRは、ヨーロッパの多言語と多文化状況に対応するために単に言語や文化を統一するのではなく、複言語複文化主義という考えを示した。そのことが、多様な言語や多様な文化が社会に共存するだけではなく、ヨーロッパ市民一人ひとりのなかに育まれるという目標を打ち出した。その上で、自律学習、生涯学習、ヨーロッパの教育のプラットフォームの共有などを促進した。そのひとつの実務的な考え方がCLILである。

　CLILは、理論的には外国語（追加［additional］言語）における学ぶ内容との統合学習であるが、多くの場合、英語による学習であり、英語を伸長し英語で学習ができることを目指す。それに付随して、フランス語、ドイツ語など将来の仕事につながる言語、マイノリティ言語、継承言語などが学ばれるが、実質は、英語が主流となる。この考え方はある面でLSPとほぼ同じコンセプトであり、結果は同じように見えるけれどもその成り立ちは違う。LSPは、特定のあるいは明確な目的のための言語の研究であり、応用言語学の一部であり、言語教育の実践の研究を特徴とする。CLILは、その背景が大きく異なり、複言語複文化主義を推進し、自律学習を促し、ヨーロッパの統合と平和を目指す統合学習として提案された。

　CLILはメソドロジー（methodology）と言われ、日本語では「指導法」と訳されることが多い。日本では「型」あるいは「理論」と考えられ、ある考えのもとに体系化された方法論が確固としてあると理解されているようだ。英語では「a set of methods and principles used to perform a particular activity」（Oxford Learner's Dictionary）（ある特定の活動をするのに使われる方法と原理の体系）と定義される。確かにCLILにはいくつかの方法や原理が提示されているが、当初からあったわけでなく現在でも方法や原理は明確ではない。CLILと言われる統合学習は教師によって異なり、状況によって変わる。多様で柔軟という形容がよくあてはまる。また、ヨーロッパにおけるCLILはやはり内容の学習に重きが置かれていて、指導する教師も教える科目内容の知識が必要である。指導方法はそれぞれの学習内容によって変わるのが自然である。CLILはそれぞれがそれぞれのやり方で、母語と英語で内容を学ぶ（教える）というシンプルなメソドロジーと考えるのが妥当である。その発想に次第に工夫がなされ今日のCLILになっている。普及の主要な理由は、実際に教える教師が「これは意外におもしろい」と感じたことであり、教えることができる教師がいて、学ぶ生徒がそれを望んだということである。

　その過程のなかでCLIL指導法と言われるいくつかのメソッド（学習方法）、シラバス、活動方法、教材、アイディア、事例などが提示され、CLIL指導者が各地に現れ、CLIL教員研修が始まり、CLILセミナーなどが行われ、CLIL指導者資格などが作られるようになった。同時に、CLIL研究も活発となり、多くの論文が産出され、インターネット環境を利用しながら、研究者と実践者とのネットワークができてきた。英語に関しては次の例がある（2018年7月時点）。

- International CLIL Research Journal http://www.icrj.eu
- CLIL Media http://clilmedia.com/clil-magazine/
- CLIL Teacher Magazine http://www.onestopenglish.com/clil/clil-teacher-magazine/
- CLIL Teaching Contents through English http://www.scoop.it/t/clil

同様のリソースが、英語のほかにも多様な言語を背景として共有されるようになっている。

　このようにCLILは英語を中心としながら、それぞれの状況に応じて多言語多文化を背景にヨーロッパで発展している。このCLILの発展が各地域に刺激を与え、各地域における教育環境のなかで形を変えてさらに広がっている。日本もそのひとつである。背景にはCLILの柔軟性がある。ヨーロッパでは、その点を理解し、指導理論を明確にすることなく、実利を重要視して実践的に進んでいる。その最終的な目標はCEFRに沿ったEUの発展と安定の一助にある。EUの統合が不安定になれば当然変わってくるだろう。

2.10　ヨーロッパ以外のCLILの多様な展開

　CLILは、2010年頃から急速にヨーロッパから各地域に広がっていった。その大きなインパクトはCEFRの広がりに負うところが大きい。また、特にビジネスや科学技術の分野で英語によるグローバル化に対応する意味で、CLILは効果的な学習を提供すると受け取られ各地で展開するようになった。時系列で見ると、CLIL自体が新しい統合学習というわけではなく、CLILは、バイリンガル教育やカナダのイマージョンプログラムからヒントを得てヨーロッパで始まったが、北米で従来から実施されていたCBIの考えにも共通する。CLIL自体は結局どこにでもある教育で、政策的に普及が進んだことで改めて気づかされたとも言える。

　ヨーロッパ以外ではCLILの基盤であるCEFRという言語に関する理念がなく、必然的にヨーロッパのCLILとは異なる展開になる。カギは、グローバル教育における英語の役割である。イングリッシュシャワーに代表される早期英語教育の進行、IBプ

ログラムの普及によるバイリンガルスクールなど英語による学習プラットフォーム、ビジネスや科学技術分野における英語の必要性などと、必然的にCLIL教育が結びつく状況ができつつある。オーストラリアでは、多言語多文化に対応するためにLOTE (Languages other than English) という政策とCLILが結びついた。英語学習を必要とする人たちに対するESLやイマージョンプログラムがCLILに近い考え方で行われていたので、CLILはオーストラリアにも導入され研究や実践が行われるようになった。北米でも同様の考えは浸透していて、CLILと同様の研究や実践はバイリンガル教育、イマージョン、CBIとして進んでいった。これと並行してCEFRも周知されたが、CEFRとCLILは参照される程度で、北米の伝統のなかで同様の教育は展開されている。

　アジアでも次第にCLILは広がりを見せている。それは、決してヨーロッパのCLILの模倣ではなく、CLILの要素としてのバイリンガル教育と統合学習を取り入れた英語教育として発展している点に特徴がある。理由は、他の学習理論、たとえば、多重知能 (multiple Intelligences)、反転学習 (flip learning)、アクティブ・ラーニング (active learning) などと関連して、それに付随する英語学習として発展しているからである。アジアでは英語教育における統合学習としてのCLILという捉え方が現時点では適当であろう。このような動向はヨーロッパでも実は多く見られ、CLILとは別に英語教育自体が内容やテーマを重視するケースは多い。このような授業はCLILとは言わない場合がほとんどであるが、CLILの要素を持つ英語学習は行われている。アジアでCLILと言われる統合学習は、英語教師やネイティブ (バイリンガル) スピーカーなどを中心に英語で内容を学ぶ授業とほぼ同等と考えてよい。

　現状では、日本でもCLILは英語が主流であり、英語教師が関心を示し指導にあたることが多い。CLILかCLILでないかは指導する教師がどう考えるかによる。日本の初等中等教育システムでは原則教員免許がなければ指導できない。ネイティブスピーカーが数学や理科を教える場合も教員免許は必要であり、各科目の教員は日本語で教えるのが前提で、英語で教えることは想定されていない。実際の学校教育システムは教科の仕切りも長年大きな変化がなく、日本でヨーロッパのCLILを実践するにはカリキュラム上の問題をまず解決する必要がある。それでも、スーパーグローバル・ハイスクール (SGH)、スーパーサイエンス・ハイスクール (SSH) などの一連の国際理解教育プロジェクトにおいて、英語で活動できるような学習が推進されている。そのなかで、CLILが推進されていることはほぼ事実であるが、カリキュラムや教材

などの課題も依然としてあり、実際に携わっている教師が「私はCLILを実践している」と、自信を持って言えない面もある。

　このようなCLILの進展は、これまでの学びに対する伝統的な考え方に関する批判の一端でもある。CLILはその学びに対する大きな変革の一部に過ぎない。ICTの発達により情報やコミュニケーションの流れや利用が世界中に広がり、いわゆるグローバルな展開が容易になった。そのような社会情勢のなかで言語とコミュニケーションの問題は教育上重要であり、多様な場面で多面的に共通のプラットフォームで知識や技能を共有する必要性が増してきている。英語を中心とするコミュニケーションには批判はあるが、現状ではそれに従うしかない。ただし、CLILの理念は英語だけではなく複言語である。まずは英語と内容を統合する学習に携わるが、その後は別の言語へと発展し、言語と言語の統合、複雑で多様な内容に関する思考、背景が異なる文化社会への対応など、複雑な現実に対処する能力が教育に求められるようになるだろう。CLILはその定義のシンプルさと、多様性、柔軟性によって、今後も状況に応じて異なる形態で発展していく可能性がある。そしてそれこそがCLIL教育を追求することの意義でもある。

関連文献

Coyle, D. (2007). Content and Language Integrated Learning: Towards a Connected Research Agenda for CLIL Pedagogies. *International Journal of Bilingual Education and Bilingualism*, 10(5), 543-562. DOI: 10.2167/beb459.0

Dalton-Puffer, C. & Smit, U. (2013). Content and language integrated learning: A research agenda. *Language Teaching* 46.4, 545–559.

Finnish National Board of Education. (2016). *National Core Curriculum for Basic Education*. Helsinki: Next Print Oy.

Llinares, A. & Morton, T. (eds.). (2017). *Applied linguistic perspectives on CLIL*. Amsterdam: John Benjamins Publishing Company.

Wewer, T. (2014). *Assessment of young learners' English proficiency in bilingual content instruction CLIL*. Publications of Turku University B-385. Turku: University of Turku.

第 **3** 章

ヨーロッパのCLIL教育の基本と現状

第 3章ではヨーロッパで発展したCLILメソドロジーの基本的な考えをまとめ、各国の実態に触れたい。前述したようにCLILには必ずしも明確な指導方法があるわけではないが、一般的に共通している指導法を紹介する。その基本的なメソドロジーにもとづいて、それぞれの事例を紹介し、実際にヨーロッパでどのようなCLILが展開しているかを概観する。ごく一部を紹介するだけになるが、CLILは、内容の学習やそれに関連するプロジェクトによって、また、カリキュラム、教師、学習者によって、すべてが変化することを理解してもらいたい。ここで紹介する指導方法や事例を模倣するのではなく、それぞれの環境や状況に応じて、教師が工夫することがCLILの実践には不可欠である。

3.1 ヨーロッパでのCLIL実践の基本的メソドロジー

　第1章で紹介したCLILの教育理念とメソドロジーはヨーロッパでも基本である。ヨーロッパの基本的なCLILの考え方は、教科科目の内容の学習が中心となるいわゆるハード (hard, total, content-driven) CLILである。簡単に言えば、教科科目の学習を目標言語で学ぶという統合学習である。CLILは内容の知識や必要な思考に焦点を当てる。学習者は科目の知識もなく言語も不十分である場合が多いので、教師は工夫をしないわけにはいかない。基本となる理念は「4つのC (4Cs)」(Coyle, 1999) であるが、これは緩やかな原理で、実際はかなり多様である。

　その特徴を表3.1に整理したが、「4つのC(4Cs)」以外にも、Community, Citizenship, Competence, Cooperationなどいくつかの原理を加える場合がある。CLILメソドロジーの基本は、「多様性の受容と柔軟性の育成という文化のなかで、言語が学びにつながり、内容の学びのために言葉があり、学びを通して思考する」と言える。「4つのC (4Cs)」の原理を考慮しながら、CLILはヨーロッパでシンプルに展開された。これを図で表すと図3.1のようになる。

Content （教科科目内容やテーマを学ぶ）	歴史、地理、公民、数学、理科、美術、工芸、音楽、体育、家庭、ICT、総合的な学習、プロジェクトなど、ヨーロッパ社会にかかわる学習内容を学習言語（英語）と母語で学ぶ。言語使用の割合は柔軟で、学ぶ内容により教師が判断する。指導する教師は教科の教師であるが、英語の教師と共同する場合もある。あるいは、英語が堪能な地域の人と協力することもある。
Cognition （思考と学習の工夫）	単に科目知識を学ぶのではなく、グループワークなどの活動の機会を取り入れ、活動を重視し、科目を学習するなかで、学習言語（英語）を使うことで言葉の使用と学びを統合的に考える機会を持てるようにする。教師は活動において、効果的に思考し活動ができるように支援する（スキャフォールディング）。
Communication （目標言語でのコミュニケーション能力）	思考の活動とともに、学習言語（英語）によるコミュニケーションの機会を自然に作り出すことが大切である。しかし、学習者の言語力を考慮し、コミュニケーション能力が十分でなければ、聞く・読むという学習言語（英語）のインプットを多くし、発言に関しては母語の使用を制限する必要はない。学習言語（英語）によるコミュニケーションを過度に要求することは避け、学習者同士のサポートを促し、学習言語（英語）を適切に使用しながら、誤りに寛大な態度で臨む。しかし、教師としては、学習者の言語に注意しながら指導する。
Culture （文化の多様性の理解と対応能力）	CLILにおける文化の扱いは多様性の受容と柔軟性の育成である。授業という環境では、学習者同士の実践のコミュニティ（community of practice）が適切に機能するように支援することが大切である。教師の役割としてその点が主に求められる。まず教師がICCを身につけている必要がある。「こうでなければならない」という頑なな考えは最も危険であろう。CLILという緩やかな枠組みのなかで、学びと言語使用に多様に柔軟に対応し、学習者が心地よい学びを経験するように工夫することが肝要である。

表3.1　「4つのC（4Cs）」（Coyle, 1999）

図3.1 ヨーロッパの「4つのC（4Cs）」の関係

このような原理で形作られた統合学習に、さまざまなCLILの学びの特徴が追加され発展してきた。代表的なものは次のように整理される。

1) スキャフォールディング（scaffolding 足場づくり、足場かけ）
2) ブルームの教育目標の分類（HOTSとLOTS）
3) 言語の三点セット（the language triptych: language of/for/through learning）
4) 3つの目標（科目やテーマなどの内容［知識・技能］の学習、言語の学習［言語意識］、学習スキル）
5) CLIL指導のコア：多様な視点・多焦点（multiple focus）、安全で豊かな学習環境、本物らしさ（authenticity）、積極的な学習（active learning）、協力（co-operation）

ヨーロッパのCLILの展開は多様であるが、CLILは上記のような学びの特徴を基本としていると理解してよい。

　また、CLILを支援しているヨーロッパ委員会は、政策的にそのメリットを次のようにまとめている（cf. 笹島他, 2011）。ヨーロッパで実施されているCLILは、この点を理解しておくと比較的わかりやすい。

- 文化間知識理解を深める
- 文化間コミュニケーション技能を高める
- 言語能力とオーラルコミュニケーション技能を向上する
- 多言語への興味と態度を育む
- 学習者がより多く目標言語に触れられるようにする
- 異なる視点で科目内容を学ぶ機会を与える
- 特別な授業時間を要しない

- 科目内容と競合するのではなく、互いに補完し合う
- 授業実践の方法と形態を多様化する
- 科目内容とことばの両面において学習者のモティベーションを高める

CLILは、このような政策的な意図のもとに多様に展開されているが、学習者からすれば、内容と言語の両方に焦点を当てた統合学習でしかない。一人ひとりの学びは誰も正確には把握できないにもかかわらず、比較的満足している学習者の割合が高いことが報告されている。その点がCLILのひとつの特徴である。筆者がヨーロッパで実際に参観した多くのCLIL授業でも、学習者の能動的な学びを目の当たりにした。多くの活動はごくシンプルなもので、数学、理科、社会などの教科をその内容に沿って英語で学ぶという授業である。上記の学びの特徴がふつうに授業活動に見られるが、それを特に強調するわけでは決してない。

　このような観点を前提として、以下、いくつかの国の事例に言及しながらヨーロッパのCLILの一端を説明する。

3.2　フィンランド

　フィンランドは、ヨーロッパの北に位置し、政治的にも経済的にも他国との協調を図りながら安定を保っている。しかし、歴史的には厳しい時期もあり、資源などに恵まれているわけではないので、生き延びるために教育に重点を置き、1980年代からEUの見本のような教育政策を始めた。北欧のほかの国からの刺激もあり、1990年代にCLILが実験的に試行される段階で積極的にCLILを推進した。ユヴァスキュラとバーサがその中心となりいくつかのプロジェクトが始まった (Marsh, Nikula, Takala, Rohiola & Koivisto, 1998)。バーサは、スウェーデン語が主として話される地域であり、すでにフィンランド語とのバイリンガル教育が行われていた。ユヴァスキュラは、大学を中心にEUの政策を次々と取り入れ、多様な取り組みをしてきた地域である。1990年代に実施されたCLILの試行は長くは続かなかったが、その実績と経験はその後のフィンランドの教育に波及し、CEFRの進行とともに、カリキュラムの改訂に大きく影響を与えた (Sjoholm & Bjorklund, 1999)。バーサと同様にスウェーデン語が話さ

れているトゥルクも早くからCLILを導入した。それぞれの地域の研究者と教師が連携し、今日のヨーロッパのCLILの発展を牽引したと言えるだろう。フィンランドのCLILの発展は教育政策に負うところが大きく、CEFRの浸透、英語のバイリンガル教育の普及と連動して、CLILはフィンランド全体に草の根的に浸透した。

フィンランドのCLIL研究と実践がヨーロッパにおけるCLIL教育に少なからず影響を与えたことはまちがいない。しかし、CLIL教育は決してトップダウンで広がったわけではなく、「CLILはこうあるべきだ」という具体的なメソッドや学習事例が示されたことはなかった。日本の学習指導要領にあたる初等中等教育のフィンランドのナショナルコアカリキュラム（national core curriculum）は、教師に意思決定と授業方法を委ねているので、教師がCLILを選べる環境がすでにあった。コアカリキュラムの外国語指導では生徒の到達度目標をCEFRに準拠して明確に示しているが、日本の学習指導要領のように、文法、語彙、発音や言語機能などを細かく指示することはない。CLILに関しても同様の姿勢をとっている。CLILの理念を理解し、教師が工夫することで、学習する内容が達成されることが優先される。外国語の教育目標は、コミュニケーション能力、文化間理解能力、自律学習力の育成にある (cf. National Core Curriculum 2004)。

CLIL授業で育成する力は、学ぶ対象となる外国語（英語など）であり、学ぶ科目内容は、単に知識ではなくその分野の理解であり、多面的に応用できる能力（traversal competences）である。どのように展開するかは教師の裁量となっている。それぞれの教科の指導法を背景として、教師はその科目を外国語を使って学ぶ場を提供する。母語も必要に応じて併用する。フィンランドのCLILでは、教師も生徒もごく自然に言語を使い、「これがCLILだ」というような意識はあまり持っていないように見える。CLILに限らず英語の授業にも当てはまる。英語の授業でもCLILの学びを取り入れている。バイリンガルスクールやIBプログラムの授業でも同様の学習文化がある。

2016年から始まったフィンランドのコアカリキュラムには次の能力の育成が強調されている。

- 思考と学び方を学ぶ（Thinking and learning to learn）
- 文化リテラシー（読み解く力）、交流、表現（Cultural literacy, interaction, and expression）

- 自己管理、日常生活技能、安全(Taking care of oneself, everyday life skills, safety)
- マルチリテラシー(多様な読み取る力)(Multi-literacy)
- デジタル能力(Digital competence)
- 働く生活技能と企業精神(Working life skills and entrepreneurship)
- 持続可能な未来に対する参加、影響、責任(Participation, influence, and responsibility for a sustainable future)

これらの能力を外国語でも活用できるようにすることが、CLIL教育の大きな目標である。フィンランドにおけるこのような能力育成の方針からもCLILは教育のなかに浸透していることがよくわかる。

3.3 スペイン

　スペインは、さまざまな意味で最もCLILが盛んで注目を浴びている。ヨーロッパだけではなく、世界的にも実践と研究の両面で大きな影響を与えている地域のひとつである。もともと多言語多文化の国であり、一様に捉えることは正確さを欠く可能性がある。スペインは17の自治州からなる王国で、歴史的に複雑で、教育も各自治州で独自に展開されている。スペイン語は、正式にはカステリャーノ語(Castellano)で公用語となっている。このほかに、ガリシア語(Gallego)、カタルーニャ語(Catalán)、バスク語(Vasco)などが主要な言語として存在し、それぞれの自治州で公用語となっている。地域によっては、バイリンガル、トライリンガルは当たり前になっている。

　スペインは言語教育には比較的熱心に取り組んでいるにもかかわらず、日本と同様長い間英語が使えない国とみなされてきた。スペイン語は、多くの国と地域で話されており、文化的にも影響力のある言語なので、英語学習のニーズはそれほど高くなかったのであろう。しかし、社会のグローバル化とともに、英語の必要性を強く感じ、2000年以降は急速に英語教育に力を入れてきた。CEFRがEU域内に浸透し推進される際には、EUでも中心的な役割を果たし、英語に限らず複言語複文化主義の考えを取り入れ、スペイン語の普及にも積極的にCLIL教育を利用した。CLILとい

うよりはバイリンガル教育と呼んでいる人も多く、用語の理解には多少揺れがあるが、広い意味でのCLIL教育は、熱を帯び注目を集めるようになっている (cf. Dobson, Murillo, & Johnstone, 2010)。

　スペインのCLILの特徴は、EUが推進したCEFRの言語政策とCLILの研究と実践を比較的忠実に実験的に各地域の現状に合わせて急速に推進したことにある。国を挙げて政策的に推進するのではなく、各自治州が事情に応じてプロジェクトを組み、さまざまなプログラムを実行して成果をあげてきた。特記すべきことは、各地域の熱心な研究者や実践者が核となり、研究と実践を重ねて多様なCLILを展開してきたことである。英語教育においてほかのヨーロッパの国に多少遅れを感じたスペインは、2000年以降に加速度的にCLILに力を入れて、英国などから多くの支援を受けて英語教育を推進した。現在定着しつつあるCLILの指導理念、メソドロジー、教材などはスペインの実践から発展したものも多く、スペインには現時点でのCLILのほぼすべての指導例があると言える。特に、「バイリンガル教育」「英語で授業をする」「早期英語教育」「CLILを教える」という実践報告が多くある。

3.4 イタリア

　イタリアは、スペイン同様英語教育においては優等生ではなく、英語が使える人は少ない傾向にあったが、状況は大きく変わっている。イタリアの歴史や文化は古く、一般的に英語を学ぶニーズはそれほど高くなかった。実際、ふつうの学校における英語教育も筆者が知る限りそれほど活発ではない。しかし、都市部を中心に移民が多くなり、急速に多言語多文化が進んでいる。英語が必要となる場面も多くなり、英語が使えることは仕事にもつながる。若い人を中心に英語のニーズは高くなり、現在、小学校から高校まで英語によるコミュニケーション能力の育成は重要視されている。CLILはその過程で同様に注目されるようになっている。

　ローマやイタリア北部の都市部を中心としてCLILは発展した。CLILを推進する研究者と実践者が牽引し、草の根的にCLILが広まっていった。北欧などと同様にCEFRの推進と並行してCLILの開発が進行した。EUの政策的な支援を受けたCLILプロジェクトを中心に、イタリアもスペインと同様、各地域や学校の状況に応じて実践が進

んだ。CLILの教育内容や質は異なり、教師のアプローチの仕方もかなり違っている。CEFRの推進もあり、スペインと同様初等教育のCLILが当初は特に盛んだった。それなりの成果も生み出し、CLIL研究も実践も進んだ。スペインとの大きな違いは政策的な決断があったことである。2014年より後期中等教育のカリキュラムにCLILが導入された。目標言語である英語を学習者に無理強いしないことを基本としているが、イタリアにとっては大きな一歩となった。

　イタリアは、将来的に教育方法として多様にCLILを応用しよう考え初等教育から中等教育まで幅広くCLILを導入しようと計画している。中等教育の最終段階でCLIL科目を学ぶことを義務づけたのは、それをひとつの到達目標と設定したからである。CLILがカリキュラムとして導入された場合は、教師の資質が重要となることは言うまでもない。CLILを担当できる教師の育成に成否がかかってくる。そこで、CLILを教える教師の要件を**表3.2**のように設定し、そのための教員研修を実施している。実態がどのようになっているかは別として、要件は参考に値する。

言語面	科目面	指導面
CEFR C1	ナショナルカリキュラムに応じた科目知識を利用できる	言語と科目の双方で協力してCLILを計画する
外国語で科目の教材を扱える	言語と内容を統合する科目内容を教える	ICTを使いCLILの質を高める教材を扱う
外国語で科目の言語とコンセプトを理解している		外国語で内容の学習を目指すメソドロジーやストラテジーを使い、自律的にCLILを計画する
		CLILメソドロジーに適する評価ツールを開発する

表3.2 CLILを教える教師の要件(Cinganotto, 2016: p.385)

これらの要件は、ヨーロッパで政策的に進めてきたCLILの基本的な考え方をある程度忠実に反映している。CLILは、多言語多文化に対応し、自律的な学習を促し、ヨーロッパ域内の移動の可能性を高め、EUの統合という目的にかなった教育で、CLIL教師がそれを体現する必要がある。教師がこれらの要件に対応できれば、イタリアだけではなく、他のヨーロッパの国でも教えることは可能であろう。現実的には、

CEFR C1は理想で、実際はB2程度である。養成や研修が課題となっている。

　実際にイタリアで行われているCLILがどのような指導原理のもとに進められているか少し触れておく。すべてを把握することはむずかしいが、筆者が知る限りでは、CLILと英語教育はカリキュラム上も分かれて発展してきた。小学校のCLILに関しては英語教員が主に携わっているというのが妥当である。その際には、科目教師と外国語教師のティームティーチングなどが提案されている。中等教育以降は、英語教育は、CLTを基本に発展しているが日本と似ている印象があり、文法重視の指導も多い。フランス語も隣国の言語として英語に次いで学ばれ、都市部を中心に外国語学習は奨励されている。CLILは、そのような環境のなかで、各科目の教師が各学校の方針と生徒のニーズを考慮しながら指導している。CLILに関心を持つ英語教師も多く、英語を教える際に内容も大切にして教える傾向もある。教科の教師はバイリンガルが要求され、CLILはかなりハードルが高い面もあるが、要件をある程度満たせば、CLILとして自分の科目を展開できる。指導案や教材の共有は十分とは言えないが、教師の工夫で少しずつ充実している。その点を考慮すると、後期中等教育にカリキュラムとして導入したことで養成も研修も実施されるようになり、さらには、初等教育では英語教員によるCLILも奨励されるようになっている。こういったことからカリキュラムとして導入したことが得策であると判断できる。

　イタリアのCLILの発展はスペインに負けず劣らず急速に進行している。その原動力は、早期英語教育などによる英語力の育成と、EUの政策である「母語＋2言語」である。イタリアもスペインもEUのなかで遅れていたために2000年に入って急速にこれを進め、それ以降、CLILの研究や実践が多く産出され注目を集めるようになった。CLILはその原動力のひとつとなって発展した。2014年にヴェネツィアで開催された（筆者も参加した）CLIL学会は象徴的だった。CLILがカリキュラムに導入された時期と重なり、CLILがイタリアの教育のなかに公式に受け入れられた熱気があった。現在は、英語を中心とした外国語指導とCLILは連動して政策として推進されている（例：2015年から開始したLa Buona Scuolaプロジェクト）。喫緊の課題はやはり教員研修である。

3.5　ドイツ

　ドイツは、ドイツ語とフランス語のバイリンガル教育 (BILI) を行っていた経緯があり、CLILの開発が先行した国のひとつと言える。また、1970年代から英語は重要という認識があり、CEFRの普及を待つまでもなく英語教育は盛んで、EUの主要国としてEUの政策を主導していた。また、トルコからの移民など多様な人々が暮らす多言語多文化の国で言語教育政策は重視されてきた。一方で、英語を中心とした外国語教育はエリート教育と関連して進んできたのも事実である。学校制度もその影響が強く、大学などへ進学するギムナジウム (Gymnasium) を中心に、バイリンガル教育がエリート教育の一環として推進され、職業訓練などに進むレアルシューレ (Realschule)、ハウプトシューレ (Hauptschule) が中等教育を構成する。小学校 (Grundschule) では英語教育が3年生から始まるが、地域によっては1年生から実施するようになっている。そのような教育システムのなかで、CLILは英語教育を中心としてフランス語も含めバイリンガル教育の一環として発展してきた。

　ドイツの教員養成では一般的に教師は2教科を教えることが求められている。このような教職システムがCLIL教育の基盤となる要素となっている。日本と同様、初等教育では教科の壁は高くないが、中等教育になると教科の専門性のために教科間連携はむずかしい。実際には、それぞれの教師がそれぞれの科目を教えることが多く、CLILを教える場合も学校の方針による。当初ギムナジウムで行われていたCLILは、最近では次第にレアルシューレやハウプトシューレなどに広がっている。いずれも、英語などの学習を促進する意味でのバイリンガル教育の一環である。一人の教師が英語と歴史という2教科を教えられる資格を持っていれば、CLILを教える環境が整うことになる。また、英語がある程度堪能であれば、教科を英語で教えることは可能である。学習者あるいは保護者の希望に応じて実施している。ドイツでは、CLILを可能にする大学における教員養成システムが整いつつある。ドイツの教員養成は研修期間が長く、修士コースなどの課程でCLILについて学ぶことができる。連邦制のため、各自治体の独立性が高く統一したカリキュラムがないことが課題である。

　ドイツは移民が多く、多言語多文化を考慮する背景がある。その移民教育においては、ドイツ語を話せるようになることと、ドイツ語で教育を受けることに力が注がれる。この点でCLILは参考となるアプローチであるが、第二言語としてのドイツ

語教育には、フランス語とドイツ語のバイリンガル教育の伝統が生かされている。移民の学習者には特別なプログラムを提供することが多く、この移民に対する教育はCLILと強く関連している。また、ゲーテ・インスティテュート（Goethe Institut）は、ドイツ語学習にCLILをいち早く取り入れ、積極的にドイツ語学習の普及に努めた。EUのなかでも、フランス語、ドイツ語、スペイン語は、英語に続き有用な言語である。CLILアプローチは採用され、その影響は英語学習にも相乗効果となって表れている。

　CLIL教育はドイツの教育事情を反映して展開されている。根底には、ドイツで発展したバイリンガル教育があり、そのバイリンガル教育の延長線上にCLILがある。教師はそれぞれの状況に応じて工夫して授業を展開している。各科目の学習内容を重視し、各教科の指導法を生かしバイリンガルで学ぶCLILには多様な展開がある。BILIが定着していることが背景にあり、ドイツのCLILでは、総じて、言語使用に対する配慮は内容の理解にあり、必要に応じてドイツ語が適宜使われる。CLILはあくまで英語学習というコンセプトであり英語力の向上を目的としている。そのために学習者に適切な英語力を要求する。高等教育の学生には特に英語力を担保する必要がでてくる。逆に小学校では、バイリンガルスクールは別にして、基本的な英語学習に終始することが多い。いずれにしても、教師は内容がむずかしい場合はドイツ語を使い、多様なスキャフォールディングを工夫し、適切な活動を展開する。

3.6　オーストリア

　オーストリアはドイツ語を公用語とし、教育制度はドイツと似ている。早期外国語教育には伝統的に熱心であり、特に英語教育は浸透している。その一環としてCLILを理解することが必要である。ドイツと異なる点は、早期の段階から外国語教育を取り入れ、それと各科目が連携するCLILが発達したことだ。バイリンガル教育を初等教育から始めるという発想である。都市部を中心として多言語多文化が浸透し、英語はある面で生活や学習とつながる言語となり、ニーズも高く、学校教育にも浸透していった。バイリンガル教育は程度の差はあるが小中高の多くの学校で取り入れられている。

　早期外国語教育では、小学校から英語を推進し、小学校教師が英語を担当し、多

言語に対応する教育システムが構築されてきた。教科間連携あるいは統合学習として英語教育を早い段階から推進したが、その教育にCLILの理念を取り込んで発展してきたと言える。国際的な機関を誘致し、移民を受け入れてきたオーストリアは、ヨーロッパの言語政策を比較的忠実に実施してきた。CLILは、EaA (Englisch als Arbeitssprache / English as a working language) として広まっている。将来の仕事を視野に入れて英語を学ぶというコンセプトであり、発想はESPに近く、CLIL以前の段階から浸透している。これが今日のCLILの土台となっている。

　CEFRの複言語主義、複文化主義、自律学習、文化間理解などの言語（教育）政策の一環として進められてきた統合学習は、かなり柔軟な外国語教育として取り入れられ、オーストリアの文脈に合わせてCLILとしても実践研究されてきた。このようなCLILアプローチは、ドイツがギムナジウムを中心にバイリンガル教育を進め、特定の学習者を中心として推進した英語力向上を目的としたCLILとは少し違う。オーストリアでは、ドイツと同様、多くの教師が2教科を教えることができるので、CLILは多くの教師が教えることが比較的容易な環境にある。教員養成や教員研修においてもCLIL指導法は科目として提供され、それがCLILを教えられる資格となっている。CLILは正式なカリキュラムとして導入されてはいないが、各学校各教師の判断でかなり広範に浸透している。

　オーストリアのCLILは、フランス語やスペイン語でも指導されているが、英語教育の指導が基盤にあると考えるとわかりやすい。CLTにもとづく英語教育が小学校あるいは就学前教育として発展したことが、CLILのあり方にも大きく影響している。筆者がグラーツで参観した中等学校での英語授業は、CLILとは言っていないが、20人ほどの生徒がいるクラスでコミュニケーションを重視した授業だった。同じ教師が、高学年の授業ではテーマが設定されたディスカッションを英語で行い、低学年の授業では教科書に沿ったごくふつうの指導をした。バイリンガル教育が基盤にあるので、英語の授業に教科科目の内容を加えたCLILアプローチと言ってもまったく問題のない授業だった。

　ウィーン教育委員会によるバイリンガル教育のプログラムに、Vienna Bilingual Schooling (VBS) と Dual Language Programme (DLP) がある。ドイツ語と英語の両言語を使いながら文化間理解能力を身につけることを目的としている。英語を母語とする生徒も学ぶVBSと、ドイツ語を母語とする生徒が中心に学ぶDLPを区別してい

るが、違いはそれほどない。国際的な環境のウィーンには、ドイツ語を母語としないインターナショナルな生徒も多い。英語を母語とする教師も混じり、異なる考えや文化を受け入れる力を身につけることも想定している。このようなバイリンガルプログラムは、オーストリアのCLILの特徴をよく表している。

　オーストリアではCLIL教員の資格は設定されていないが、養成課程や研修を通じてCLIL理論、指導法、教材などのコースを設定し、修了した場合修了証を発行し、CLIL授業の普及を図っている。グラーツにECML (European Centre for Modern Languages ヨーロッパ現代語センター) があることもこの国の言語教育の発展を支援している。ECMLは、ヨーロッパ評議会 (Council of Europe) のヨーロッパの言語 (教育) 政策などの研究機関で、多くの研究者や教師が集まり、多様なプロジェクトを実施し、言語教育を先進的に発展させる役割をしている。教師は身近でその情報を共有できる環境にある。オーストリアは、CLILに関して先進的に取り組んでいる国のひとつである。

3.7 スウェーデン

　多くの移民を受け入れているスウェーデンでは、スウェーデン語が主に使われているが、英語もふつうに使われ、多言語多文化社会が進行している。この国でもCLILという用語が生まれる前から、バイリンガルスクールなどを中心にCLIL教育は行われていたと言える。筆者が訪れたストックホルムやヨーテボリにはバイリンガルスクールが多くあり、英語とスウェーデン語で学んでいる。一般の中等学校でも英語授業は内容を重視したCLTを基盤とした授業で、CLILと言っても差し支えない内容だった。英語学習ではCLTが浸透していて、学習者のニーズに合う学びを実践している。ドイツやオーストリアとは言語環境が違い、英語は第二言語と言っても言い過ぎではない。他のヨーロッパ言語は内容に応じて学習者が選び学ぶという教育環境ができている。このような状況から、スウェーデンにはCLIL教育の原型が以前からあったと考えてよい。

　スウェーデンは、ヨーロッパの言語教育政策を率先して推進し、CEFRの言語熟達度のレベルを表すディスクリプターやテスト開発などにも積極的で、CLILの導入に

も前向きである。EUの言語政策の両輪であるCEFRとCLILがここでも実践されているが、各学校、各教師に任せる部分が多く、国全体で推進するというわけではない。英語で教えることや学ぶことがほかの国よりも抵抗なく行われていて、CLILとは言わないまでも、それに近い学習活動が学習者と教師の関係性において定着している印象が強い。スウェーデン語と英語の親和性が高くCLTが定着し、バイリンガルスクールやIBプログラムも普及し、CLILの原型に近い教育が1970年代から行われてきた。CLILという意識のない英語教師も、授業自体がかなり内容や意味を重視して母語と変わりなく英語のやりとりが行われている。生徒にとっての課題は書くことであり、英語を書く力をつけるために文法の学習をしている生徒が多い。書くためには書く内容と思考力が必要なので、CLILはこの点において役立っている。

　ドイツ語やフランス語などの外国語は学ばれているが、CLILとしてのアプローチは少ない。移民に対して寛容な政策をとっており、英語は共通の言語として重要である。英語とスウェーデン語を核としてそれぞれの言語を尊重しながら、複言語複文化主義を体現している。そのような環境における教育には先進的な取り組みが必要なのである。そのことが、早くからEMIを定着させ、CBIを発展させ、CLILの前身となる指導を生み出し、バイリンガル教育として普及した。

　スウェーデンのCLIL教育は、実践的で自律的な英語教育の延長にあると言える。小学校低学年からCLTとバイリンガル教育を核として英語教育を推進し、英語を使用する環境が日常生活のなかでも身近な状況になっているので、教科科目の内容を英語とスウェーデン語の両言語で学ぶことは大きな壁とはならない。英語で理解することができるようになれば英語の割合が増え、スウェーデン語は必要なくなる。CLIL教育においては、内容と言語を統合して学習するという基本的な理念が生かされる。また、CLILに関するカリキュラムが定まっていなくても、CLIL教員の資格がなくても、各学校や教師の裁量でCLIL教育は実施可能である。スウェーデンの課題は、英語が学ばれ使われる状況が教師の自律性から構築されているにもかかわらず、国全体の方針が定まっていないことにある。それはメリットでもあり、デメリットでもある。

3.8 ベルギー、オランダ、ルクセンブルク

　ベルギー、オランダ、ルクセンブルクは、ベネルクス3国と呼ばれ、多言語多文化が進行している地域であり、ヨーロッパでもEUの統合を象徴している。ヨーロッパの平和と民主主義による人的移動の促進から生まれた理念がCEFRである。この地域には、CEFRが提唱するEUの言語政策の根底をなす複言語複文化主義の要素が反映されている。この地域は第二次世界大戦で大国に翻弄された歴史があり、多言語多文化状況が顕著である。英語に限らずフランス語やドイツ語も必要な言語だった。CLILの原型となる教育が生まれたとも言える。3国とも小さな王国で、国際関係の狭間にあり、英語は生きていく上で必要な言語である。多くの外国の企業が進出し、経済的に豊かであり、ビジネス、流通、金融、工業、観光などを中心に重要な役割を果たし、移民も受け入れ、多様な言語、社会、文化を背景とした人が行き来している。スウェーデンと同様、バイリンガル教育やIBプログラムの学校が多く、複数の言語は当たり前で、文化間理解がなければ成り立たない。そのなかで、CLILは必然的な教育となっている。これらの国では公用語が複数あり、一般的に個人が母語＋数か国語を使用する。多少事情は異なるが、EU域内の移動の自由とともに経済活動は活発である。若い頃から自然とそのことは意識しているので、英語学習の動機づけは高い。

　ベルギーは、オランダ語（フラマン語）、フランス語、ドイツ語が公用語で地域によって異なる教育を提供している。オランダ語（フラマン語）が北部で話され、フランス語が南部で話されている。小国であるが、3言語が共通で使われるわけではなく、地域によって言語も文化も異なり、多少の対立もある。そのなかで英語は共通語として実質的に役立っている。CLILはそのような言語使用状況のなかで早くから発展してきた。特に早期の段階で英語のイマージョンプログラムを実施し、その実践が後のCLIL教育に生かされている。

　オランダは、TTO（tweetalig onderwijs）と呼ばれるバイリンガル教育を推進している。ベルギーが3言語を公用語とする状況とは異なり、オランダ語が公用語であるが、英語、ドイツ語、フランス語など近隣諸国との関係、国際性、金融経済、移民の受け入れなど、多言語多文化に対応することを余儀なくされている。特に英語は重要な言語と位置付けられ、小学校から教えられバイリンガル教育が基本となっている。

それだけではなく、英語は実際に日常的に使用する言語となり、事実上第二言語と言って差し支えない。Dutch-EnglishやDunglishなどと言われることもある。

　英語力には個人差が生じているが、中学校からはTTOというバイリンガル教育が多くの学校で行われ、カリキュラムに組み込まれている。TTOは、VMBO（4年制の職業前中等教育）、HAVO（5年制の普通中等教育）、VWO（6年制の大学前中等教育）に分かれている。最近では、小学校でもバイリンガル教育が導入されるようになっている。このバイリンガル教育をCLILと呼んでいることが多い。オランダ語と英語の両方の言語が適宜使われ、その成果は、現在のCLIL教育のあり方にも大きな影響を与え、CLILの研究や実践が蓄積され、ヨーロッパでも指導的な立場を担っている。

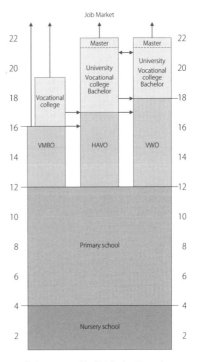

Basic structure of the Dutch education system

図3.2 オランダの学校教育システム

　ルクセンブルクは大企業が誘致され工業と金融において発展した国際性豊かな国である。フランス語、ドイツ語、ルクセンブルク語の3言語が公用語であるが、英語、フランス語、ドイツ語がそれぞれのニーズに応じて使用されている。多くの国際機関や金融関係の企業が進出していて、英語はELFとして重要な言語となっている。学校教育のなかでは多言語に対応したカリキュラムが実施され、CLILが全面的に実施されている。英語学習は中学校からスタートするが、インターナショナルスクールも多く、学校外で英語が日常的に使用されているため、CLILが無理なく教育に浸透している。

　このように、ベルギー、オランダ、ルクセンブルクは、状況は多少異なるものの多言語多文化状況にあり、人の移動も盛んである。この環境が言語教育を多様で柔

軟な形に発展させ、学びを統合的にしている。この地域のCLIL教育の特徴は、次のようにまとめることができる。

- 多言語多文化状況が学校教育のなかに浸透している
- 多言語多文化状況の社会のなかで英語が日常的に使用される環境がある
- CEFRが目標とする複言語複文化主義のモデルとなっている
- バイリンガル教育が早くから推進されていた
- 教師や生徒が学校教育段階や種類にかかわらずいくつかの言語を使える
- 言語が単に学習だけではなく生活や仕事に直結する
- 英語学習が早期の段階から推進されている

ヨーロッパのCLIL教育の理念はこのような背景から発展したと考えられる。各地域のバイリンガル教育の実践が、EUが目指すヨーロッパ共同体の構想と一致したのである。カナダのイマージョンプログラムの成功をまねるのではなく、状況が異なる社会環境がヨーロッパの事情に合わせた教育としてCLILを選ぶことになった。そのモデルのひとつがこの地域にある。

3.9 フランス

　フランスは、フランス語という国際語を公用語に持ち、長らくその伝統に誇りを感じ、それを強く推進する国である。しかし、英語の重要性はほかのヨーロッパの国と同様意識し、かつ、CEFRの推進により「母語＋2言語」の政策が浸透し、小学校1年生から行われる早期英語教育は1990年代より始まっている。ドイツ語などの第2外国語の学習も進み、都市部を中心に多言語多文化は進んでいるが、全国的には複言語複文化主義は広がっていないのが現状であろう。CLILの導入は中等教育からであるが、まだ実験的で草の根的であり、CLIL教育に興味があり、トレーニングなどを積むことで資格要件を満たす教師が各学校の方針に従い実践しているのが現状のようだ。筆者が訪問したいくつかの中等学校でCLILは展開されていたが、バイリンガル教育というほどではない印象を受けた。生徒の多くは英語の必要性を感じてい

て、多くは英語が話せるようになっている。英語の授業は、CEFRが浸透し、小学校の授業でもCLTを意識した授業が行われるようになっている。CLILに関心を示す英語教師が、内容に焦点を当てた（本書の観点からすればCLILに分類できる）英語授業を行っていた。CLILが徐々に浸透していることは間違いない。

　パリなどの都市部は移民が増加し多言語多文化が進み、さまざまな軋轢が生じている。フランス語、フランス文化を前提とした教育が依然として強いからである。フランス語は世界的にも重要な言語であり、フランス語の有用性は高い。フランス語の普及の観点から、CIEP（le Centre international d'études pédagogiques フランス国際教育研究センター）を中心にCLIL教育は推進されている。ドイツ語と同様、フランス語はヨーロッパでは主要な言語であるが、スペイン語などの学習に押され、ドイツ語ほどではないが、フランス語学習者数は多少減少傾向にある。フランス語圏は、ヨーロッパ、アフリカ、北米、アジア、オセアニアなど世界各地に広がっている。フランス語の維持と普及は重要な課題でもある。CLILはフランス語でEMILE（L'enseignement d'une matière intégré à une langue étrangère）として普及している。本書の議論は、英語のCLILに特化しているが、フランス語のCLILの動向も見過ごしてはいけない。CLILは本来複言語複文化主義である。

　CLILは、継承語やマイノリティの言語も含んで、英語を中心として、フランス語、ドイツ語、スペイン語などのヨーロッパの主要言語とともに中等教育で広がっている。フランスでは、このようなCLIL教育を授業で行うには資格が必要であり、各学校の方針に沿う。1990年代に、Sections européennes et de langue orientale（SELO ヨーロッパ／アジア言語セクション）というプロジェクトが始まり、中等教育を中心に外国語学習が推進された際に、科目内容と言語を関連させた学習も工夫され、CLILの原型がスタートした。2000年代に入り職業学校にも広がり、CLILを指導する教員の資格も定められ、研修も始まった。現在は、小学校では英語教育が広がり、次第に第2外国語を学ぶ機会も提供され、CLIL教育はその狭間で各学校や各教員によって中等教育を中心に実施されている。EUの言語政策に則り、仕事や学習における移動の自由を促進する意味で、英語を中心に、ドイツ語、スペイン語などのCLIL授業が展開されている。それとともにインターナショナルスクールやIBプログラムなどを導入し、フランス語の普及も意識しながら、CLILを拡大した。教師もCLILに次第に興味を持つようになり、実践するようになっている。筆者は、物理をドイツ

語で学ぶCLILの授業を参観したことがあるが、生徒はドイツの大学で物理を勉強するという明確な目的を持っていた。

　外国語を学ぶ際にCLIL教育を受けるということは、生徒にとっても利点が多い。英語を学ぶということは、大学などの高等教育機関や職業教育などで英語を使って何らかの知識や技能を学ぶことにつながる。フランスの周辺国との移動が自由であれば、言語の主たる役割はコミュニケーションの手段となり、コミュニケーションができれば自身の活動が広がる。CLILの学習者はそのことをよく理解していて、英語だけではなく、ドイツ語やスペイン語などを学ぶ意欲も持っている。以前からフランスのCLIL教育はエリート教育の一環として位置付けられ、能力や意欲のある生徒が選択する傾向にあった。また、指導法も個々の教師の教科科目内容の学びを基本とした教育であり、ある面でEMIが基本だった。しかし、現在のCLIL授業では、英語は使われるが、意味が伝わらない場合には母語のフランス語も使われる。教科の教師がCLILの研修を通じて、CLTを基本とした言語指導の観点を適宜取り込み、用語などの説明を加え、科目の内容を指導するとともに、英語を使うタスクを課す。ペアやグループなどの活動や、ディベートなども取り入れる。ある程度英語の基本的なコミュニケーション能力があることを前提としてCLILを学ぶのである。英語で科目内容を学ぶ際のつまずきを考慮して、英語をコントロールしながらCLIL教育を実践する。フランスにおけるCLIL教育はそのように指導されていることが多いようだ。英語は小学校から教えられているが、現状では小学校のCLILの実践はまだ少ない。

3.10　その他の国（東欧など）

　ヨーロッパではそれぞれの国の事情によりCLILの展開は異なっている。総じて言えることは、政治、経済、社会の観点からEU域内における学習や仕事においてCLIL教育は有用であるということだろう。学べる場所やよい仕事に就ける場所へと移動するためには、英語や他のヨーロッパ言語が必要になる。基本は、CEFRの理念に通じるEUの平和と統合にあり、そのための複言語複文化主義、自律学習の奨励である。その具体的な教育の具現化がCLILを介して発展している。特に、ヨーロッパの周辺に位置する新興国、ハンガリー、ブルガリア、ポーランド、チェコ、スロバキ

ア、スロベニア、ルーマニア、クロアチアなどでは、英語を中心としたヨーロッパ言語の学習は早い段階から推進された。初期の段階ではCLILとは言わず、バイリンガル教育としていた。英語授業だけではなく、学校の教科の内容を英語で学ぶ形態は、英語教育の発展段階として成立していた。EUがCLIL教育を推進し、次第に認知される段階で、CLILと言うようになっていった。

　ここではヨーロッパ全体のCLILの現状を概観する。詳しくは定期的にEurydiceが発行するレポートで把握できるので参照していただきたい。最新版のKey Data on Teaching Languages at School in Europe – 2017 Editionによれば、CLILについては次のように説明されている。

Content and Language Integrated Learning (CLIL) is a teaching method which provides additional teaching in foreign languages without increasing the overall instruction time, or taking away lessons from other curriculum subjects. Although almost all countries have some schools providing this kind of teaching, only a few have introduced this approach in all schools at some stage. These include Austria and Liechtenstein in the first grades of primary education, Cyprus in at least one grade of primary education, Luxembourg and Malta at primary and secondary levels. In Italy CLIL is provided in the last grade of upper secondary education. (p.14) (CLILは、全体の指導時間を増やすことなく、他のカリキュラム科目の時間を奪うことなく、外国語で教えられる指導法である。ほとんどの国がこの種の指導をしているが、少数の国だけがある学習段階ですべての学校で導入している。オーストリアとリヒテンシュタインが小学校1年生、キプロスが小学校の1学年以上、ルクセンブルクとマルタが小学校と中学校、イタリアは後期中等教育の最終段階で、CLILが教えられている。)

図3.3が示すように、CLILはヨーロッパのすべての国で実施されているが、実態は多様である。

1 state language +

■ 1 foreign language

■ 1 regional, minority or non-territorial language

■ 1 other state language

□ No CLIL provision

図3.3 ヨーロッパにおけるCLILの実施状況（2015/16）（出典：Eurydice, 2017）

図3.3を見ると、ヨーロッパのCLILは、外国語、マイノリティの言語・継承語などの地域言語などの多言語を含み、広く普及していることがよくわかる。バイリンガルスクール、IBプログラム、インターナショナルスクールは除いているので、それを含むと、CLILのような統合教育がヨーロッパでは主流と言っても過言ではない。

　ハンガリーは、早くから英語を中心とした外国語学習を導入し、小学校から英語などの学びを実践してきた。単に英語科目を導入しただけではなく、バイリンガル教育を推進し、それがCLILとしてカリキュラムにも導入され、CLIL教師の養成や研修も行い、CLIL教育には小学校から中学校まで力を入れている。もちろんすべての学校というわけではない。外国語学習が必要だということが、教師からも声が上がり、政府からも政策的に後押しがあり、両面からバイリンガル教育あるいはCLIL教育が進められたのである。また、チェコやポーランドなどその他の国においても同様に積極的にCLILが推進されているが、それぞれの教育事情により展開は異なっている。ポーランドでは、CLILに積極的な教師が学校と連携しながら推進している。筆者はバイリンガル教育を推進している学校を訪問し、CLILに熱心な教師と話し合っ

たことがある。その際、各学校とも英語を重視し、教育効果を上げることに熱心であり、CLILを実践することに意義を感じていることがよくわかった。しかし、国全体にCLILが浸透しているかというと、まだ発展途上であると感じた。バイリンガル教育あるいはCLILはまだ一部の学校に限られているのが現状だろう。

　共通して言えることは、CLILがEUによって推進される以前から、英語を中心とするヨーロッパ言語の教育が、必要に応じて一部の教育機関で推進されていたということである。このような教育は当初CLILと言っていたわけではないが、EUが政策的にCEFRとともに推進した頃から、教員研修などと関連して急速にCLILとして普及していった。このことは、CLILというメソドロジーが明確にあったわけではないことを裏づける。将来、国際的に大学などで学ぶ知識や、仕事に必要な技術を修得する目的で、EUが主導するCLILという教育の力を借りた。東欧の国々は総じて政治経済的なニーズから英語教育に力を入れ、CLILアプローチを実利的に受け入れている。EU加盟国のなかで、デンマーク、バルト三国、ギリシャ、ポルトガルなどは、事情は違うが、CLILを受け入れている。EU加盟国以外でも、スイス、ノルウェー、アイスランド、ボスニア・ヘルツェゴビナ、セルビアなどでも、CLILは浸透してきている。英国とアイルランドは英語を公用語とする国であり、他の国とは事情が違う。英語以外の外国語や地域言語を学ぶ意味で、CLILはLanguages Across the Curriculum（LAC）などの名称で尊重されている。

　ヨーロッパのCLILは多様だが、共通することは、多言語多文化を背景として言語が学習や仕事などの内容とかかわり、かつ、政治、経済、社会と密接につながっていることである。EUの言語政策から発展したCLILであるが、EUだけでなくヨーロッパに広がっている。しかし、翻って考えてみると、CLILというコンセプトが内容と言語を統合した学習ということから、その2つの目的を同時に持った学習は、バイリンガル教育やCBIとも柔軟に融合し、ヨーロッパで従来から行われていたバイリンガル教育と効果的に重なり合うことで都合よく発展した。課題は、各科目内容に適したカリキュラムと教材の開発であり、充実した教員研修である。その延長線上に、CLILを指導できる教員、インターナショナルスクールやIBプログラムを担当できる教員の養成や研修が必要となり、ヨーロッパ全体で提供できるようなシステムが構築されつつある。

　CLIL教育の明確な指導理論がいくつか提案されているが、ヨーロッパで発展し

たCLILには理念はあるが定着した指導法はないと言える。なかでも代表的なCLIL指導理論のひとつは、Cambridge Assessment Englishが提供するTKT (Teaching Knowledge Test): CLILである。TKT: CLILは、TKTという基本的な英語指導知識のテストのCLIL版である。CLILを指導する上での基本的な指導知識のテストと関連したCLILの基礎知識を示している。

　TKT: CLIL Handbook for teachers (2016) はCLIL指導の基礎知識を次のように構成している。これは、英語を母語としない生徒に英語を教える能力を評価するテストとして設定されているTKTの基本のコアモジュール（言語、言語学習と指導の背景 [Language and background to language learning and teaching]、指導案と言語指導教材の使用 [Lesson planning and use of resources for language teaching]、指導と学習プロセスの管理 [Managing the teaching and learning process]）を基盤としている。

- CLILの目標　CLIL aims (The 4 Cs) (Coyle) , BICS (Basic Interpersonal Communicative Skills), CALP (Cognitive Academic Language Proficiency) (Cummins, 1979)
- カリキュラムの科目内容の言語 (Language across the curriculum)
- カリキュラムの科目内容のコミュニケーション技能 (Communication skills across the curriculum)
- カリキュラムの科目内容の学習技能 (Learning skills across the curriculum)
- 授業準備 (Lesson preparation [Planning a lesson or series of lessons, Language needed to deliver subject content and accompanying tasks, Resources, Materials selection and adaptation, Activity types and their purposes])
- 授業実践 (Lesson delivery [Classroom language, Scaffolding content and language, Methods to help learners develop learning strategies, Consolidating learning, Differentiation])
- 評価 (Assessment)

ヨーロッパにおける基本的なCLILは、母語話者ではなく教科科目の指導が可能な教師が、英語などの外国語を使って指導することを想定しているので、CLILの教員研修の実質的な内容は、言語指導のノウハウを理解することにある。簡単に言えば、

教科科目の内容を扱い、その知識と技能を英語などの外国語を使いながら学ぶことを前提としている。バイリンガル教育の一環として、また、英語などの外国語を通して学ぶ準備として、CLILというメソドロジーを考えた。しかし、このTKT: CLILはひとつの考えであって、ヨーロッパのある状況には適している指導の知識であるが、日本の状況に必ずしも当てはまらない。

3.11　ヨーロッパのCLILの特徴

　ヨーロッパで生まれたCLILは、これまで見てきたようにかなり多様であり、それぞれの国と状況により違いがあり、一概に確立した指導法とは言えない。しかし、興味深い点は、政治的、経済的、社会的、教育的に、CLILあるいはバイリンガル教育はそれぞれの状況に応じて活発に実践され、教師も学習者もCLILを肯定的に見ている傾向があることだ。CLILは多面的に展開されているが、大切なことは、英語、ドイツ語、フランス語、スペイン語などのヨーロッパの主要な言語が、学習者が学ぶ必要性のある内容とかかわって学ばれているという事実である。そこでは多少の混乱はあるかもしれないが、それほど否定されることはなく浸透している。基盤となる外国語教育も、CLTを基盤として、文法、語彙、発音などの学習が展開され、CLILとは相補的にカリキュラムに組み込まれている。

　『CLIL─新しい発想の授業』で紹介したCLIL指導の方向性は、ヨーロッパのCLILから発想したもので、次のような方向性が示されている。

- 学習観（視点）を変える（Shifting perspectives）
  教材は学習者の言語学習に対する視点を変えることにも利用される必要がある。
- 理解と学習（Understanding and learning）
  教材を使ってことばを使いながら、自分の考えを述べ、他の人と意見を交換し、自分とは異なる考えに気づき、理解と学習を構築していく。
- ことばを使う（Using the language）
  ことばを使う環境を与えることは大切で、ことばを道具として使える素材がたくさんある環境を作る。

- ことばを使う自然なプロセス (Input, intake and output)

  可能な限りことばを使う機会を与え、学習者にとって自然なプロセスを大切にする。

- 「その場に合わせた」('Just-in-time')

  コミュニケーションが必要になれば必要な手段を講じるという「その場に合わせた」('Just-in-time')観点を大切にする。

　この指導の観点は、教材をどう理解しどのように扱うかを多少抽象的に述べたものである。これを基本にCLILには3つの特徴があるとした。

- CLILでは教師の好きな教え方が使える（教え方はさまざまで、内容、ことば、学習スキルの3つの基本を授業に合わせて調整する）

- ことばの教師と科目教師が協力する（教師が互いによい協力関係を作ることを大切にする）

- 総合的に学習する（既知の分野から未知の分野に学習を進め、総合的な学習の世界に入り、さまざまな内容を融合する）

　この3つの特徴は、CLILの多様性と柔軟性をよく表したもので、筆者がヨーロッパで見たCLILの授業にもこのような特徴が多く見られた。さらに、CLIL指導法の30のコアが具体的に示されている。これは、多様な視点・多焦点 (multiple focus)、安全で豊かな学習環境 (safe and enriching learning environment)、本物らしさ (authenticity)、積極的な学習 (active learning)、スキャフォールディング（足場づくり）(scaffolding)、協力 (co-operation) という6つの特徴のもとに、次のように構成される。

- 多様な視点・多焦点 (multiple focus)
  1. 科目内容クラスで外国語学習にアプローチ
  2. 外国語クラスで科目内容にアプローチ
  3. いくつかの科目を統合
  4. 科目間のテーマやプロジェクトを通して学習をコーディネート

　　5. 学習プロセスの省察（ふりかえり）を促進

- **安全で豊かな学習環境**（safe and enriching learning environment）

　　6. 所定の型通りの活動や話題

　　7. 授業を通じてことばと内容を提示

　　8. ことばと内容の両方を試してみることで生徒の自信を築く

　　9. 教室を学習センターとして使用

　　10. オーセンティックな学習教材と環境にアクセス

　　11. 生徒の学習意識を高める

- **本物らしさ**（authenticity）

　　12. 生徒が必要とすることばの質問をする

　　13. 生徒の興味関心を最大限に引き出す

　　14. 生徒の学習と生活を常に関連させる

　　15. CLILのことば（目標言語）を使う人と交流する機会をつくる

　　16. メディアなどで使われている最新の教材を使う

- **積極的な学習**（active learning）

　　17. 教師より生徒がコミュニケーションする

　　18. 生徒が内容、ことば、学習スキルの成果を示す

　　19. 生徒が学習成果の到達度を評価する

　　20. 仲間との共同を好んで行う

　　21. 生徒同士でことばと内容の意味を考える

　　22. 教師は進行役に徹する

- **スキャフォールディング**（足場づくり）（scaffolding）

　　23. 生徒の持っている知識、技能、態度、興味、経験を足場とする

　　24. 生徒の立場に立って情報を再構成する

　　25. 異なる学習スタイルに対応する

　　26. 創造的で批判的な思考を培う

　　27. 楽をしようとしないで一歩前に出るように生徒を促す

- **協力**（co-operation）

　　28. CLILの教師とそれぞれの科目の教師との協力で授業を計画する

　　29. 保護者にもCLILの学習や生徒支援などにかかわってもらう

30. 地域、教育行政、管理職とかかわる

これもCLILメソドロジーに対するひとつの考え方であるが、ヨーロッパの実践を土台にしているので、CLIL教師にはある程度浸透している。最終的には、教師一人ひとりの工夫であり、学習者一人ひとりの意欲と思考が重要である。ヨーロッパの多くの国では、CLIL教育を推進する前提となる環境があり、そのような環境の学習者がCLIL教育を受けている。そのような環境にない学習者は別の形のCLILを受ける必要がある。

　教師も同様にカリキュラムのために無理にCLILを教えるということはない。CLILをどう実践するかは、教師の意思決定次第である。ヨーロッパでは英語などの授業言語力はC1あるいはB2以上という基準がある。英語がある程度使えれば、教師の裁量で英語を使って教えてもかまわない場合も多いが、継続的なCLILの研修も必要となる。大切なことは、CLILのカリキュラムが多様であり柔軟であることだ。学習者も同様である。日本のように受験という大きなハードルがあり、みんなが一斉に高校や大学に行き、そこに学校間の学力差があり、教育活動のなかで、部活動など多くの活動があり、個々の学習者の自由な活動があまり活発ではない環境では、ヨーロッパのCLILの考え方をそのまま当てはめることはむずかしいかもしれない。

3.12 ヨーロッパのCLILが目指すもの

　CLILは、コンフォート・ゾーン（comfort zone 心地よい場）に注目すると言われる。学習者自身が学習目標を設定する力を身につけ、目標を実現させるための学習ルートを見出せるように学習者を支援するコンフォート・ゾーンを作り、必要に応じた適切なスキャフォールディングを行うことが重要と考えられている。正確さを要求したり、不必要な目標を設定し過度な緊張を与えたり、協調性やグループ責任などを課すことはできる限り避けて、教師が学習者の意欲を喚起することが大切だ。そのように柔軟な教育環境において、CLILをカリキュラムに取り入れずに、学習者の自律を促す場合もある。

　CLILでは特にスキャフォールディングが大切にされているので、教師のスキャ

フォールディングが具体的に次のように提示されている。

- 答えが正しくても正しくなくても発言は建設的にコメントをする
- 重要なポイントは学習者がわかることばで説明する
- ブレイン・ストーミングをしながら学習者の理解のレベルを確認する
- 必要なときに適切にすぐにことばを添える
- 重要な用語を使うときはいつもその用語を使う
- むずかしい語句には、同意語や定義などを付け加えて示す
- 配布するハンドアウトの余白に注などをつける
- 文は短くする
- 情報を小分けにする
- 図、表などを使いわかりやすくする
- 学習者に一度に与える課題数を少なめにする
- 学習に対する障害を常に考慮する
- 重要な部分をハイライトする
- 用語の意味を自分のことばや表現で表せるように工夫する
- プロセスを学習者に説明する機会を与える
- 絵や実物などを利用する
- 学習者自身にとってわかりやすくまとめる
- 学習者が新聞の見出しのように文章をまとめる
- 学習者がオリジナルの文章を短くまとめる
- ヒントを与えながら学習者に質問する
- 学習者に構成などを考えて書くためのヒントとなる表現を与える

（『CLIL──新しい発想の授業』より）

　この他に、学びについて考える機会を与えたり、知識を小分けにまとめたり、ブルームの教育目標の分類を使ったり、学習スタイルを理解したり、コンフォート・ゾーンからその先に学習者自身が進めるように、教師がサポートすることなどがある。
　CLILは、このようにして、学習者の自律を助ける役割を重視することが求められる教育である。しかし、このようなCLIL教育の理想もそれぞれの状況に適合させて

展開する必要があり、型にはめる必要はない。大切なことは、ヨーロッパの移動の促進であり、互いを尊重するための複言語複文化主義の普及である。ヨーロッパの平和と安定と民主主義を考えると道は険しいが、CLILは、その大きな目標への一歩であり、ヨーロッパ全体の成長に寄与するひとつの方策なのである。

CLILはここ20年ほどで急速に発展した教育であり、まだ新しい。決まった指導法があるわけではなく、もともと理念が必ずしも明確であったわけではない。推進してみたら、教師からも学習者からも比較的好意的に受け取られ広がった。しかし、従来の指導に固執する教師もいる。また、英語などの外国語教師のなかにはCLILに賛同しない人もいる。CLILとは言わないが、結局、同様のアプローチを展開している場合も多くある。受け取り方はさまざまであるが、CLILは教育のなかでも大きな位置を占めるようになっている。ヨーロッパではほぼ定着し、今後もその動きは変わらないだろう。

3.13 まとめ

ヨーロッパのCLILの実態をすべて把握することは困難である。ここに記述した各国の事情もすべてを著しているということではない。おそらく異なる受け取り方もあり多様である。言語教育もCLTが主流となっているが、CLTがどのような指導法であるかは誰も明確に定義することはできない。それと同様に、CLILも定義がおおまかであり、理論も確固としたものである必要はない。ヨーロッパではそれが受け入れられている。いまやヨーロッパだけではなく、他の地域にも広がっている。研究者はそのようなあいまいなコンセプトとしてCLILに疑念を抱きつつ、興味を持っている。教育政策者は、教育的に注目し、教育現場での浸透を支援し、CLIL教育、教員養成、研修に力を入れる。それに追随する教師や教師教育者が多様なアイディアを出し、具体的なCLIL実践を提案し、指導の方法、教材などを整備している。いわば、ビジネスのような動きとなり、活況を呈しているのが現状だ。

CLILが広がりを見せたのはここ20年ほどの間である。1970年代にCLTが注目されてから半世紀ほどになるが、CLILもCLTの流れのなかで生まれた産物でもある。言語教育は言語学の歴史のなかでは新しい分野であり、これからの学問分野でもある。

ヨーロッパのCLILの普及とそれに付随する研究は、これまでの応用言語学やSLAなどの言語（教育）学に、他の分野の教育学の知見やそれぞれの多様な分野の教育の作法を取り入れることにより、これまでの言語学の科学的側面の発達を背景とした言語教育、特に英語教育に、多少政策的で直感的な教育アプローチを導入し、実践的に検証している段階にあると言える。そのために、批判も多くあり、誰もがCLILをよしとするわけではない。

　ここで見たようにヨーロッパのCLILは決して一様ではない。CLILの指導法と言っても、「4つのC（4Cs）」が必ずしも確固としたものではなく、CLILを効果的に実践するなかで生まれたひとつの原理として考えることが大切だということがわかる。また、ブルームの教育目標の分類（HOTSとLOTS）、言語の三点セット（the language triptych: language of/for/through learning）なども同様である。CLIL独自の特徴ではない。ヨーロッパで発展したCLILは、いくつかの実験を経て、このようないくつかの特徴にまとめられてきた。しかし、それはひとつのフレームワークでしかなく、明確なものではないことを理解しておく必要がある。

　前掲したCLIL指導法の30のコアは、ヨーロッパの実践から生まれた指針である。しかし、それをそのまま日本の状況に当てはめてはいけないし、CLILはそうしなければならないとすれば、それはもうすでにCLILとは言えないかもしれない。CLIL指導法の30のコアは理想的な内容であるが、実際CLILを指導する際にこれらに該当することがあれば、かなりよい学びが起きている可能性がある。CLILは多様で柔軟で学習者の意欲や学びを最大限に引き出そうとする環境作りとしての教育と言える。

　ヨーロッパで生まれたCLILは常に変化し、いまだに形を持たない発展途上の複雑な学びである。それは今まである面で形骸化してきた外国語（言語）学習を母語と第二言語（外国語）学習に分けて考えてきたSLAの学問的伝統への挑戦でもある。ヨーロッパでのCLILは応用言語学やこれまでの伝統的な外国語学習理論からは多少外れている。CLILは結局何もないのではないかという疑問もあり、バイリンガル教育の延長でもあり、内容を重視した外国語学習でもある。あるいは、単にカリキュラム上の効率性を優先した学習であり、ヨーロッパの多言語多文化に対応する安直な政策から生まれた教育でしかないといった批判もある。それでもヨーロッパではCLILのような言語政策は必要であり、事実その文脈に合う教育である。しかし、日本のように英語だけが圧倒的に学習される外国語となっている環境にありながら、英語

が効果的に使える言語とならない文脈では、CLILは無理であるという批判ももっと
もだが、CLILはここ10年ほどでかなり注目を浴び、教育効果があるという事例がた
くさん出てきている。その事実を踏まえて、ヨーロッパの動向は引き続き注視する
必要があるだろう。

関連文献

Cinganotto, L. (2016). CLIL in Italy: A general overview. *Latin American Journal of Content and Language Integrated Learning*, 9(2), 374-400.

Cummins, J (1979). *Cognitive/academic language proficiency, linguistic interdependence, the optimum age qustion and some other matters*. Working Papers on Bilingualism 19, 121-129.

Dobson, A, Murillo, M. .D. P., & Johnstone, R. (2010). *Bilingual Education Project Spain Evaluation Report*. British Council. Retrieved on 05/07/2018 from http://englishagenda. britishcouncil. org/sites/ec/files/BEP.%20Ingl%C3%A9s%20.pdf.

Marsh, D., Nikula, T., Takala, S., Rohiola, U., & Koivisto, T. (1998). Language teacher training and bilingual education in Finland. *European Language Council national report*.

Sjöholm, K. & Björklund, M. (eds.). (1999). *Content and Language Integrated Learning. Teachers' and Teacher Educators' Experiences of English Medium Teaching*. Vasa: Åbo Akademi University, Faculty of Education.

関連ウェブサイト

Cambridge English Language Assessment. (2016). TKT: CLIL Handbook for teachers http:// www.cambridgeenglish.org/images/22191-tkt-clil-handbook.pdf

EURYDICE https://eacea.ec.europa.eu/national-policies/eurydice/home_en

Finnish National Agency for Education. National Core Curriculum 2004 https://www.oph.fi/ english/curricula_and_qualifications/basic_education/curricula_2004

Key Data on Teaching Languages at School in Europe – 2017 Edition. http://viaa.gov.lv/library/ files/original/Key_Data_on_Teaching_Languages_2017_Highlights.pdf

第**4**章

日本の教育環境での
具体的なCLIL指導技術例

ヨーロッパのCLILも決して一様ではないので、CLILは多様であることを前提に日本のCLILを考えたい。その際に、外国語教育の大半を占めている英語教育の指導の変遷を概観することは必要だ。日本ではようやく小学校から英語教育が正式に始まった。前途は多難であり、小学校における英語教育はそれほど期待できる成果はあげられないのではないかと危惧する。一方で、直接関係する小学校教員の負担は大きく、支援が必要である。英語の発音、読み書きの基礎としての文字の学習、日常的な英語表現の基礎などが主たる学習目標となるだろう。また、中学や高校の英語教育がより実際にコミュニケーションとして「使える英語」学習にシフトする必要がある。高校卒業までにCEFRのB1程度を目指すには、教員養成も含めた大きな英語教育の変革が必要であることは明らかだ。

そのために、これまでの英語教育の歴史をふりかえることは意味があるだろう。戦後の文部科学省の方針は比較的明確で、今回の改訂もその一環にある。しかし、その目標を具現化するための方策や必要なてだてが不十分なことに大きな問題があると考えられる。明治以来の学校教育の伝統と文化がそうさせるのかもしれない。この点をよく理解して今後の具体的なCLIL教育の普及も考えていく必要がある。CLILによって英語教育そのものを大きく変えることはできないが、日本が抱える英語教育の問題のいくつかを改善する可能性がある。本書は、CLILによる明確な授業方法（method）を提案しているわけではなく、広い統合学習としての教育の枠組みを提案し、メソドロジー、さらには、これまでとは少し違うCLIL教育（CLIL pedagogy）を論じている。本章では日本の教育環境を理解した上で、日本の教育環境での具体的なCLIL指導技術を考える。

4.1 日本でのCLIL教育——理論

日本でのCLIL教育の基本は4つある。1つめは、多言語多文化を背景とした文化間理解である。日本では、ヨーロッパとは異なる言語的文化的背景がある。2つめは、学び方あるいは思考である。日本では言語（学習）に対する考え方がかなり形式的で、型にはまった思い込みが強い傾向がある。3つめが、コミュニケーションとしての言語への意識である。英語学習は学校の科目という意識が強く、実際のコミュニケー

ションにつながりにくい面がある。4つめは、学ぶ内容である。これは学び方とも関連するが、知識を身につけることが学びとなり、記憶力、知識量、問題処理の正確さなどが重視される。

　英語学習の主たる目標は、英語によるコミュニケーション能力を身につけることである。コミュニケーション能力は、日常的に必要なやりとりをスムーズにこなすことでも、正しい発音で適切な語彙や文法を使えることでもない。意味を理解し、考えを伝え、何をどうするかを工夫して交渉できることである。日本では、学校教育での英語を学ぶ主たる目的は、基礎基本の定着という考え方が強く、文法訳読が廃れないのはそれなりの理由があり、実用的に英語を使えることは軽視される傾向が続いている。しかし、英語学習の目的は、学校が決めたり専門家が決めたりするものではなく、学習者自身が決めることで、教師はそれを支援する。学習者が主体的に学習にかかわる環境が必要だ。

　日本における CLIL 教育は、これまでの英語教育の目的の議論や外国語教育の従来の枠組みを変える可能性がある。「科目の内容と言語を統合した学習」という単純でわかりやすいコンセプトなので、教師や学習者がその意味を理解すれば有効に働く。教師は、効果的に内容と言語を統合する学習形態を学習者に提供し、学習者を支援し、必要な環境を整える。

　現状では、「英語で授業を行う」あるいは「オールイングリッシュ」というスローガンが英語教育で大きな意味を成している。しかし、それは実に表面的なことで、中身がない。中身をともなう CLIL 教育を明確に言語教育の一環と考えることが重要だ。

　筆者は、ヨーロッパで上記のようなことを議論した経験があまりない。ラテン語も含め言語は、研究者は別にして、機能的に使われることを前提としている。文法も翻訳も4技能も学ぶ機会が必要であり、使用する場面も必要である。もちろん、工夫のできない授業もあるだろうが、文法の説明や翻訳ばかりしている教師にあまり出会ったことはない。言語の機能を優先して学習する CLT の環境が CLIL の土壌を築いた。無理に CLIL を始めたわけではない。1994年頃に CLIL という用語が使われる前から、バイリンガル教育、イマージョンなどは実際に行われていたのである。

　CLIL という統合学習を日本の教育のなかにどのように取り込むかを考える際に、まず、本書が提案する6つの基本的な理念を再確認しておく必要がある。

- CLILは言語教育の一環である（language learning）
- CLILは思考力を育成する教育である（cognition）
- CLILは目標言語によるコミュニケーション能力を育成する（communication）
- CLILは互いの文化を理解する場を提供する（interculture）
- CLILは学習者の自律学習を促進する（cognition + context）
- CLILは学ぶ内容に焦点を当てることで学ぶ意欲を喚起する（content）

これは、すでに第1章で提案したCLILの理念であり、ひとつの指針である。CLILは学習状況により目標言語の学習と使用に関しては柔軟に対応し変化するので、理念を柱としてそれぞれの状況に応じて工夫することが大切だ。すでに提示したCLILの枠組み図（**図1.3**）はこの理念の基盤である。CLILを実践する際は、本書が示す枠組みと理念を参考に自分自身のCLILを描いておくことが求められる。CLILの枠組み図が示す特徴は、日本的な情操教育という愛情をともなった「こころ」があることだ。すべての理念は、「その場に合わせた（just-in-time）」柔軟で「こころ」のある教育と関連し、相互に複雑にかかわりながら、学習者を中心として展開される必要がある。日本の文脈でCLIL教育を実践する場合、この「こころ」を押さえておけば、カリキュラムに関係なくCLIL教育は展開できる。

　以下、この理念にもとづいてCLIL教育の展開を具体的に扱う。くりかえしになるが、必ずそうしなければいけないというものではない。このCLILの6つの理念にもとづく事例とあわせて、CLILの実践を考えたい。大切なのは、CLIL教育を実践する教師の創意工夫である。それがここで述べる「こころ」である。「こころ」というと抽象的であるが、具体的には学習者の意欲を引き出す、動機づけのための工夫である。興味深い内容、思考を促す工夫、英語を使う意味のあるコミュニケーション活動の設定と支援、学習者同士や教材との相互作用、言語学習の気づきなど、教師は学習者を情操豊かに支援する。それがここで述べる「こころ」である。

4.2　日本でのCLIL教育実践——言語学習（language learning）

　日本では、母語である日本語を重要視している。おそらく大多数の人が同一言語を使う国では状況は同じであるが、日本は隣国との接触の仕方や英語との接触の経験から言語観が多少違うのかもしれない。母語としての言語の基盤がしっかりしていることは教育上良好と考えるが、現状では弊害も大きい。そのような環境のなかで、政治、経済、社会や科学技術のグローバル化への対応を迫られ、日本は特に英語に特化して外国語教育を推進してきている。そのひとつの方策としてCLILを進めることは一理ある。その延長線上にあるこれまでの考え方は、EMI、CBI、バイリンガル教育などとCLILが密接に関連することが想定され、CLIL教育が役に立つ。加えて、英語教育におけるCLILをまず考えることで本来のCLILの実践と結びつく。

　指導にあたっては、学習者が興味ある内容やトピックを扱い、その内容やトピックに関連する言語材料を重視する。たとえば、ビンゴゲームをする場合、食事、スポーツ、数学、化学、旅行などの内容やトピックに特化したものにする。その際に、内容やトピックを学習者自身が選ぶことを優先し、そこでどのような言語材料を使いコミュニケーションするかについて大まかなタスクを設定する。次に学習者同士の知識や興味関心の違いを意識する場面を設定し、自律的に言語学習を考えられるような状況を作る。たとえば、次のような学習プロセスを設定してみる。

対象学年：小学校高学年〜中学校

内容とトピック：食事（food）、関連する英語語句と表現の理解

目標：食事の好き嫌いを意識し、食習慣について考えながら、英語という言語を意識し、必要な英語語句や表現を理解する

タスク：
1) それぞれが好きな食事を10食程度選び、ほかの人がその食事を好きかどうか質問する。
2) 好きな理由、嫌いな理由をリサーチする。
3) リサーチの結果をまとめる：自分と他者との価値観の違いを考える。

言語材料：各食事の写真、名称、発音、語句や表現（例：Do you like ...? Why do you think ...? I don't like ... because the texture or taste is weird, bad, ... など）、必要な文法など。
留意事項：言語材料などの説明は日本語でかまわない。語句や表現は必要があれば練習する。学習者からの自発的な質問や発想を促す。
準備：料理本、辞書、グロサリー、インターネットなど学習者が利用できる教材・教具など
活動：バイリンガル（英語を基本とするが、うまく表現できない場合は日本語も可。まとめる場合は英語とする。互いに協力し、教師は支援に徹する。読む、聞く、書く、話すという言語活動を活性化する）
評価：活動の結果だけではなくプロセスを評価する。形成的評価（formative assessment）、学習のための評価（assessment for learning）を基本とし、活動を成績に直接つながる評価とはせず、何がどうしてうまくいかないのかをふりかえること（reflection）を重視する。

このような活動は学習者の英語レベルによって多様になる。英語学習は、具体的な発音、語彙、文法項目の習熟に焦点を当てる傾向にあるが、その目標（紹介した学習活動の場合は、食事と食事に関連する英語）だけに焦点を当てることなく活動をすることが大切だ。意図した英語学習がたとえ達成されなかったとしても効果的な学習となっている可能性があるので、設定した言語形態や機能の達成だけではなく、学習者が興味を持つ表現には留意する。目標（ねらい）が達成されたかどうかで判断しないことがCLIL学習では大切だ。活動の目標は英語を中心とした統合学習にあるので、活動を通じて自身の英語学習レベルがどの程度であり、次に何が必要なのか自己評価する機会を重視し、学習を形成的に考えるようにする。

　CLILを実践する場合は、言語学習においても、日本語と英語、日本文化とその他の文化という比較も重要である。英語という言語が日本のなかでどのように浸透しているのか、また、英語の文化が日本の文化にどのような影響を与えているかなど比較することで言語意識を高める。言語と文化の内容に英語学習としてアクセスす

るだけではなく、コミュニケーションとしての英語と日本語、あるいは文化間を意識する機会を広く持てるように工夫する。たとえば、英語に対する憧れが強い学習者がアメリカ人のように英語を使いたいと考えたときに、アメリカ人とは何かという問題についても意識する機会を持ち、アメリカ英語、イギリス英語、オーストラリア英語などだけではなく、ELF について意識することも大切だ。正しい英語とは何か、あるいは、適切な発音や文法とは何かなど、日本語と日本文化のアイデンティティを持って英語を使う意味と関連して、英語学習を意識し、学ぶ内容と関連した英語学習のあり方を理解する。その上で、コミュニケーションとしての英語を理解し使用できることを目指す。

4.3　日本でのCLIL教育実践——思考力（cognition）

　CLIL は英語教育の一環として実施することが、日本の文脈では適していると筆者は考える（この点については、ヨーロッパでも同様の傾向がある）。学ぶことにおいては、どの状況でも言語について意識することが求められている（この点において、文法訳読も言語について意識して思考力を培ってきたと言える）。母語となる国語教育では文法についてはあまり明示的に意識させず、音読、内容理解と鑑賞に重きが置かれていたが、学習指導要領が変わり、論理的な文章構成も重視されるようになった。これまでの英語教育は、英語を日本語にすることで言語の論理構造を理解し、英語と日本語を比較し精読することで思考の訓練に貢献した（事実、依然として訳すという活動は多くの英語授業で行われている）。CLIL はそのような思考力の育成に最も重きを置いている。

　文法訳読が批判の対象となってきたことは否定できないだろう。多くの国でも、翻訳という技能の育成や使用を前提とした文法指導は当然欠かせない。しかし、思考力養成や教養という目的で文法訳読を中心的な学習活動として、コミュニケーション活動は重視しないという言語教育は肯定されることはない。CLIL では、英語と日本語のバイリンガルで学ぶ内容に焦点を当てた活動のなかで思考力の育成を目的とする。さらに、CLIL は文法訳読を重視してきた日本の言語教育環境に適した教育でもある。CLT を基盤とした CLIL は、内容を扱うことで学習者の意欲の喚起や将来の

目標と関連する活動をする。英語を学ぶ主たる理由は、まずは英語の世界が提供する内容（たとえば、音楽、ドラマ、スポーツなど）にある。日本語の情報量とは比較にならないほど英語の情報を媒体とした世界は広がっているし、英語を通して世界中の内容を広範に入手できる。CLIL教育のポイントは、世界の多様な知識を吸収し考えるという学習と、英語という言語の使用について学ぶという、2つの目標にある。学びを強制するのではなく、学習者の興味関心を生かし、意欲を喚起し、自ら学ぶように仕組むのである。英語を学ぶだけでは、よほど明確な目的を持っているか、あるいは、英語が大好きということでなければ、学習者の興味を持続的に惹きつけることはできない。魅力がなければ、学習者が自分で学習することはない。現時点では、英語学習の動機づけの多くは受験であるが、そのような学習者の英語学習に対する思考を変え、脳を活性化する役割をCLILは担うことができる。

　CLILでは、学習者が考えることを優先する。単に「英語で授業をする」や「英語で考える（thinking in English）」ではない。CLILでは、「英語で数学を学ぶ」「数学と英語を一緒に学ぶ」「数学という内容を題材として関連する用語や作法を理解し考える」のである。そのような統合学習は多少複雑で、ある方法を使って教えればよいとはならない。教師も試行錯誤し考えなければいけない。かつ、それは「楽しい」思考である必要がある。「こうしなければいけない」と考えた瞬間からCLILではなくなるのかもしれない。

　CLILではこの思考について代表的な考えを示している。それは、ブルームの教育目標の分類であるHOTSとLOTSという考え方である。しかし、この教育目標の分類にあまりにもこだわりすぎることはよくない。これは学びの質を分類したもので、より高次の学習ができるようになることを目指す。CLILだけが特にこのような学びを目指すわけではなく、CLILの活動をする際に留意することとして利用されるようになった。学習活動を評価し把握する意味では有効であり、単純な活動であっても活動のしかたで学びが活性化されることもある。大切なことは学びのバランスである。この学びのバランスを思考することがCLILのカギとなる。

　学びのバランスに関するCLILの思考力に明確な答えはないが、CLILでは目標言語を媒介にして理解し活動することが求められる。英語がある程度理解できて活用できなければ、高次の思考力の育成は望めない。しかし、英語と日本語のバイリンガルであれば、高次の思考力を必要とする活動は可能である。たとえ日本語ばかりを

使う活動であっても、学習者の意識のなかに英語を学ぶ（使う）ということがあれば、英語を学んでいると考えて差し支えない。次の例で具体的に考えてみよう。

対象学年：中学校・高校・大学	
目標：Do research and make an advertising flyer. 広告って何だろう。調べて広告チラシを作ってみよう	**Summer Clearance** Grab amazing discounts with our spring summer sale. Shop for clearance dressers, tops, shorts, accessories and much more.
教材：英語の広告チラシ、英語の広告に関する資料など	Fashion store **$20 OFF** Your total order of $100 and more
活動：グループで英語の広告チラシを見て、実際にチラシを作る	· Unique items · Famous name brands · Quality products · 100% Satisfaction Guarantee
発表：グループごとにチラシを配布し、英語で広報し、広告の内容をアピールする。質問に答える	· Exceptional customer service · Guaranteed Privacy · Our history of experience
評価：グループ同士による相互評価	· 14 days free refund

この活動では、日本語で考え日本語でコミュニケーションしてもかまわない。しかし、素材は英語で、作成する対象も英語になる。何をどう学ぶかは学習者に委ねる。教師の役割は、タスクを設定して、必要な素材を提供することだ。

　活動のなかでどのような思考力が養成されるかは明確ではない。学習者の脳の働きは見えないからだ。しかし、自己評価などのふりかえりと発表や作品で成果は見える。ここで大切なことは、学習者の思考を制限しないことである。学習者の自由な発想、意欲、失敗を恐れない態度を尊重し、英語を学習するのではなく、広告を作るという目的のために学習者が英語を理解し使うように教師は工夫する。より大切なことは、教師の意図を押し付けないことである。ある方向に導く、ある結論に誘導することは避けたほうがよい。また学習者が失敗することも大事である。失敗のプロセスのなかに思考があり、その失敗のなかで何かに気づくという過程を、CLILは大事にする。

　CLILの目標設定と評価について述べる。英語科目のなかでCLILを取り入れる場

合、内容に関する知識がどの程度身についたかはあまり重視せずに、プロセスを評価する。CLILの活動の成果として知識を成績に加味しないようにする。代わりに、英語の知識や技能を評価する。CLILの活動自体は言語の三点セット（the language triptych）を考慮し、その成果は英語力で判断すればよい。思考力自体を形成的に評価することは可能であるが、成績というスコアや段階で評価することは避けるべきである。思考力は、将来を見据えて判断すべきで、統合的な観点から評価することが大切である。成績と強く関連させないように工夫する。

4.4 日本でのCLIL教育実践
——コミュニケーション能力（communication）

　ある内容について英語でコミュニケーションできることがCLILの目的である。それこそが、なぜ英語で学ぶ必要があるかのポイントでもある。CLILではまず学習者自身の意思があり動機づけされている必要がある。そのうえで、英語で学んだ内容を英語で伝える、あるいは、やりとりするということを通して、学習者が将来の活動に生かすことを想定している。そのためのコミュニケーション能力を身につけるのであって、学ぶ内容に特化した用語の知識や学習を目的とするコミュニケーション能力ではない。歴史や地理、理科や数学などの科目の知識に根ざす英語ではなく、その内容とかかわるコミュニケーション能力である。英語の基礎力がなければコミュニケーションもできないので、基礎力を養う英語の学習は当然必要である。

　Hymes (1972) は、コミュニケーション能力（communicative competence）を、文法的（形式的に可能なこと）、言語心理的（情報処理上実効性のあること）、社会文化的（発話の社会的意味と価値があること）、確率的（実際に起こること）の4つに分類している。これを、第1章で言及した通りCanale & Swain (1980) は明確に次のように分類した。

- 文法的能力（grammatical competence）　文法的に正しい文を使う
- 談話能力（discourse competence）　意味のある談話や文脈を理解する
- 社会言語能力（sociolinguistic competence）　社会的な文脈を理解し状況に応じて適切に表現する

- 方略的言語能力（strategic competence）　目的を達成するための工夫をする

英語教育もこのようなコミュニケーション能力の育成を考慮して、指導することが求められ、文法や発音などの形式的なことだけではなく、心理的、社会的、談話的といった諸要素を取り入れ、コミュニケーション能力の育成を図るようになっていった。CLILの基本もこの延長線上にあり、CLILでも言語的な面を重要視している。

　CLILでは、コミュニケーションの観点から、内容がともなう状況や場面を考慮し、自律的な学習の工夫を重視し、自分で考え、ほかの学習者とどのように意味のやりとりをするかという活動に重点を置いている。学習を細かく分割して活動するのではなく、統合して活動するので、学習は複雑になり、教師も学習者も教え学ぶプロセスや結果が異なる。CLILでは言語の意味を大切にするので、バイリンガルが基本の活動となるが、母語だけの活動も行われる。意味のやりとりをするのに、教師が英語で話し、学習者が日本語で話すという状況は避けられない。日本のCLIL教育では、すでに述べたとおり、言語学習はていねいに考える必要がある。英語の基礎基本に焦点を当てることが必要な場合もある。日本では、言語学習とコミュニケーションが相補的に機能する必要があるので、CLILのように分野や内容と関連した言語学習とコミュニケーションが統合的に扱われる活動は有用である。

　コミュニケーションは、話すだけではなく多様だが、典型的なものは対話形式なので、それを例にとりCLILが扱うコミュニケーションの特徴を考えよう。どのような英語によるコミュニケーション活動をCLILでは扱うことになるのか、次の対話を比較してみるとわかりやすい。

例1

A:　Are you waiting for someone here? I'm afraid you feel cold.

B:　Yes. I'm waiting for my friends.

A:　Would you prefer to sit inside the room?

B:　No, I'm fine. I prefer to sit here. Thank you.

A:　OK, as you like.

例2

A: Hello. Today we're discussing <u>pilotless aircrafts</u> that you hear and read a lot about.

B: You mean <u>drones</u>. I think they have been used for many things, such as <u>smuggling drugs</u> and <u>detecting water leaks</u>.

A: Yes, that's right. They are used for <u>surveillance</u>. That means the act of carefully watching someone or something but also spying on us, maybe. So what do you think about drones? Do you welcome the rise of the use of them?

B: I'm not sure, but they are very useful. A drone, I think, is also called <u>an unmanned aerial vehicle</u> or UAV. I hear it was first used for providing a practice target for training <u>military personnel</u>.

A: Yes, you are right. It is now being used in diverse ways. Let's research what we are using it and how it is being used in our society.

語彙に関して言えば、下線で示したように、例2では未知語が多く、例1ではほとんどない。文法や語法では、次の項目がピックアップされる。

例1 <u>Would you</u> prefer to sit inside the room?（丁寧表現）

例2 we're discussing pilotless aircrafts <u>that</u> you hear and read a lot about.
（関係代名詞節）

they <u>have been used</u> for many things（現在完了受動態）

例2は難易度が高く、焦点がいくつかあるが、例1は明確である。場面や機能面では、例1は提案・依頼に分類され、例2は「ドローン」という話題のやりとりとなる。しかし、これは伝統的な英語教育の考え方であることを忘れてはいけない。CBIは内容に焦点を当てるが、語彙、文法、語法、発音も考慮して、英語のコミュニケーション能力を育成する。いずれも、基本は英語という言語の指導にある。

　それに対して、CLILは内容や意味を重視するので、一般的に例1のような言語に焦点を当てた活動は、CLILではあまり扱わない。例2は、文法などを意味理解やコミュニケーション能力の観点から扱うが、焦点は「ドローン」にある。CLILで扱うコミュニケーションは、「ドローン」に関しての内容で、関連する知識とコミュニケーション力の育成に主たる目標を設定している。

4.5　日本でのCLIL教育実践
　　——互いの文化を理解する場（interculture）

　本書では、文化を相対的に捉え、CLILのcultureは文化の多様性の理解と対応能力と考えている。CLILにおける文化の扱いは、多様性の受容と柔軟性の育成にあり、他者理解や文化間理解を図る。授業は、単なる知識の伝達の場でも技能訓練でもなく、教師と生徒、学習者同士の実践のコミュニティ（community of practice）が適切に機能することが望ましい。教師には、それを支援することが求められる。さらに、ICCの活用が求められるようになり、変化する学びと言語の使用に対応し、生徒が心地よい学びを経験するように、教師は工夫する必要がある。教師と生徒という関係性であっても、互いの文化を理解し、互いに経験のない活動、予想しないコミュニケーション、生徒が英語を理解できなかった場合、間違ってしまった場合、誤解された場合など、多様な実践の機会を可能な限り多く経験できるように、教師は工夫する。互いの文化を理解し、折り合いをつけることに、教師も生徒も焦点を当てて活動することが大切だ。

　日本の学習環境を考えた場合、学習者同士が互いの文化を意識することはむずかしいかもしれない。日本の学校文化では協調性や集団行動が優先される傾向があるために、個々の文化の主張が弱く、互いに文化を理解するということが、互いの文化を同調あるいは調整する方向に動き、理解するということになりにくい。「集団の力」「集団の一員」「学級作り」「仲間作り」「協調性」「思いやり」などの言葉が多くの教育の場で使われる。周りと同調することが求められ、そこから外れることをよしとしない傾向が強いため、互いの文化を理解し交渉するということは意識しにくいのである。

　CLIL教育では、互いの文化を理解してコミュニケーションを図る能力（文化間理解能力ICC）の育成に特に留意する。たとえば、英語という言語に関しては、学校で科目として学習する言語と考える傾向にあるが、英語は、日常生活のなかで、何かを学ぶ、何かを考える、誰かと何かについてコミュニケーションする実践的で必要な言語となりつつある。学ぶ内容は、知識の蓄積だけではなく利用を、技術に長けるだけではなく技術の応用を、テストでよい点を取るだけではなく評価・創造を可能とするものとなるように考える。授業中の活動では協力の意味を考える。単に互いに助け合うだけではなく、協力することで何が生まれるのか、課題をどのように達

成するかを考える。大事なことは、学びであり、学びを伸長するための工夫である。それが互いの文化を理解する場であり、文化間理解につながる。

「互い」の意味は物事の相互の関係性である。それは、コミュニティにも社会にも関係し、多様な分野、トピック、テーマに関係する。互いの文化を理解する場は多様であるのがふつうで、答えはひとつではない。ある場面での英語使用にあたり、どのように判断したらよいか考えてみるとわかりやすい。

人に関する生物学を扱っている大学教科書『CLIL Human Biology』(笹島他, 2016)(図4.1参照)を例に授業を考えてみる。Readingの活動で高校での部活動のケガを話題として扱っている。この話題を授業で扱う際には学習者それぞれの経験を導入とした展開を考える。おそらく多くの学習者はケガの経験があるだろう。単にアメリカのスポーツ事情を読んで理解するだけでは、英語学習だけの内容となってしまいCLILとはならない。アメリカの高校生活、部活動の様子、スポーツ文化、ケガの種類などを、日本の高校生活や部活動の状況、男性と女性の違いなどの観点から比較し問題意識を持つことで、考える機会となる。加えて、学生が互いの部活動事情などを共有することで、部活動におけるケガ予防への意識を高めることができる。

この題材をもとにKWLチャートを作りスポーツとケガについて考える。タスクを通じて、スポーツについてどのようなことを知っていて (what I know)、何を知りたいのか (what I want to know)、そして、その学びの結果どのようなことを学んだのか (what I learned) を、学習者は英語でKWLチャートに整理する。どのようなアプローチをするかは教師が決定するが、学習者の興味や知識や英語技能のレベルにより活動は多様になる。互いの文化を理解する場という観点を考慮したCLILの授業活動の導入を示す。次のようなwarm upで互いの文化の理解から始めるのもひとつの方法である。

例)授業活動:導入

T: Good morning. How are you today? We will learn about high school sports injuries today. Which sport do you like?

S: I like table tennis. I have played it since when I was 4 years old. My mother encouraged me to play table tennis and I love playing it with her.

007

4 Reading — High School Sports Injuries

CD1-7

Part 1 **Which sport do you like? What should you do when you are injured?**

Every year lots of teenagers participate in high school sports. An injury to a high school athlete can be a significant disappointment for them and their family. If they continue to play with an injury, it may lead to an additional injury with long-term effects. High school sports injuries can cause problems that require surgery as an adult.

The figure shows the severity of injuries occurred among US high school student athletes in football, soccer, volleyball, basketball, wrestling, baseball and softball. The injuries were measured by days lost from play and varied by sports. Overall, approximately half of the injuries resulted in less than 7 days lost, and football, girls' basketball, and wrestling had greater proportions of injuries resulting in more than 7 days lost. The overall injury rate in all sports combined was 2.44 injuries per 1,000 athlete exposures (see Table).

When you have a sports injury, you should quickly seek proper treatment. To ensure the best possible recovery, you must follow safe guidelines before returning to the game.

Figure
Proportion of injuries, by sport and number of days lost — High School Sports-Related Injury Surveillance Study, United States, 2005-06 school year

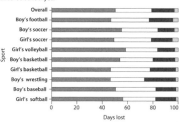

*Includes athletes who returned to their teams after ≥22 days and athletes who were out for the remainder of the season as a result of their injuries.

Table
Sport-specific injury rates* in practice, competition, and overall — High School Sports-Related Injury Surveillance Study, United States, 2005-06 school year

Sport	Rate		
	Practice	Competition	Overall
Boy's football	2.54	12.09	4.36
Boy's wrestling	2.04	3.93	2.50
Boy's soccer	1.58	4.22	2.43
Girl's soccer	1.10	5.21	2.36
Girl's basketball	1.37	3.60	2.01
Boy's basketball	1.46	2.98	1.89
Girl's volleyball	1.48	1.92	1.64
Boy's baseball	0.87	1.77	1.19
Girl's softball	0.79	1.78	1.13
Total	1.69	4.63	2.44

*Per 1,000 athlete exposures (i.e., practice or competitions).

Task 6 **Create a KWL Chart in your notebook.**　　　　　　　　　◆表の作成方法は V ページ参照

Topic	What I know	What I want to know	What I learned
Language			
Content			

図4.1 教材例『CLIL Human Biology』(三修社, p.12)より

T: You like table tennis. Good. Have you had any injuries? For example, bruises or 擦り傷, sprains or 捻挫, strains or 肉離れ, or fractures or 骨折 are acute injuries. And you may have overuse injuries to the wrist or elbow. Or have you had any concussions or 脳震盪 when hitting something? Or did you have more serious injuries? Okay, please share ideas with your friends. Please ask each other. Which sport do you like? Have you had any injuries? If you have, ask when and where?

こうして互いのスポーツに関する文化の理解から始め、教科書の内容に入り、内容はKWLチャートで整理する。主たる話題は、What should you do when you are injured? である。英語でのコミュニケーションが学習者にとってむずかしい場合は、日本語を介してもよい。ポイントは互いの文化理解にあるからだ。疑問があれば学習者自身が調べるように促す。教師の役割はその調べ方を支援することであり、教えることではない。学んだことをほかの学習者と共有すれば、より多くの学習効果が得られるだろう。このような互いの文化を理解する場を提供することが、CLILの目的のひとつである。

　CLILで扱う文化は多様である。上記の例は一例である。日本の文化、ヨーロッパの文化など、大きな文化だけではなく、人と人の小さな文化や、上記で示したような互いに持っている知識、好み、興味など、すべてを含んだ文化間意識としてのインターカルチャー（interculture）である。互いにコミュニケーションを図るために、私たちはいつもそのことを意識していることに気づき、授業のなかで相手と英語でコミュニケーションする際も、英語を使ってコミュニケーションするという目標を持って、互いの文化を意識することを習慣づけることは重要になる。

4.6 日本でのCLIL教育実践
　　──自律学習の促進（cognition + context）

　自律学習の促進は、すべての学びに重要であり、大きな目標である。学習者が自律的に学ぶようになれば、教師の役割はほぼ完了したと言える。伝統的に使われてきた「教授」という用語でもアプローチは違うが同様の考え方がある。能には「守破離」

という世阿弥の教えがある。まずは、言われたことをそのまま守り、基本を忠実に理解する。次にその基本を破り、応用する。そして、最終的に教えられたことから離れ、自律する。「守破離」として能の伝統も同様に自律を伝えてきた。背景や方法はさまざまであり、普遍性があるわけではない。何をどう学ぶかは多様である。しかし、最終的には自律に至るというのは学びの鉄則である。

　CLILの特徴は内容と言語を統合した学習にある。「守破離」という方法では簡単には解決しないかもしれない。英語は基礎を理解することが重要だと言われるが、基礎を理解し、使えるまで応用力を身につけるというリニアな道筋とは異なり、スパイラルに試行錯誤し、自ら考え工夫することを重視するという教育もある。CLILはそのような教育で、多少複雑な状況（context）を提示し、それに対応する多様で柔軟な工夫（cognition）を培うことを奨励する。

　CLILにおける自律学習の促進を理解しやすくするために、前章で説明したヨーロッパのCLILの特徴（多様な視点・多焦点、安全で豊かな学習環境、本物らしさ、積極的な学習、スキャフォールディング［足場づくり］、協力）と関連させて、日本の状況に照らして考察する。

- **多様な視点・多焦点（multiple focus）**
　日本の小中高の教育課程は以前に比べて柔軟になり複線化が進んでいて、一様ではなくなっている。しかし、大学受験などのテストに対応する学習システムや学歴偏重の傾向は根強く、一面的な教育が依然として広く行われている。学習指導要領でも提案されている教科横断、教科間連携、総合的な学習などのカリキュラムに、多様な視点・多焦点を特徴とするCLILは適合している。学習者自身が学びを多様な視点からそれぞれに合わせて自律的に工夫することが求められる。そこにかかわる言語も含めて学びを考えるのがCLILである。

- **安全で豊かな学習環境（safe and enriching learning environment）**
　日本の小中学校の1学級の生徒数は40人を上限（高校は40人を標準）とする。最近では柔軟な対応が行われるようになったが、いまだに画一化した学習環境のままであり、ICT環境などは決して十分とは言えない簡素な学びの場である。安全ではあるが、豊かかどうかは議論のあるところだ。CLIL教育では学習環境を

重視する。環境には、教師も教具も活動も含まれ、それらすべてが柔軟で、学習者中心で、学習者の学ぶ動機づけが優先される。それが学習者にとって安全で豊かな学習環境である。日本の教育の目標や質がヨーロッパとは異なり、CLILのような統合学習が導入しにくい。CLILが導入されるには現行の学校での約束事の多くを柔軟に考え、学習環境を変化させる必要がある。また、日本でのCLIL教育実践の成功には、実際の学習環境に合うような工夫が必要だが、まずは、自律学習を促したい。他の生徒と同じように同じことをして枠から外れない学習から、多様で柔軟な自律を促す学習に移行させ、その学習を評価する仕組みを作る。安全で豊かな学習環境はその基盤となる。

- **本物らしさ**（authenticity）

  教材は事実に基づいていて、正確で信頼できる、本物（的）である、オーセンティック（authentic）なものが望ましいが、学習者の英語力に応じて提供されなければならない。日本におけるCLIL教育のポイントも、この点にあると言っても言い過ぎではない。英語による情報を語彙や文法などの言語構造面などを考慮して学習者のレベルに合うようにどの程度まで調整するかは、内容と言語の両方に焦点を当て学習する場合、重要である。CLILはその点においてさまざまな具体的な方法論を提供している。その点で大きな役割を果たすのはICTの活用である。オーセンティックな教材は、著作権に留意する必要はあるが、インターネット上のリソースが利用可能である。ただし、日本の多くのICT教育環境はいまだに教育予算の不足、教育的配慮、学校環境など、課題が多く改善が必要である。オーセンティックな内容を授業でも提示することは、CLIL教育の基本中の基本である。

- **積極的な学習**（active learning）

  学習指導要領でも言及されているアクティブ・ラーニングあるいは「主体的・対話的で深い学び」は、CLILの特徴のひとつである。日本のCLIL実践も、積極的な学習をどのように支援するか、あるいは、どうしたら学びを活性化できるかが課題である。ヨーロッパでもすべてのCLILの授業が活性化しているわけではなく重要な課題である。CLILがカリキュラムとして強制されていないひとつの理

由でもある。学習者自身の希望に応じて、数学、理科、歴史などの科目を英語で学ぶということは、その段階で学習者が動機づけされているのである。積極的な学習がCLILになり、CLILが積極的な学習を生み出す。

　そのようなシナジーが起こるCLILにおいては、「数学の授業は英語でする」「英語の授業は英語でする」などの枠組みが強制されることはあまり望ましいことではない。「主体的・対話的で深い学び」を奨励するのであれば、CLIL教育を選択できるように科目教師の意思決定を尊重する道筋を作る、あるいは、英語の授業で文部科学省検定教科書の内容を網羅しなくてもよいという道筋を作り、教師の裁量を最大限広げることだ。積極的な学習というCLILの特徴は、自律学習に確実につながる。CLILとアクティブ・ラーニングの基本は同じであり、「主体的・対話的で深い学び」を具現化するには、CLILは大きな原動力となる。

● **スキャフォールディング（足場づくり）（scaffolding）**
スキャフォールディングは、多くの教師がCLIL実践で重要と考えている特徴である。英語で内容を学習する場合は、学習者が自律して学習できるように足場を作るなどの、さまざまな支援が必要である。問題を解いてその答えをおぼえることだけが学習ではない。ヨーロッパでもスキャフォールディングは一様ではない。科目内容、学習段階、言語によってもかなり異なる。明確な英語学習に関する支援は手厚いほうが効果的だ。日本の英語教育の歴史を見ても、文法や発音などは明確でていねいな指導が必要なのは明らかである。英語を理解する段階での日本語使用、英語を発話する際の日本語使用はある程度柔軟に考え、場合によっては英語と日本語のバイリンガル教材なども役立てるべきである。

　さらに、教師からだけではなく、生徒同士や教材などからのスキャフォールディングも有効に利用すべきだ。生徒同士の場合は、グループワークなどを活用して互いに支援することもスキャフォールディングであり、教材を扱う際に英語と日本語の資料を両方活用することもスキャフォールディングである。スキャフォールディングを有効に活用することに特に留意したい。プロセスはどうであれ、最終的によい学びが生まれ、学習者自身の目標が達成されればよい。学習の評価はそのような観点から柔軟に考えることが大切だ。

- 協力（co-operation）

  協力はいかなる場合にも重要であるが、協力を教育目標とはしない。ヨーロッパのCLILは「ある目的のためにともに活動する行為」という意味で協力（co-operation）を使っている場合が多い。協力すること自体が目的ではない。日本の場合は、ある目的を達成することとあわせて協力そのものが目的でもあることも多いということを理解して、日本的なCLIL教育を考える必要がある。日本の学習環境では、グループワークは小学校から行われていて、協力することは重要な教育の一環であり、各学習者がリーダーなどそれぞれの役割を持ち、それを遂行することが重要な活動になる。そのような活動が苦手な学習者も巻き込んで助け合う学習をすることが求められることが多い。

  CLILでは、その点を理解して協力の意味を考える活動をすることが大切だ。目標を達成するために他の学習者とどのように協力するかを工夫する。わからないことがあれば積極的に尋ねる、あるいは、自分で調べ、逆に、わからない人がいれば相談に乗る。タスクの正解だけを求めるために協力し合うのではなく、自分のためにはどのような活動が意味があるかを考え行動する。その場合、意欲のない学習者は相手にする必要はないという判断もありえる。自分の学習が第一であり、他の学習者の面倒をみる必要はないという判断もある。それでも、自分で支援することが必要であると判断すれば、それは自己決定として行えばよいだろう。CLILはそのような発想の転換を図るよい機会とすべきだ。特に英語を使いコミュニケーションする場合には、そのような自律的な考え方をすることが多様な場面に柔軟に対応する意味で重要である。

  このようにCLILの特徴と自律学習の促進は互いに関連している。CLILは自律学習を促し、CLILの特徴を生かす。自律学習を促進することは日本の教育の課題でもあるが、CLILが目指す自律学習は少し違うかもしれない。英語で、ある専門分野を学ぶあるいは仕事などでかかわる場合、授業や学校では限界があり自分で学ぶ必要がある。学校教育はそれぞれの学習者の学習のひとつの過程でしかない。自分のために自分で学習する習慣を低学年から身につけるという意味でも、CLILは重要な教育的アプローチとなる。

4.7　日本でのCLIL教育実践
——内容に焦点を当て学ぶ意欲を喚起（content）

　日本では文法訳読法が根強く支持されているが、英語教育は徐々に変わりつつあり、英語教育の方法論は進歩している。CLILもその延長線上にあり、トレンドのような様相を呈している。しかし、CLILに批判的な人の矛先はその方法論に向く。言語教育を科学的に指導することに重点を置く人は、語彙指導、発音指導、文法指導、技能指導に明確な原因と結果を求める。つまり、誰が指導しても同じ結果が得られるような方法論に興味を持つ。SLA理論にもとづく指導法やTESOLなどで紹介される指導方法に興味を持って実践する人もいれば、受験に役立つ指導方法を強く支持する人もいる。多様な見方が英語教育にあるが、小学校は小学校の英語指導、中学校は中学校の英語指導、高校は高校の英語指導が実践の積み重ねのなかで形成され、あるモデルが主流となる傾向がある。そのひとつが文法訳読という指導方法である。

　文法訳読は、内容と思考に焦点を当てているという面でCLILと似ている。その内容と思考は日本語という言語で培われるので、英語が使えるようになるかは学習者の努力にかかっている。文法訳読を好む教師の信ずるところは、英語の基礎をきちんと学ぶことであり、40人を上限とする（標準とする）クラスサイズと英語学習の目標を考えると効率のよい方法である。CLILでも内容と思考を重視するが、学習者が英語を使う基礎が不足している場合には、英語の基礎を学ぶことを優先せざるを得ない。母語である日本語にシフトすることもあるが、学習者の学ぶ意欲を持続するために内容と言語のコミュニケーションから興味をそらさない工夫が必要だ。

　文法訳読とCLILの授業の比較を**表4.1**にまとめてみた。これをもとに意欲の喚起を考えてみよう。表を見ると、文法訳読のアプローチはちょっとした工夫をすることで、共通する統合学習になる可能性があることがわかる。要点は授業中の言語の働きである。具体的には、文法訳読の利点をCLIL活動に応用し、日本語と英語を効果的に活用することにより、効果的なCLIL教育に変わると予測される。文法訳読はある面で実はCLILとよく似ているのである。

　授業言語を日本語として、正確な文法理解と読解に重点を置く教師主体の文法訳読も、機能文法、コーパス言語学、語用論、多読などのリーディング活動の発展、CEFRの普及、ICTの活用などにより、少しずつ変化し、英語授業も多彩になっている。

	文法訳読	CLIL
文法指導	文法構造を項目ごとに取り上げ、ていねいに説明＋ドリルで文法構造の理解を図る。	テクストの内容と関連して、意味を重視しながら、必要に応じて日本語を使い帰納的に文法理解を図る。
内容の扱い	音読や黙読をし、文法構造と語句の意味内容から日本語で意味を理解し解釈する（精読重視）。	必要な情報を読み、考えることを重視する。文法や語句の理解はそのために適宜確認する（多読と精読）。
テクスト	小説、論説、紀行など文体が整った文章を的確に読む。	新聞記事、広告、情報など多様な教材で、内容理解、情報収集などが目的で、すべてを読む必要はない。
目的	文章を正確に理解し、文法や語句の適切な理解を図る。それとともに、テクストの内容を深く理解する。	読み物教材は学習内容（歴史など）を理解するためのリソースである。目的は内容を学ぶことにある。
活動	学習者は、教師の確認と補足説明を頼りに、テクストの理解を考え、英語の構造と背景を学び、英語力の向上を図る。	学習者は、テクストから内容を考え、教師の内容に関する説明を英語と日本語で聞き、統合的に内容を理解し、英語で対応できる力を培う。
思考	英語の構造を理解し、言語構造を比較し、英語と日本語という言語と背景にある文化を考え、論理的思考や言語意識を高める。	英語と日本語、文化、内容、考え方など多様な面を、英語を使いながら学ぶことを通して、多様な論理的思考を理解し、その多様性に対応する力を育む。
意欲関心	言語に関心があり、知的欲求の高い学習者は、読むこと、訳すこと、文法構造の理解に興味を持ち、将来の学習に対する意欲を喚起し、英語を使うことの大切さを理解するが、言語にあまり関心のない学習者は意欲を失う可能性がある。	内容の面白さに意欲を喚起され、英語にも興味を持つ可能性が高く、内容から言語への意識が高まる。また、英語と日本語の言語構造の違いに関心を示すよりは、言語の役割と意味に関心を持ち、伝達の手段としての言語の必要性を理解する。
評価	基本的に英文の正確な理解と分析が評価の主体となる。長文の理解も同様に要約、質問に対する的確な解答、指示語など談話の構造の正確な理解が主たる評価の対象となる。	正確さも求めるが、それだけではなく形成的評価を重視し、プロセスを評価する。テクストの内容が学習活動の目標をどの程度達成できたかを評価し、自己評価も重視する。
全体	文法訳読はテクストの正確な理解には欠かせない。それだけではなく、英語理解の基礎となり、知的訓練もともなうので、教師にとってもある意味面白い指導法であり、慣れ親しんだ指導法でもある。学習者は、筆記テストの準備などにおいては効率的に行いやすいと考えられている。	CLILは統合学習であり、テクストは欠かせない教材であるが、学習活動は内容の意味理解にある。教師は多くの準備をする必要があるが、授業自体は学習者主体であり、知的な刺激も多く、自律的な学びを奨励する。柔軟な思考を持つ教師にとって面白い教育となる。

表4.1 文法訳読とCLILの比較

文法訳読が学習者にも教師にも求められる指導であるならば、そのニーズには応えるべきだろう。少し観点を変えて、内容に焦点を当てて、学ぶ意欲を喚起するようにすれば、CLILに変化する可能性がある。英語だけを使って、英語だけで授業をする必要はない。学習者の興味に寄り添い、英語と日本語の両方に焦点を当てながら英語力の伸長を図るならば、CLILと言えるだろう。ましてや、それは学習者にとって効果的な統合学習となるはずである。

4.8 CLILの6つの基本的な理念をもとにした指導例

　以上述べてきたように、CLILの6つの基本的な理念をCLILの4つのC（4Cs）のフレームワークと対照すると次の**表4.2**のように整理できる。

Content	6) 学ぶ内容に焦点を当て意欲を喚起（content）
Cognition	2) 思考力の育成（cognition） 5) 自律学習の促進（cognition + context）
Communication	1) 言語学習（language learning） 3) 英語コミュニケーション能力の育成（communication）
Culture	4) 互いの文化の理解（interculture）

表4.2 CLILの6つの基本的な理念とCLILの4つのC（4Cs）

実際に、上記の観点から、どのようにCLIL教育を展開するかを次の**図4.2**の教材で具体的に考える。50分の授業活動を次のような指導手順で展開する。目標は、the House of Habsburgについて関心を持ち、理解を深めることである。

対象：高校1、2年生

学習目標：ハプスブルク家について理解を深める

活動：Marie-Antoinette, Elisabeth A. Eugenie の生活をお菓子と関連させて考える

指導手順（procedures）

1. Warm up: Which sweets do you like? (content)（5分）
2. Small talk: (interacting with students) (cognition+context)（5分）

   e.g. There are a variety of sweets and cakes in Europe. Most people like sweets. Have you heard about the House of Habsburg in Europe? In Europe, there have been lots of kings and queens, such as Marie-Antoinette, Louis or Charles. Have you heard about Marie-Antoinette or Elisabeth A. Eugenie? They were very famous queens in Europe, and of course belonged to the House of Habsburg. Let's read this article.
3. Listening to the text while shadowing or overlapping (language learning)（5分）
4. Checking their understanding and questioning in pairs (interculture)（10分）
5. Discussing in pairs (communication)（10分）
   ・Why were sweets popular during the Middle Ages in Europe?
   ・What do you think about Marie-Antoinette?
   ・Why did Sisi need sweets?
6. Interest: What are your questions about the text? What are you interested in? (cognition)（5分）
7. Sharing ideas: Share your ideas with your classmates. (communication+ interculture)（5分）
8. Language focus: What is your problem about English grammar, vocabulary and pronunciation? (language learning)（5分）

　英語でやりとりすることを基本とするが、学習者が日本語を使うことは特に禁止しない。発展的に学習することを奨励し、英語の構造にも必要に応じてていねいに対応する。

116

002

Explore Europe ## Sweets and the House of Habsburg

The House of Habsburg in Vienna was chosen for the Emperor of the Holy Roman Empire
5 in the 13th century, and maintained political power until the 20th century. Their influence was not limited to political issues, but
10 also extended into other

The territories of the House of Habsburg in 1547

areas, including sweets. Life was very hard then, and sweets provided a small joy to men who were busy with war and politics, and women who were forced to marry for political reasons. A famous example is Marie-Antoinette, who was forced to marry Louis XVI, the King of France, and was guillotined during the
15 French Revolution. The sweet called "Kugelhopf" was her favorite.

Elisabeth A. Eugenie known as Sisi is also famous for her love for sweets. She married Franz Joseph I of Habsburg at the age of 16, during the 19th century. However, she often escaped hard life at the palace to travel around Europe, visited cafés and enjoyed delicious sweets. Her favorites were sugarcoated
20 violets and various kinds of tortes.

Hofburg Palace of Habsburg　　　　Kugelhopf　　　Elisabeth A. Eugenie

Discuss in pairs

1. Do you like sweets? Why were sweets popular during the Middle Ages in Europe?

2. What do you think about Marie-Antoinette?

3. Why did Sisi need sweets?

図4.2 教材例『CLIL Seeing the World through maps』(三修社, p.8) より

4.9 日本でのCLIL指導展開（理論と実践）

　教育としてのCLILの指導は多様であり柔軟である必要があるが、具体的なCLILの指導は日本の教育環境でどのように展開されるだろうか。ここではその点について、理論と実践を踏まえて具体的にいくつかの展開例を示したい。しかし、その展開は一例であり、このようにしなければいけないというものではない。CLILという教育がもしひとつの定型の指導法に収まってしまえば、つまらない学習となってしまう可能性がある。ここで示す展開はあくまでプロトタイプ的な指導展開であると理解していただきたい。まず、4つのC（4Cs）から考える。

4.9.1 学ぶ内容（content）

　多様な学ぶ内容（content）から、それぞれの学習者が興味を持つ内容を選ぶ。学習者のニーズ（needs）を反映することが最も大切である。学びたくない内容、教師が望む内容、カリキュラムで規定された内容では、効果は半減する。現状における日本のCLIL教育で望まれる内容は英語という言語である。英語という言語（文法、語彙、発音など）の習熟を目的として、それと関連する内容（科学、政治、経済、社会、芸術など）を学ぶ。日本のCLIL教育では、英語も学ぶ内容として統合されることになる。他の言語であっても同様であるが、ニーズの多寡に影響を受ける（**図4.3**参照）。

　英語と英語が使われる文化社会は、日本語と日本の文化社会とは少し離れているという意識がある。日本では、日常生活において英語を使うことはほとんどなく、現状では、将来も日本にいる限り日本語以外を使う必然性がない。そのような状況では、ヨーロッパのようなCLILの展開はむずかしい。英語は学校で習う科目であり、英語で各教科を学ぶという環境にはなかなか至らない。結局、英語自体が学ぶ内容となってしまう。

　そのような状況では、CLIL教育に関心を示す多くの人が英語の教師であり、学習内容を正確に「教える」ことには多少不安があるので、この点がよく批判の対象となる。「嘘を教えてしまうかもしれない」「内容も知らないのに教えられない」「教えるためにきちんと準備するのがたいへんだ」などの懸念があり、「教える内容の知識や技能も十分でないのに、それを英語で教えるのは無理であり、問題だろう」などの批判がよく聞かれる。本書は、すでに述べているとおり、英語の教師がCLILを英語科目の一環と

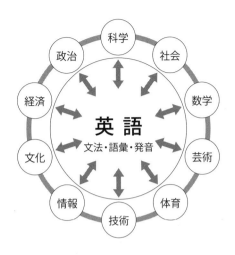

図4.3 学ぶ内容と英語

して指導することを支持しているので、このような批判は当たらないと考えている。

　CLIL教育で重要なことは、その点も含めた統合（integration）である。これまでの教授という既成概念にとらわれる必要はなく、教師がすべて教える必要はないし、教師がすべて知っている必要もない。教師の役割は、英語という言語の内容とそれと関連する知識内容を学ぶ機会を提供することである。学習者の主たる学びは「学び方を学ぶ（learning how to learn）」であり、自律学習である。こうしなければいけないという方法論にはあまりこだわる必要もない。柔軟に考え、少しの工夫でCLIL教育の趣旨は生かされる。

　文法訳読という伝統的な指導をもとに、文学という内容で具体的に考えてみる。従来であれば、文学作品を題材として、背景を説明し、読み、日本語で内容を解釈し、文法表現、語彙、発音などを解説する。理解の程度を評価するために、読んだテクストの語句表現の理解や解釈をテストし、評価する、という授業内容が想定される。しかし、CLILのアプローチでは次のような方法が考えられる。

題材：The Little Prince

対象：高校1、2年生

目標：『星の王子さま』の話から学び、考え、発見する

What do you think it looks like?

Once when I was six years old I saw a magnificent picture in a book, called True Stories from Nature, about the primeval forest. It was a picture of a boa constrictor in the act of swallowing an animal. Here is a copy of the drawing.

In the book it said: "Boa constrictors swallow their prey whole, without chewing it. After that they are not able to move, and they sleep through the six months that they need for digestion."

I pondered deeply, then, over the adventures of the jungle. And after some work with a colored pencil I succeeded in making my first drawing. My Drawing Number One. It looked something like this:

I showed my masterpiece to the grown-ups, and asked them whether the drawing frightened them.

But they answered: "Frighten? Why should any one be frightened by a hat?"

My drawing was not a picture of a hat. It was a picture of a boa constrictor digesting an elephant. But since the grown-ups were not able to understand it, I made another drawing: I drew the inside of a boa constrictor, so that the grown-ups could see it clearly. They always need to have things explained. My Drawing Number Two looked like this:

図4.4 教材例 *The Little Prince*

Antoine de Saint-Exupéry, The Little Prince

http://www.yoanaj.co.il/uploadimages/The_Little_Prince.pdf より

（図版はすべてサン＝テグジュペリ権利継承者から原版を提供され、複製されたものです）

図4.4は、物語の冒頭の導入である。この題材を次のように展開する。

指導手順（procedures）

Warm up: Have you read *The Little Prince*? Have you heard about Saint-Exupéry?

（『星の王子さま』の知識を確認する）（5分）

Listening: Listen to the audiobook of *The Little Prince*

（音声を聞いて、一度音読する）（5分）

Reading: Teacher adds some explanations to the story while asking students questions（教師が英語、必要に応じて日本語で理解を確認し説明する）（5分）

Discussion in pairs: What do you think about the Drawing Number 1?

（生徒がペアで帽子に見える絵について話す）（10分）

Discussion in groups: What do you think about the Drawing Number 2?

（生徒がグループで象を飲み込んでいる絵について話し合う）（10分）

Discussion in class: What do you think about the two Drawings?

（2つの絵についてクラス全体で意見を言う）

Assignment: Read Chapter 1 in English and Japanese

（1章を次の時間までに読んでくる［日本語訳を参考にしてもよい］）（5分）

＊英語の内容がわからないところは教師に随時質問してよい。多くの生徒がわからない場合は、時間をとって全体に日本語で説明する。

　英語を理解するというより、この話の内容を考え、話し合う時間を多くとるようにすることが授業のポイントである。一般的な英語の授業では、語彙、文法、読解という言語構造に焦点化されがちであるが、話の内容に焦点を当て、考え、比較し、他の生徒とコミュニケーションする。その際、CLTの基本である英語で自然なやりとりをする雰囲気を演出する。うまくいかない場合は日本語使用もかまわない。学ぶ内容（content）を扱うことはCLILの基本である。しかし、頑なに教科科目を限定する必要もない。「こうでなければならない」という発想にしばられることなく、教師がすべてを「教える」必要もない。

　『星の王子さま』の話のなかで、次の一節（原文はフランス語）はよく引用される。

On ne voit bien qu'avec le cœur, l'essentiel est invisible pour les yeux. (It is only with the heart that one can see rightly; what is essential is invisible to the eye.)

（心で見なくてはものごとはよく見えない。かんじんなことは目に見えない）

（筆者訳）

この引用のように、大切なことは「目に見えない」、つまり、それほどスッキリと説明できることばかりではなく複雑で、自分で見ようとしない限り見えない。授業でも同様に、ヘビが象を飲み込んでいるという絵から、何か大切なことを発見できるように工夫する。CLIL教育において大切なことは、その活動を通して英語が使えるようになり、何かを考え、学び、発見することだ。さらには、フランス語にも関心を持つ、ということにもつながる。

4.9.2 思考 (cognition)

　本書ではcognitionに「思考」という日本語を使っている。辞書では「認知」「認識」などという訳語が当てられるが、CLILの考えでは「思考」あるいは「考える力」が適当だ。辞書 (Oxford Dictionary) では次のような定義が当てられている。

The mental action or process of acquiring knowledge and understanding through thought, experience, and the senses. (考え、経験、その感覚を通して知識や理解を獲得する心的行動あるいはプロセス) (筆者訳)

CLIL教育では、思考という行為やプロセスを大切にする。学ぶ内容から得られる知識や理解だけが学ぶ目的ではなく、その動的な行為やプロセスにも焦点を当てている。その動的な行為やプロセスには言語が強くかかわっている。

　具体的にどのようにこの思考をCLIL教育に取り入れるとよいのだろうか。ブルームの教育目標の分類 (HOTSとLOTS) を土台にして考えるとわかりやすいので、具体的な授業活動を例に整理して表にまとめてみた。実際の授業や学習のなかで思考を枠にはめてある答えを引き出そうとすることは、創造性や独創性という点で物足りないかもしれないが、思考を整理する意味では有効だ。また、学校の授業では基礎基本の学習が大切で、その定着を図るためにドリルのような練習は欠かせないが、

積み上げ式である必要はない。CLIL教育では高次も低次も含めて複雑な思考のプロセスを大事にしている。

　次の**表4.3**は、**表1.2**（p.25）に、より具体的な授業活動例を加えたものである。

CLIL授業思考技能レベル	具体的な授業活動例
HOTS	
授業で学んだことから発展的に何かを創造する（creating）	各科目の内容やトピックを学習した後に、英語でその学習内容に関連のあるリサーチ、作品、創作劇（スキットなど）、ディベート、ポスター、リポートなど発展的な活動を行う。しかし、タスクを明確に設定しすぎると創造性が失われるので、ある程度学習者の判断に任せる。このような活動の評価に関しては、成果よりもプロセスを評価するように工夫する。
	例）生物に関する英語のCLIL授業で「生態系（Ecosystem）」を学んだ後、身近な場所の生態系を考える。ポスターを作成し説明する（To make a poster of the ecosystem of your town）
授業での学びを批判的に考え評価する（evaluating）	多様な授業活動のなかで、学びや活動のプロセスを学習者自身が効果的にふりかえることがその後の学びや英語を使った活動に大きく影響を与える。活動の成果が良くても悪くても、批判的に考え、その次の活動に生かすための評価をする。
	例）歴史に関する英語のCLIL授業で、アメリカの日系移民について学んだ後、第2次世界大戦中の日系アメリカ人への対応を批判的に考え整理し良い点と悪い点をまとめ、評価する。（What happened to Japanese Americans in World War II?）
分析する（analyzing）	授業活動のなかで学習するポイントを、多様な観点から分析し、ノートなどにまとめる。特に用語などは学びやすいように分析し整理する。それとともに、どのような要素、原理、構成、関係、質、信頼性などが有効か考える。
	例）食習慣のことを英語で学んでいる際に、クラス全体でどのような朝食を食べているか調査し、表にして仕分けし分析する。どのような傾向があるか意見を出し合う。（What do you have for breakfast?）
HOTS/LOTS	
応用する（applying）	授業中に内容に関連して学んだ表現を、実際の状況に応じて使ってみる。学んだ表現をまず練習し使えるようにしてから応用する。教師はその際に学習者のつまずきに十分配慮する。具体的には、目標とする内容を読む・聞く活動で理解し、それを練習し、応用して、書く・話す活動につなげ、考える。
	例）音楽の授業に関連して、"Remember me"を歌う。歌の背景となるメキシコの死者の日を理解し、英語とスペイン語で歌う。日本語の歌詞とも比較して、歌の意味と文化を考える。

LOTS	
理解する (understanding)	英語を読むことや聞くことでは、理解するということが基本にある。理解するという行為は英語の学習では最も大切であることは言うまでもなく時間をかける必要がある。しかし、理解の確認はテストではなく、その理解に対してどう対応するかにある。自分の言葉でまとめる、説明する、など。
	例) 地理に関連する授業で、ヨーロッパの国とその位置関係などを英語の資料から読み取り、ビデオなどを見て、それぞれの国の背景を知る。読み取り、聞き取った内容は、日本語の資料を参考に理解し、表や図にまとめる。
記憶する (remembering)	英語の語句や表現を記憶する際には、イメージや意味づけなどの関連する情報があるほうが効果的であり、楽しみながらおぼえられるだろう。その際には、歌やゲーム、作業を伴う活動など、学習者自身で工夫することが大切となる。
	例) 数字 (1, 31, 365, 1 million, …)、色 (yellow, red, …)、動物 (giant panda, elephant, …)、植物 (dandelion, lily, ….) などの英語の言い方は、概念と合わせておぼえる。カードなどにして組み合わせるゲームなどを行い、意味や発音、スペルやコロケーションなどと関連させて記憶する。

表4.3 ブルームの教育目標の分類(HOTSとLOTS)と具体的な授業活動例

このような思考 (cognition) のどの段階においても、成果として得られる知識や技能よりもその行為やプロセスを大切にする。いわば、それは学ぶ力であり学習者の動的な思考力である。「理解する」「記憶する」というLOTSに分類される思考は、決して悪い思考ではなく、どのような学習活動においても、大切で基本的で必要な思考である。CLILでもそれは大切な活動と考える。

　この**表4.3**では具体的な活動例を分けて例示したが、これらの思考活動は統合される。「創造する」「評価する」「分析する」「応用する」「理解する」「記憶する」というプロセスは、学習者一人ひとりによって異なる活動であり、教師がコントロールするものではない。CLILでは、表に示したような学ぶ内容と活動を設定しているが、学習者がどのような思考のプロセスを取るかは、学習者一人ひとりに委ねるしかない。このような学びのプロセスは、学習者の学習段階、興味関心、目的、学習環境など、複雑な要因により左右され、一様ではない。このことを具体的に小学校での英語活動を例に考える。

対象：小学校3〜6年生

学習目標：英語で身体の部位を理解する

活動：'Head, shoulders, knees and toes'の歌を題材に身体の部位と名称をおぼえる

教具：身体の部位を示す絵と部位の名称がわかるポスターあるいはビデオ

展開：

Warm up: (身体の部位を示しながら、英語の名称を導入) (5分)

Head, eye, ear, hair, neck, ...

Singing: 'Head, shoulders, knees and toes' (身体を動かしながら) (10分)

Head and shoulders knees and toes

Knees and toes

Head and shoulders knees and toes

Knees and toes

And eyes and ears

And mouth and nose

Head and shoulders knees and toes

Knees and toes

Target structure: I have .... (歌に慣れてきたところで、単数と複数の概念を導入) (10分)

A head. I have one head. Two shoulders. I have two shoulders. Eyes. I have two eyes. Two knees. ... Many toes. …

(単数と複数の違いを提示するが、教え込むのではなく、気づくのを待つ)

Practice: Say about your body parts. (自分の身体を指差しながら) (10分)

I have two hands. ...

Activities & tasks: (15分)

Remembering, understanding, applying, analyizing, evaluating, cretating

(学習者に応じてこの先は多様に展開する)

上記の活動は、基本的に「記憶する」「理解する」という段階に目標を置いているが、

身体のほかの部位にも「応用する」こともあり、単数や複数などの違いを「分析する」ということもある。さらには、なぜ単数と複数を区別するのかなど、批判的に「評価する」こともあるだろうし、学習者自身で歌を作ってみるなど「創造する」も可能だ。大切なことは、学習者の興味関心や学ぶ意欲を引き出し、学習者自身が自ら学ぶことである。教師があれもこれもお膳立てすることは避けるほうがよい。CLILではこのような学び方の工夫も大切にする。失敗することもあるが、それも学びのひとつと考えるべきだ。

4.9.3 コミュニケーション（communication）

　英語学習は、多くの学習者にとってコミュニケーション能力の育成が目標である。英語の基礎基本にだけ重点を置いて、実際のコミュニケーション活動がないがしろにされることは、言語学習の本筋とは言えない。また、CLILの基本はCLTにある。たとえば、英語で数学を勉強する場合に、単に数学の問題を解いているだけではCLILとは言い難い。数学の問題の考え方を英語で聞き、数学の用語を文字と数式で理解し、解き方を英語で説明し、英語で質問し、クラスメートと英語で数学についてやりとりができることが目標であり、解法を英語でまとめ、説明できることが求められる。数学を学ぶ上でも、挨拶、指示、質問、応答など、ふつうの英語でのやりとりは基本である。

　コミュニケーションにおけるCLILの特徴的な活動は、内容にかかわる場面を設定し、その分野や場面にかかわる意味のやりとりを行う。これは、ESPと基本的に同じ考え方であるが、ESPが言語に焦点を当て、ジャンル（genre）という考え方を基本に据えるのに対して、CLILは学ぶ内容に焦点を当てている。意味のやりとりが中心で、状況に応じた英語の適切な表現（発音、語彙、文法など）よりも、内容（適切な内容語の使用）と理解可能な英語表現を許容し、言語的な誤りはコミュニケーション上問題なければ取り立てて注意訂正することなく、内容とそれにかかわる意味に重点を置く。

　この点に関しては、CLILを実践する教師によってアプローチは異なる可能性があり、こうしなければいけないという方法論も決まっているわけではない。CLILのコミュニケーションは、本来目標言語の英語で内容を学ぶことを目標としているが、日本の初等中等教育では、英語は学習科目としての外国語であり、学ぶ内容につい

ては英語だけではなく日本語での理解も必要である。その点を考慮して、**図4.5**のように バイリンガルのコミュニケーションを想定してCLILを実践することが効果的であり、現実的である。

　日本語の使用を前提としても、従来から行われているいわゆる原書購読や「英語で学ぶ～」など、英語によるコミュニケーション活動をともなわない学習はCLILと考えない。CLILは英語での意味のやりとりを行うことを基本としているからである。特に大切な点は、教師が英語（必要に応じて日本語）を自然に使うことである。また、学ぶ内容の意味のやりとりをコミュニケーションの手段として、英語で行うことを教師が率先する必要がある。

　日本の英語教育は伝統的に正確さを優先した。戦後はアメリカ英語を模範として、発音、語彙、文法などの、基礎基本の定着を重視し、正確な音声の聞き取りと発音、正しい語彙の理解と使用、語句や文構造の正確な知識を、試験で測定し、評価した。特に、英語知識レベルを設定し、入試という課題を高いハードルとして、学習として発展してきた。CLILでは、言語を道具として扱い、内容を学ぶことを通して、英語のコミュニケーション能力や思考をするための言語力を培うことを目標としている。単なる学習言語ではなく、コミュニケーションのための言語の知識と技能として英語を考える。基本はやはりCLTであり、そこから派生するタスクを重視した学習であり、フォーカス・オン・フォーム（Focus on Form）などと考え方は同じである。ここでCLILの発想は単に言語教育だけでなく、学び全体を考えることにある。コミュニケーションを考える上で、その統合的な学びが各自の考え方の差異となるが、

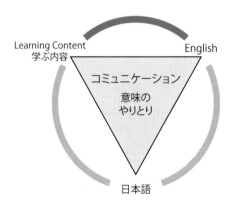

図4.5 CLILの特徴的なコミュニケーション活動

CLILは状況に応じて柔軟に対応する。

　CLIL教育でのコミュニケーションは、**図4.5**に示すように、学習者に配慮して柔軟にバランスよく英語と日本語を使いながら、意味のやりとりに焦点を当てて自然さを大切にする。コミュニケーションに型はないが、CLILのコミュニケーションの動的パターンは存在する。CLIL授業の一例を示すことで、CLILのコミュニケーションの動的パターンを理解していただきたい。コミュニケーションの本質は、コミュニケーションの意図と意味のやりとりがあることである。

対象学年：中学校高学年〜高校低学年

内容、テーマ：Food production（食料生産）

授業の導入：

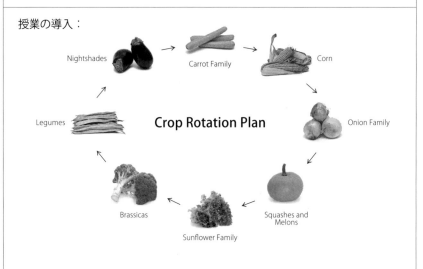

＊動的なパターンは ▮▮▮▮ の部分

T: What did you have for dinner yesterday?

S: I had カレー . I like it very much.

T: You had curry and rice. Japanese curry is very good. **It's different from Indian curry.**

S: インドカレーも好きです。 I like Indian curry.

T: **Japanese curry is very healthy. It has meat and vegetables. We eat meat, fish and vegetables. Today we will think about food production or 食料生産.**

As you see, food is necessary for our life. Many years ago people grew crops and raised animals to feed their families. As we came to live in villages, towns and cities, farming has become larger to meet our urban lifestyle. It is called intensive farming or 集約農業.

S: **Intensive farming?**

T: **In intensive farming, you use machines, fertilisers or 肥料, human-power and high-yield or productive crops to maximise the amount of food produced.** We need lots of food in our society. Do you think intensive farming is necessary?

S: We need food, so it is good. でも…

T: Have you heard about organic food?

S: Organic food is good and safe. Food safety 食の安全は大切。

T: Right. Organic farming or 有機農業 doesn't use machines so much. It doesn't use pesticides or 殺虫剤 to the crops. It uses natural fertilisers such as compost, 堆肥 and manure, 肥やし, 有機肥料.

S: That's good. I like organic food. 全部オーガニックフードがいい。

T: I agree with you, but it's not so easy to do organic farming. When you do it, you will have to rotate crops to avoid monoculture, which grows a single crop.

S: **Monoculture?** 単一栽培っていうことは、作物を変えるっていうこと。

T: **Yes. Okay, let's think about organic farming.** Let's check the names of crops. Look at the following rotation, for example.

S: I am afraid it is hard. たいへんそうです。

T: It's hard, but it produces a lot, promotes biodiversity, and helps keep the soil heathy.

S: **We should do organic farming.**

T: Organic food is often more expensive than intensively farmed food. Which do you like, organic foord or intensive farmed food? Please do research on organic farming and discuss which farming you should choose.

（資料を配布し生徒が自分たちで有機農業を調べてまとめる。資料は英語と日本語を用意し、インターネットを使える環境を整え、自律学習を前提に作業を行う。最終的に調べたことは英語でまとめるタスクを設定する）

このような教師と生徒とのやりとりが、コミュニケーション活動の基本となる。生徒同士で英語を使って活動する場合は、生徒の意欲に任せることが大切だが、教師が自然に英語を使って生徒とやりとりする状況が動的パターンで、不自然な言語活動はできる限り避けるようにする。

　生徒の状況により言語学習の活動をどのように取り入れるか考えることが動的パターンにつながる。たとえば、上記のような活動で、用語の意味と発音などの指導が必要な場合がある。また、資料を読む場合に意味の理解にはサポートが必要になるかもしれない。そのような言語学習の支援は、活動前後か活動中に行い、あまり意図的にならないように工夫する。自然な言語活動（日本語の使用など）を優先し、コミュニケーション活動では意味のやりとりを重視し、内容に関連して、英語を理解することと使用することに焦点を当てる。そのような活動がトランスランゲージングに代表されるCLILコミュニケーションの動的パターンとなる。

4.9.4 文化（culture）

　CLILには、CEFRの複文化主義という理念とそれにもとづくICCの育成という目標がある。ヨーロッパ統合には、多様な文化（multiculturalism）に対応するために一人ひとり互いの文化を理解し、それぞれの文化とどう折り合いをつけて共生していくのか考える態度が必要である。このような理解と態度を、複言語主義という理念、「母語＋2言語」という言語教育政策の推進とともに、文化間の意識とICCの育成としてCEFRを推し進めた。CLILもその考え方を導入し、バイリンガル学習のなかで内容を学ぶ際に、文化間の意識とICCの育成を考慮した。

　文化というコンセプトは、状況により多様であり、学びを限定することはむずかしい。その場の状況にどのように対応するかという個人の力の問題となってしまう。日本では、多言語多文化について、アジアのなかの日本という文脈で、文化間理解として扱う必要がある。これまでの異文化理解教育や国際理解教育とは少し考え方を変えてアプローチする。異文化理解教育は、日本とは「異なる」文化を紹介し、「違い」を理解し、日本固有の文化を理解し尊重しながら、共に生きていくということを目標としてきたように思う。また、その特徴としては、1）知識としての文化、2）内（日本）と外（外国）という見方、3）文化と国際理解の同一性、4）外国語学習や文化に対する興味関心、5）外国人に対する日本文化と日本語学習の奨励、などが挙げられ

る。CLILの文化はこのような異文化理解とは少し違い、文化間理解にある。それが
CLIL教育の特徴を形成する。

　本書では英語を学習目標言語として考えているが、ヨーロッパのCLILは、多言語
多文化を背景に多様性と柔軟性に対応した複雑な社会文化のなかで、どのように互
いがかかわり、どのように共生していくのかを目指している。実際には、CLILの実
践のなかで文化について深く扱うわけではなく、学習環境あるいは社会環境が自然
にその文化を意識するようになっているので、特に意識しなくてもCLIL教育のなか
に盛り込まれるようになっている。しかし、日本の文化意識はヨーロッパとは違う
ので、授業のなかでICCの育成を意識的に取り上げる必要がある。そのようなCLIL
の文化は、ときに「協学」となり「国際理解」となるが、それだけではなく、他者理解
から学習（学校）文化まで多面的である。そこでの学習のポイントは、多様な状況に
柔軟に対応できるICCを意識することである。日本の英語教育は教師主導で、知識
を詰め込み、テストのための学習という傾向が強い。CLILはそれを少しずつ実践の
ための英語学習をするという意識に変えるのに役立つ。

　文化間意識を培い、ICCを育成するためにどのようにCLIL教育を展開するかを具
体的に考えてみる。

対象学年：中学1〜3年、高校1年生

内容、テーマ：体育 sports（football）

目標：サッカーのヘッディング技術の習熟

活動：ヘッディングの練習を通じてスポーツ文化を考える

T: You like footaball or soccer, right? In America, they call it soccer and
football means American football, but soccer is called football in Europe
and other places. Football is very popular all over the world. Let's pracitice
football today, especially heading.

S: It's difficult, I think, but it's a necessary technique.

T: Yes, but simple basic drills may be boring. Let's play games.

S: え〜? I'm afraid I can't. 何をするんですか?

T: There are two types of headings, attacking and defending headings. I am sure you can develop heading skills when playing games. First you practice attacking headings. Let's set up the game.

S: OK. It sounds fun.

T: You make a team of 4 players. You don't need any keepers. You have some rules. Listen, please.

1. You must play by throwing and catching the ball.

2. You can't move with the ball when you have a ball.

3. You can just move off the ball.

4. You must not have the ball in your hands for longer than 3 seconds.

5. You can score a goal by heading a thrown pass into the goal.

That's it. Any questions?

S: え？足は使えないの？ We can't kick a ball?

T: No, you can't. I will repeat the rules. Listen again.

...

Do you see it? Finally, I will show you some English phrases:

ボールをください	Pass me the ball. Give me the ball.
私はフリーです	I'm open.
上がる	go forward
下がる	pull back

....

When playing, try using English.

S: OK. Let's make a team and get started.

スポーツではルールを知ることからゲームが始まる。ヘッディングの練習を基礎から積み上げて技術に習熟するのではなく、「頭を使ってゴールをしなければいけない」というルールから、どうすればうまくいくのかを工夫する。あるルールのもとでゲームを楽しむ術を理解し、次々とルールを設定することで作法の違いに対応する力も身につける。その練習のなかでルールという文化を意識し、ICCを身につけ、使える英語を理解する。スポーツなどの活動をともなう学習でCLIL教育を実践することは有効であるが、そこでなぜ英語を使う必要があるかという理由づけは重要である。

英語を使う理由づけもCLILでは大切にする。上述の活動も文化間理解である。文化（culture）は、community, citizenshipなどと呼ばれることもあるように、人や社会や文化と密接に関連する。別のコミュニティや市民社会のなかでどのように適応し、言語が異なるそれぞれのルールのもとで、いかに平和的に折り合いをつけていくかにつながるからである。日本でもその点を理解して、文化を教室や学校のなかだけではなく、また、大きく国際理解と捉えず、ある集団のなかで決まったルールのもとに個人としてどのように行動するかを、英語を使い、内容を学び、理解する上で、文化間のなかで考えるようにする。

以上、4つのC（4Cs）に関連して、日本でのCLIL指導の展開を具体的に考察した。ヨーロッパとの大きな違いはやはり言語の扱いである。ヨーロッパでも英語が中心であるが、それぞれのヨーロッパ言語も視野に入れている。日本でも必要に応じて他の言語が個々の状況に応じて関連するようにする。多面的にそれぞれの状況に応じながら、4つのC（4Cs）は考慮する必要がある。

4.9.5　内容をともなう英語力の育成

日本のCLILは当面英語力の育成が目的という点ではCBIと言ってもよいが、CLILを意識することは学習者の学習志向を変えるためには都合がよい。それは日本の英語教育の伝統と関係する。日本の英語教育の伝統は、「教養か実用か？」という課題を明確に論じた岡倉由三郎の『英語教育』(1911)に由来する。岡倉は、実用面も重要と考えるが、多くの日本の英語学習者に対しては英語の基礎、特に読む力を重視するほうがよいと考えた。その考え方が教養に広がり、英語教育のひとつの目標となった。当時としては当たり前の考え方であったが、その考えは、第二次世界大戦後、日本が敗戦でアメリカによる影響が強くなった後もあまり変わらなかった。学習指導要

領は、英語の実用面の理解を考慮し、今日のCLTの考え方を取り入れて、コミュニケーション能力の育成を強調したが、学校現場は大きく動かなかった。文法訳読といわれるアプローチは廃れることはなく、少しずつ変化しているが、現在でもなお尊重されている。

　CLILはもともと言語面ではCLTを基盤としているが、統合学習なので状況に合わせて柔軟に考える。極端に言えば、文法訳読も必要な場合がある。「教養か実用か？」ではなく、あえて言えば、「教養も実用も」である。CLILは、教養面でも実用面でも4つのC（4Cs）と関連し、教養も実用も取り込んだ統合的なアプローチと考えてよい。ヨーロッパでは日本の英語教育のような論争はなく、EUの統合あるいはそれ以前からラテン語を基盤とした教養の世界があり、英語やフランス語が必要に応じて実用的に使われていた。CLILの背景となるヨーロッパは確かに日本とは言語や文化において違う。

　英語を文法や語彙の知識をもとに読んで日本語に訳して理解する文法訳読とCLILの大きな違いは、コミュニケーションに関連する。文法訳読では、英語を聞く、話すなどのコミュニケーション力は必要に応じて各学習者が自身で培うため、学校教育では考慮してこなかった。学校教育では英語の基礎を育成し、より汎用性の高い教養に力点を置いた。これは、英語のニーズの点からもある面で自然な英語教育の流れだったとも言える。事実、学習指導要領が実際に使える英語のコミュニケーション能力の基礎の育成を強調しても、実質的には大きく変わらず今日に至っている。

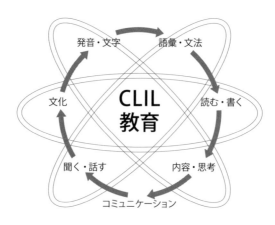

図4.6 英語教育の一部としてのCLIL教育

そのような背景を考慮しても、あえて英語力育成の重要性を強調したい。

　英語力を育成するために、CLIL教育は英語教育の一部として導入する必要がある。理由は、文法訳読の伝統をうまく生かせる可能性があるからだ。CLIL教育が内容を重視するように、英語学習も同様に内容を重視し、学習者の習熟に応じたバイリンガルを大切にする。**図4.6**はそのようなCLILの展開の可能性を表している。

　図は、CLIL教育が英語学習の中心に位置し、CLILの観点がリニアではなくサイクルとして関与する関係を動的に表している。発音・文字、語彙・文法、読む・書く、内容・思考、コミュニケーション、聞く・話す、文化などをくり返しながら、また、複雑に絡み合いながら進む。その目的は英語力の向上である。しかし、その英語力は、図に示されているように、多くのことが複雑に関連した英語力である。その複雑性を生かしながら、CLILは学習者に多くを委ねる。次のCLIL教育の活動がその一例である。

対象学年：高校2、3年生〜大学1、2年生

例)**目標**：日本食について考える

教材：César Vladimir Rodríguez Cedillo 著

　　"What is the importance and role of food in modern Japanese society?"

　　https://skemman.is/bitstream/1946/27632/1/Ritgerð.pdf

活動：アイスランド人が書いた下記の論文を読んで、日本食について考える

テクストの一部：

Abstract

In Japanese society, a meal goes beyond the food and eating it. It is known that Japanese food was influenced by China and Korea due to the geographical proximity. Traditional food is an important aspect of the culture and it is considered a world heritage. Thus, a traditional meal is not only aiming for the taste, but also aiming to protect the nature and transmit knowledge to future generations. The climate in Japan varies considerably, which allowed each city to develop their own traditional dishes representing the area. This has encouraged culinary tourism, where people travel throughout Japan to experience different flavours. Culinary tourism benefited Japanese culture and economy by supporting local villages and smaller communities. A convenient way to experience dishes from different regions, is by buying *ekiben* (lunch boxes sold at the train stations) while riding the train from one city to another. Seasonal food is important for society, because the diet is based on each season of the year. To stay healthy throughout the year, Japanese children learn important values and skills such as cooperation, teamwork and responsibility in their school lunches during elementary school. *Bento* boxes (lunch boxes) influenced, to some extent, the personality of Japanese children either by helping them to socialize easier with their classmates or excluded them out of a group. A meal in Japan is very important to society, because there is more to just eating the food; there are several rules and etiquettes to follow. A meal in Japanese society goes beyond food, because through a meal people can socialize, build stronger bonds, cooperate, work in teams and help society to develop. It is also a way to thank gods in rituals. Traditional food in modern society is very important to keep the culture. Without these traditions and all the varieties of foods available in Japan, the Japanese culture would probably not be the same as it is today.

展開例：

1) 音読(ペアワーク)

2) パラグラフリーディング(ペアワーク)

3) わかりにくい表現や文法を抽出して説明(クラス)

4) パラグラフの内容について議論(クラス)

5) 要点を整理し、内容をまとめる(ペアワーク)

6) プレゼンテーションあるいはディスカッション(クラス)

この活動においては、英語と日本語の使用は学習者に任せ、自由に作業する。6のみ英語で行うことを指示する。細かい日本語訳に終始するのではなく大意を理解し、ユネスコ無形文化遺産 (the UNESCO's Intangible Cultural Heritage) となった「和食(washoku)」について、英語で意見を言うことができるように、また、議論できるようにする。

4.9.6 バイリンガル教育（bilingual education）

　CLIL教育はバイリンガル教育の一環である。従来のバイリンガル教育にこだわるものではないが、バイリンガル教育の理論を踏まえている。そのことから、CLILという用語を使わずバイリンガルという用語を使用する研究者や実践者も多く存在する。北米ではCLILという用語は使われず、バイリンガル教育と言われることが多く、ヨーロッパでもその傾向はある。ここでは、バイリンガル教育の観点からCLILを考え、具体的な学習や指導場面で英語と日本語の両言語がどのように使用されるかに言及する。

　CLILでは、CLTの理論を背景に、英語に触れること、実際にコミュニケーションすることが重視される。そのため、英語を使用しながら学ぶということが大切であることはもちろんであるが、すべて英語で学ぶというトータルイマージョンという状況は、学習目標言語が身近にない場合、必ずしも適切ではない。日本のように英語が身近ではない状況では、緩やかなバイリンガル教育が適切である。また、バイリンガルでも日本語が多用される環境があってもよい。大切なことは、バランスとタイミングである。

　バイリンガルは「2言語併用」と訳されるように、一般的に2つの言語が使えるという意味で捉えられるが、少し幅広く考えたほうがよい。たとえば、Do you speak English?と尋ねられて、日本人の多くは、No.と答えてしまうことが多い。しかし、多くは中学校で英語を勉強し、高校、大学でも英語を学ぶ。その状況は広い意味でバイリンガルと言えなくもない。流暢に英語は使えないかもしれないが、ある程度の英語は理解できる。学習者の英語力レベルに適応した英語コミュニケーションができれば、バイリンガルと考えることも可能である。バイリンガル教育は決してエリート教育ではないのである。必要に迫られてそうせざるを得ない状況もある。授業で、場面に応じて英語を適切に使い、かつ、日本語も適切に使うことで、バイリンガル教育と考える。日本の状況であれば、そのような柔軟なバイリンガル教育をCLIL教育の一端として位置づける必要がある。

　CLIL教育は、学ぶ内容と言語の統合学習であり、学習プロセスも多様で柔軟である。扱う内容によっても言語学習の状況は変わり、言語活動はさまざまである。その点から、次のような学習活動もバイリンガル教育と考えることも可能である。

対象学年：中学3年生〜高校1年生
内容、テーマ：Geography of Japan（日本の地理）
活動：次の英文資料を読んで、日本の地理を理解する。その際に内容について英語と日本語で内容を確認する。

Location

Japan consists of thousands of islands, among which Honshu, Hokkaido, Kyushu and Shikoku are the four main islands. Korea, Taiwan, Russia and China are Japan's closest neighboring countries. The Sea of Japan is located between the Japanese archipelago, Sakhalin, the Korean Peninsula and Russia.

Area

The area of Japan is comparable to that of Germany or California. The northernmost islands are located on similar geographical latitude as Milan or Portland, and the southernmost islands are on similar latitude as the Bahamas. Over half of the country is mountainous and covered by forests. Japan is divided into 47 prefectures, which are groupted into 8 regions.

Population

The population of Japan is about 125,000,000, including approximately two million non-Japanese residents. More than half of them are of Korean descent.

Natural disasters

Japan is located in the areas where several continental plates meet and has experienced many natural disasteres, such as earthquakes, tsunamis and eruptions. Japan is prone to a couple of earthquakes and about 1,000 tremors a day. And there are many volcanos in Japan. Japan's most famous volcano is Mt.Fuji, which is the highest mountain in Japan.

Climate

Japan has the large north south extension, so the climate varies strongly in different regions. Most regions of Japan, except for Hokkaido, belong to the temperate zone with humid subtropical climate. The winter is mild and the summer is hot and humid. They have a rainy season in early summer and are attacked by typhoons every year during late summer. Hokkaido and the Sea of Japan coast are rather colder and have much snow. Okinawa, which is located in the southernmost part of the country, is very warm and the mean temperature of January is 17 degrees Celsius.

読んで訳すのではなく、内容については次のようなやりとりを教師が主導する。

T:　This is a map of Japan. Japan is a small island country. Hokkaido is here. Do you know about the other main island?

S1:　Honshu, Shikoku, Kyushu.

T:　OK. Where do you live?

S2:　どこ？ Osaka? We live in Osaka.

T:　Yes. You say, "We live in Osaka." We live in Osaka.

T:　Do you know how many people there are in Japan?

S1:　No. I don't know. 1億？ How many?
　　127,000,000

T:　[showing the number]
　　One, two, seven, so one hundred twenty million.

S2:　One, two, seven? Million? 百万？

T:　1億2700万人. Osaka has 8,850, 000 people. How about reaching the population in big cities?

　多様な活動が考えられるが、ここで示した例は読んで意味を理解し、上記のようなやりとりの活動を英語で行う。読んで意味を理解する活動は、日本語で行うことも必要となる。このような活動もバイリンガル教育と考える。学習者に学ぶ意欲があり、動機づけがなされ、ある程度の英語力があれば、日本語の使用は少なくなるだろう。

4.9.7 「英語の用法（English usage）」ではなく「英語の使用（English use）」

　英語の授業では、いまだに「英語の用法（English usage）」を教えることが指導の主要な目的となっている傾向がある。英検などのテストや入学試験などの準備のために、学校だけではなく予備校や塾などでも、語彙、熟語、文型、文法など、「英語の用法」を教えることが相変わらず主流なのである。もちろん「英語の用法」を学ぶことは重要であり、英語を習熟するには必要な知識である。しかし、多くの場合、そのような学習が実際の「英語の使用（English use）」に結びつかないことが多い。英語をコミュニケーションの道具として使用する機会を教師が演出しない限り、英語は使えるようにならない。

　重要なことは、意味のやりとりをともなって英語を使うという状況を学習者に提供することだ。CLILはそれに適したアプローチである。日常的な生活上の英語の使用、いわゆるBICS（Basic Interpersonal Communicative Skills 基本的対人コミュニケーション技能）を使う場面はあまりない。たとえば、次のような会話はCLILではあまり扱わない。

A: I'm so happy the exams are finished today.
B: Same here. I'm looking forward to relaxing at home tomorrow, but I've planned a hike with my friends on Sunday.
A: Sounds fun! I'm gonna go to Kyoto this weekend. The leaves are already turning red and yellow. It will be awesome.
B: It's really awesome. I wish I could join you.

CLILの授業では、内容を扱うためにどうしても説明や事実などを述べる英語、質問と答えなどの英語、意見や提案などの英語が使用される傾向にあり、日常的な英語は教師が使わない限り、生徒同士が使うことは考えにくい。

　たとえば、次のような教材（**図4.7**）を扱った場合でも、Task 1ではQ＆Aであり、ここでは生徒同士のやりとりは日本語となるのがふつうである。「アメリカってどこかの州では大麻は合法だけど、ヘロインとコカインは絶対違うと思う」「調べてみようかな？ 先生、携帯使っていいですか？ インターネットは使えないですか？」「がんの副作用はわからない」「たぶん、毛が抜けるのは映画とかでも見たことがある」など

が予想される。Task 2は、例もあるので意見交換はできるだろう。しかし、やはり質問をして、それに答えるというやりとりになると予測される。

　CLILでは、英語の表現など用法にはあまり触れず、意味と使用に焦点を当てるようにする。用語と発音などについてはもちろん適切なサポートをするが、それ以外は質問がない限り干渉しない。導入の活動で英語を使う雰囲気をつくるように配慮する。教師の姿勢と指導技術にかかっているが、自然に英語を使うことを心がけることが基本だ。生徒同士でうまくいかなければ、教師が質問して、それについて意味のやりとりを続けるだけでもよい。

---

 1 **Check your knowledge**

Task 1 Try to answer the question by looking at the pictures.

Q1 Which drug is legal in Washington, D.C.?

a) Cocaine.　　b) Marijuana.　　c) Magic mushrooms.　　d) Heroin.

Q2 Which is NOT a side effect of anti-cancer drugs?

a) Hair loss.　　b) Vomitting.　　c) Diarrhea.　　d) Increased appetite.

Task 2 Share ideas with your classmates.

Q How often do you take medicine? What do you do when you catch a cold?

> *e.g.* I take aspirin almost every day. I suffer from migraines so I need to use aspirin for pain relief. However, whenever I catch a cold, I try not to take any cold medicine.

図4.7 教材例『CLIL Human Biology』(三修社, p.80)より

たとえば、次のような教師の導入で、Task 1 の活動を始めるのもひとつの方法である。

T : Which drug is legal in Washington, D.C.? Washington, D.C. is the capital city in the U.S., so the law (法律) is very strict. Most drugs are of course illegal (合法ではない). Coccaine, marijana, magic mashroom and heroine are all drugs, gnerally speaking. What do you think? Which do you think is legal? Anyone who thinks coccaine is legal, raise your hand. ....

　Task 2 では、薬の名前や病気・症状の名称は英語でわからない可能性が高いので、必要な用語は準備する。たとえば、cold（風邪）, headache（頭痛）, stomackache（腹痛）, hay fever（花粉症）, acne（ニキビ）, diarrehea（下痢）, allergy（アレルギー）などを提示し、そのような症状名に medicine をつければ薬名になり、コミュニケーション上は問題ない。次のようなパターンを示し、生徒が英語でやりとりができるように工夫する。

S1: How often do you take medicine?
S2: I sometimes take cold medicine or stomach medicine. I don't take any medicine every day. How about you?
S1: In spring I often take hay fever medicine, which is 漢方薬 or Chinese medicine because it is healthy. Well, what do you do when you catch a cold? I also take 漢方薬.
S2: Good. I sometimes take medicine, but I don't like to take any medicine, so when I catch a cold, I always take a rest at home. I will take 漢方薬, too. Which 漢方薬 is good?

このように、CLIL でも、学ぶ際に日常的な会話は必要で、英語を使用する場面をできるかぎり多く提供することは大切である。

4.9.8　目に見えない学習（implicit learning）
　学びは複雑で科学的に解明されていない部分も多い。人間の学びが AI で再現され

るようになった。囲碁や将棋などでは、AIが人間を超えるようになっている。つまり、学習の多くが目に見えるようになり、コンピュータ自身が自分で学ぶプログラムを持ち、多様に対応できる能力が身についてきている。言語学習においても、自動翻訳システムがかなり進歩してきて、外国語を学ぶ必要がなくなる時代も近いかもしれない。CLILはそのように進歩しているコンピュータ技術を取り入れながら発展できる柔軟な教育であり、AIが進歩してもCLIL教育はさらに発展する可能性がある。

　CLILは目に見えない学習 (implicit learning) (Reber, 1967) を大切にしている。英語指導が科学的なアプローチを求めて、言語学習のメカニズムを少しずつ明らかにして、発音、語彙、文法などの効果的な指導法を提示してきた。しかし、いずれの場合も言語学の知見であり、言語学習である。たとえば、SLAなどの言語学習の研究は、授業などでの学習者の学習を対象とするが、教師の働きかけをノイズとして処理する傾向があり、かなり多くの要因を排除して、学習者の学習、特に誤答分析を中心に、習得の順序性などを探求した。

　教師の働きかけの研究に関しては、corrective feedback（誤りを修正するフィードバック）が最も知られていて、CLILでも必要なアプローチである。Lyster & Ranta (1997) によれば、corrective feedback は教師からの英語による修正の方法であり、主なものは、次の6種類である。

- explicit correction（見える修正）
- recasts（修正の言い直し）
- clarification requests（修正を明確にするリクエスト）
- metalinguistic feedback（言語使用に関する修正のフィードバック）
- elicitation（修正の誘導）
- repetition（修正部分のくりかえし）

この修正は、英語でのやりとりを前提としたものだが、バイリンガルの状況でも役立つ。修正には学習者の気づきが必要であり、意図的で明確なフィードバックが有効である。CLILでは多くの場面で活用されることが想定されるが、実際には、修正は多様であり、意図的で明確なフィードバックがどの程度有効かは明らかではない。それと同様に目に見えない学習がどのように起こるかも明らかではない。しかし、

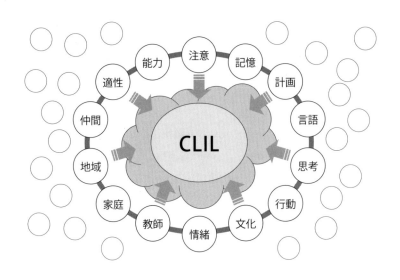

図4.8 複雑な要因を統合するCLIL教育

意味に意識が集中している場合には、教師のフィードバックも意味に向かうので、何がどのようにどこで起こるかは複雑であることが予測される。

　学習のメカニズムを可能な限り明確にすることは重要であるが、これらの地道な研究によって明らかになってきていることはごくわずかであり、学習者の学習を促進する要因は複雑である (e.g. Larsen-Freeman & Cameron, 2008)。認知的な過程、情緒的な過程、環境要因など、学習者を取り巻くさまざまなことすべてがかかわりあう。CLILは、**図4.8**に表したようにその複雑な要因を統合することを考えている。しかし、統合するのは容易ではなく、明確に学習過程を示すことはできない。多様な要因をすべて考慮し、一人ひとりの学習者が自律的に学習するのを、教師は状況を見ながら支援するが、多くの学びは見えないことが多い。CLILはそのような学びを奨励する。

　具体的に化学を扱ったCLILを考えてみる。**図4.9**の教材例は、物質の状態変化という化学的な内容を扱った教材である。はじめに、Why is it possible to get easily drunk on a plane? という問いがあるが、実は文章を読んでも答えがあるわけではなく、文章自体は単に考えるための基礎知識あるいは興味関心を引き出す内容でしかない。学びの目的としては、「気圧が変わると何が起こるか?」という問いを発展的に考えることになる。どう調べて、どう考えるかは、学習者に委ねる。その学びは

目には見えない部分である。CLILはその学びを促進することを目標にする。そこで は教師の重要な役割としてスキャフォールディングが必要になる。この問いでは、 飛行機のなかの気圧は地上の8割程度に調節されているので、血液中に溶ける酸素 の割合が1気圧の場合に比べて低く、アルコールの分解速度が遅くなり酔いやすく なるというのが答えになる。しかし、これはあいまいな答えかもしれない。そこで、 さらに考え話し合う。日本語でもかまわないが、英語でやりとりができれば、ほぼ CLILの目標は達成されると言えるだろう。そのプロセスは目には見えないが、学習 者自身が体験的に理解することが重要だ。

Changing states of matter 物質の状態変化

Think▶ Why is it possible to get easily drunk on a plane?

　　A material changes its shape from one state or phase to another at specific combinations of temperature and surrounding pressure. It typically changes in response to temperature changes. The changes of state include melting, freezing, boiling, condensation, sublimation and deposition. The temperature of a material will increase until it reaches the point where the change takes place. It will not vary a single degree until that change is completed.

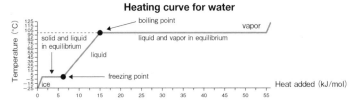

Heating curve for water

　　The boiling point is defined as the temperature at which a liquid changes to gas at normal atmospheric pressure. The normal boiling point of water is 100℃. But if you cook an egg in boiling water while camping on a high mountain at an elevation of 3,000 meters, you will find that it takes longer to cook it because water boils at only 90℃ at this elevation.

図4.9 教材例『CLIL Basic Science & Math』(三修社, p.31)より

4.9.9 柔軟であること

　　柔軟であることは重要である。伝統的な授業での教師の役割は、主に知識を生徒 に伝え理解を図ることであり、生徒が説明をしっかりと理解できているかどうかを

確認し、その上で活動を展開することにある。しかし、そこで柔軟さが要求されるのがCLILの活動だ。CLILではその展開や学ぶ目標をより柔軟に考える。

　一般的な授業指導においては、明確に指導目標を設定し、そのためのてだてを工夫し、学習を展開する。授業中あるいは後に、達成したかどうかを逐次評価測定し、次の指導に生かすためにふりかえりを行う。一方的に教師が説明し生徒はそれを聞いてノートをとるという授業になりがちである。「主体的・対話的で深い学び」あるいはアクティブ・ラーニングなどはその批判として最近盛んに言われるようになったが、CLILは基本的にそれを重視してきた。従来の学習形態にこだわらない柔軟な姿勢が必要だ。

　CLILは、内容と言語の統合学習を目標とした多様な教育のパッチワークと言われる。さまざまな学習方法を組み合わせ、常に変化し、多彩な模様を形成するからである。Do Coyleが示した4つのC（4Cs）のフレームワークがその基本的特徴を表している。特に、そのすべてにかかわるもうひとつのC、context（状況、文脈）がこの柔

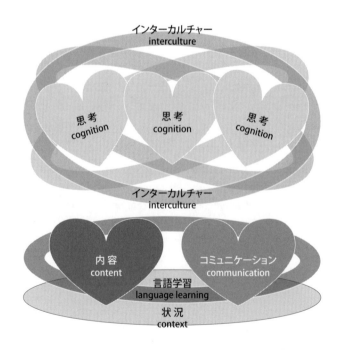

図4.10 CLIL教育における柔軟な教師の姿勢

軟性のカギである。この状況を判断するのは教師であり、教師がまず柔軟でなければ学習者の学びが柔軟になるのはむずかしい。教師は、学習者の学びに寄り添いながら、言語の使用を工夫し、学ぶ目標となる内容と、内容に関連した言語を選定し、それに関係する活動を計画する。その後の活動は学習者の自律に任せる。その先にCLILの学びが始まると言ってもよい。

　CLILの柔軟性に関しては、主に学習者の思考（cognition）と文化（culture）と強く関連する。内容（content）やコミュニケーション（communication）は学習する内容によって、ある程度決まってしまうが、思考や文化はそれぞれの学習者によって多様であり、ある目標に向かって方向性を示すものではなく、答えも明確ではない場合が多い。そこで教師はCLIL教育を次のように考える必要がある。

　図4.10は、すでに示した日本のCLILのフレームワークをもとにした柔軟な教師の姿勢を表した図の一例である。図に示されるように、学ぶ内容、コミュニケーション、言語学習は状況に応じた活動を設定して、思考と文化（文化間理解）を柔軟に保つ。具体的に授業例をもとに考える。

対象学年：小学校高学年
内容、テーマ：Head, shoulders, knees and toes の歌を使った活動
目標：身体の部位を歌を通して理解し、考え、気づきを促す
活動：　Head, shoulders, knees and toes, knees and toes 　　　　Head, shoulders, knees and toes, knees and toes 　　　　And eyes and ears and mouth and nose 　　　　Head, shoulders, knees and toes, knees and toes

'Head, shoulders, knees and toes' は英語学習でよく使われる歌で、身体を動かしながら、楽しく自然に身体の部位の名称を学べる。歌って身体を動かすだけで終わることなく、CLILでは、思考や文化間理解（他者の理解など）の機会を積極的に取り入れる。たとえば、次のように活動の間や終わった後に、単数（a head）や複数（knees）を明確にする英語文化の考え方を指導する。

T: What did you say? Head or heads? Shoulder or shoulders? Toe or toes?

S: Head. Shoulders. Toes.

T: Yes. Head is 頭 in Japanese. 頭はいくつ？ You have a head or one head. You don't have two heads. How about shoulder or 肩？ You have two shoulders. This is a right shoulder. This is a left shoulder. How about toe or 足の指？ You have five toes on your foot. So you say, 'I have a head. I have two shoulders. I have five toes.'

S: I have a head. I have two shoulders. I have five toes. 2つあると "s" がつく？

学習者自身に考える機会を与え、教師からすぐに結論を出さないように配慮し、学習者の「なぜ？」を大事にする。この際に、日本語にはない複数の概念を英語が有していることの言語文化にも気づくと学習がさらに進む。

次に、歌を歌い身体の部位の名称が理解できたら、この表現を使って身体の状態を表す活動も可能だ。身体の部位を触る（touch）ということから、感覚（feel）について学ぶこともできる。「頭が重い」は My head feels heavy. となる。

T: Today I feel good. I am happy. My head feels good. How do you feel when you touch your head? Does your head feel good?

S: Yes. My head feels good.

T: How about your shoulders? Do your shoulders feel good?

このように、CLILではある内容をともなう英語の学びの機会を与え、活動を強制せず支援し、自主性や自律を育てることを大切にする。上記の活動で、学習者の興味が身体の名称に向けば、その学びを尊重し、身体の部位のポスターを英語で作ったり、カードを作ったりしながら、身体のしくみを学ぶことも可能だ。部位の名称はふつう単数と複数を区別するが、hairなど意味により単数扱いと複数扱いがあるので、名詞の扱いについて考える機会ともなる。授業を考える際に結果を予測してその結果を導くのではなく、どこに向かうかわからない学習者の興味に柔軟に教師が対応する必要がある。その場では教師が対応できない場合にはいっしょに考える柔軟性を持ち合わせることも大切である。間違いや失敗も学びのひとつである。

4.9.10 多様であること

　CLIL教育は、内容と言語を統合するという多様な学びを扱うが、多くの教師はそれを避ける傾向にある。「教える」という意識が強い教師ほど自分が知らないことやできないことは教えられないと考えるかもしれない。多様性に対応するために前述の柔軟性が必要であるが、多様性と柔軟性は合わせ鏡のようなものであり、どちらが欠けてもうまくいかない。CLILでは多様であることをどのように受けとめるかがひとつの課題である。CLILの基本は内容と言語の二焦点学習で、多言語社会や教育環境が整っていない場合にはよく起こり得る学習であり、そのような学習は学習者により負担をかけるので、教師は困難を解消しようと目標を明確にしようとする。あるいは、知識や技能の学習に重きを置き、その修得を目的とするほうが学習者に負担をかけると考える教師もいる。そのような学びの多様性をCLILは扱い、工夫する。多様性を扱うCLILでは教師は意思決定の面で、特に、重要な要因である。

　CLIL教育は、学習者中心であり自律学習が基本である。より実践的に科目の内容と関連して言語を学び、それぞれの学問分野や仕事で使えることを想定している。そのために結果よりもプロセスを大切にする傾向にあり、言語に関する誤りには寛容に対応し、その誤りを段階的に自律的に修正し、より適切な言語の使用を目標として学習していく。内容にともない言語の学習も変化するので多様であることは必然であり、教師がすべてを教えることは不可能だ。学習者が自律して学ぶ必要が当初から想定されている学習がCLILである。

　また、CLILは多様な活動を取り込むことができる幅広い統合学習である。たとえば、子どもの英語シャワー、留学、英語キャンプ、英語で学ぶ～、バイリンガル教育、ESL、イマージョンプログラム、ビジネス英語など、言語にかかわる統合学習はほぼすべてCLILと捉えることができる。これには異論もあるだろう。CLILにはこうあるべきだという定型はない。つまりもともと多様であることがCLILの大きな特徴なので、柔軟性や多様性を失えば、CLILの利点がなくなる。多様な要素を残し、何を学ぶかは学習者自身が見つけるという姿勢が、CLIL教育と言える。

　学習者も、内容も、言語も、活動も、すべて多様である。多様であることの意味は、内容や活動が多様ということだけではなく、教師が多様性を持つことでもある。日本の学校教育という環境では多様性はわかりにくい可能性があるので、日本のCLILでは、教師が多様性を適切に理解し、柔軟な思考とICCを理解する必要がある。CLIL

例1）音楽の授業で、英語の歌を題材として取り上げ、意味を理解し歌う。その際に、歌の背景理解、演奏、発表などをする。学習者の興味関心により、音楽の英語表現、歌詞の特徴、歌手などの背景となる内容や楽器などを学ぶ。

音楽のCLILである。日本語と英語を授業言語として使うことで、多様な思考と文化が育まれる。題材により学習の目標も展開もかなり異なる。英語の歌詞に焦点を当てればより言語的なアプローチが必要であり、音楽や楽器に焦点を当てれば音楽的な内容が主になり、楽譜や演奏を主体とした活動であれば、表現になる。背景などに焦点を当てれば、背景について英語で読み、まとめ、理解し、歌や演奏をするか、鑑賞する。その活動のなかで英語を活用し学ぶ。学びは学習者によって異なる。

例2）理科の授業で、物質の姿と状態変化(solid, liquid, gas)を英語で学ぶ際に、英語のビデオを見て、日本語と英語の用語を理解し、自然のなかでそれぞれの物質がどのような状態で存在するかを考えることで思考と文化間の理解が図れる。

英語力に応じて学習の活動内容が変わるが、ビデオを見て、日本語と英語で理解を図る。化学関係の英語は映像などで確認できれば、それほどむずかしくない。実際に自分の目で見て英語で理解でき、英語で発信できればよい。物質の姿と状態変化が理解できれば、目標達成ということではなく発展的にCLILを考えるほうがよい。たとえば、人に伝えるという意味から、実際に例を示しながら解説のビデオを作成し、フィードバックをもらい、やりとりすることも効果的だ。

例3）Google earthを使い、自分が住んでいるところを基準に世界の都市などがどこにあるかを探す。その探すプロセスからどの場所に自分が行ってみたいか、その理由などを説明し、その場所がどのような場所かを調べ、ポスターにしてまとめる。この活動のなかで思考と文化間の理解を深める。

地理のCLILと言ってもよい。英語で世界の各都市について理解し調べることで、自分が住んでいる場所と調べた場所の位置関係を理解し、その場所のことを調べ記述し、英語でポスターにまとめ、説明する。地理、文化、歴史、旅行などについて理解を深めることができる。Google earthなどのソフトウェアを利用することで、かなり具体的にそれぞれの場所が見える。それを英語で調べることは多様な学習を培う可能性がある。インターネットを利用した調査はCLILの学習には欠かせない。同様の調査は、多様な学習の入り口であり、英語とICTを活用するよい学びとなる。

表4.4 多様なCLIL教育の学習展開例

を実践しようとする教師は、学びは多様であり、ある指導法に執着したり、誰かの方法をまねたりすることなく、学習者の考えを尊重し、学習を管理し、よりよい統合学習を生み出す努力を常にする必要がある。**表4.4**は、CLILの多様性の例をよく示したものである。

4.9.11　協同する意味

　CLIL教育は協同することを大切にしている。CLILでは、個人の学習を促進するために他の学習者と協同する。協同を目的とした協同作業や仲間づくりのためではない。広い意味では国際社会での共存であり、狭い意味では教室での学習者同士の活動である。日本でのグループワークや班活動では、協調性や助け合いが重視され、それぞれの役割やリーダーシップが求められることが多い。しかし、CLILでの協同の意味は「ともに学ぶ」という意味で「協学」と言われるように、ともに学び自律学習を活性化するということだ。CLILでは、一人では解決できないこと、問題を解決する際に互いに意見を交換すること、英語でコミュニケーション活動をする際に互いに英語を使う意欲を維持することなどを、互いが自律学習を培うために協同するのである。

　CLIL教育では、協同の意味を適切な学習者同士の「実践のコミュニティ（community of practice）」を形成することと捉えている（**図4.11**参照）。実践のコミュニティは、Lave & Wenger (1991) が使った用語で、学習にとって大切なことは、コミュニティへの周辺的参加（正統的周辺参加 [legitimate peripheral participation, LPP] と呼ぶ）であ

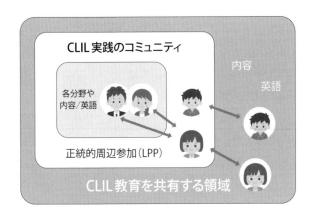

図4.11 CLILの実践のコミュニティ

る。それが起こる場を実践のコミュニティとした。正統的周辺参加（LPP）は、学習の場への参加が周辺から次第に学習の中心へと向かう参加の程度と関連するので、学習者同士の協同は欠かせない。学習の場である教室が効果的な実践のコミュニティとなるためには、学習への参加の程度と関連する協同が必要となる。その協同により学習が発展するための状況が生まれ、より効果的な学習状況が設定されることでさらに発展する。これは状況的な学習（situated learning）(Lave & Wanger, 1991) とも呼ばれる。CLIL教育では、この状況的な学習を形成する適切な学習者同士の実践のコミュニティを大切にしている。

　実践のコミュニティをWenger & Wenger-Trayner (2015) は次のように定義している。

Communities of practice are groups of people who share a concern or a passion for something they do and learn how to do it better as they interact regularly. （実践のコミュニティは、何かをすることへの関心や気持ちを共有し、継続してやりとりしながら、よりよくするにはどうするかを学ぶグループのことである）

(筆者訳)

　この定義のもとに、互いに共有する能力やアイデンティティと関連する学びを共有する領域（domain）、関係を築き互いにどう学ぶかを気にかけるコミュニティ（community）、共に行動し改善し考えを共有する学習の実践（practice）を特徴とする実践のコミュニティのなかで、学習者が協同して学ぶ。CLILはそのことを大切にし、今後の言語と関連する多様な学びを、**図4.11**に示すように活性化することを試みるのである。CLILの協同はそのコミュニティのなかで培われるものであり、学びの活性化のための協同である必要がある。学習者個人は決して同質ではなく、興味関心も知識も技能も違う。学ぶ内容について長けている学習者、英語に長けている学習者、思考に長けている学習者、ICCに長けている学習者など多様である。教師も同様である。それらすべてがCLIL実践のコミュニティに集い、CLILを実践する。

　具体的には、次のような実践のコミュニティでの協同が考えられる。

対象学年：小学校高学年〜中学校1年生

内容、テーマ：日常使う英語（BICS）と教科科目学習とかかわる英語（CALP）の
バランスを意識した活動
CLILは、言語的に多様なグループと協同する機会も提供する可能性がある。英
語学習を不得意とする生徒は、英語を得意とする生徒から学ぶことができる。
わかりやすい教材を使うこともできるし、ICTなどを活用することもできる。

目標：BICSとCALPを意識する
- 日常使う英語（BICS: Basic Interpersonal Communication Skills）
- 教科科目学習とかかわる英語
  （CALP: Cognitive Academic Language Proficiency）

活動例：次のようなBICSとCALPを意識したやりとりを行う（下線部が協同に
当たる部分）

BICS

T:　Hello, nice to meet you. My name is Ken Tanaka, your teacher. What's your
name?

S1: Nice to meet you, too. My name is Sachi Suzuki.

S2: Nice ... なんて言った？

S1: Nice to meet you.

S2: Nice to meet you, too. Sho Yamada. My name is Sho Yamada.

T:　Sachi Suzuki and Sho Yamada. OK, how old are you?

S1: We are 13 years old.

T:　Thirteen years old. OK, you are in junior high school, right?

S1: Yes, sure.

S2: Thirteen. Yes.

T:　How about your junior high school life? Good, busy, or fun?

S1: It's fun. It's very いろいろ.

S2: ... ん〜？ふつう。

S1: So-so?

S2: So-so.

T:　いろいろ。Diverse. So-so, ふつう、まあまあ. OK. What do you like to study?

S1: We like history a lot. It's interesting to learn about people and events in the past.

S2: I like history, too. It's fun.

CALP

T: You both like history. Good. Do you know about Martin Luther King, Jr.?

S2: 'I have a dream.' スピーチ, 公民権運動.

T: Yes. That's right. His speech is very famous. The civil rights movements in the US.

S1: He was killed in 1968 and his speech is very famous. However, I don't know what he did.

T: He was an American leader of the civil rights movement in the 1960s. He is remembered for his non-violent protests or 非暴力 against the unequal treatment or 不平等 of African-Americans. His actions led to equal rights laws for all people. ...

　CLILであっても日常使う英語のやりとりは重要だが、学習者同士の英語による
やりとりが困難な段階では、教師がその状況をつくる必要がある。その際には上記
のやりとりの例のように、やりとりを維持するための協同が必要である。しかし、
BICSとCALPの場合では多少協同の質が違うかもしれない。たとえば、CALPの場合
は教師が情報を与えることが多くなるので、必然的にteacher talkと日本語も必要に
なる。学習者同士の実践のコミュニティを形成するためには協同が必要で、その協
同に教師の役割は重要となる。

4.10 言語学習と言語活動（発音、語彙、文法、4技能）

　言語学習と言語活動について、日本のCLILの実践に関連して理論と実践を交えて
いくつかの観点から具体的に考えてみる。CLILは多様で柔軟なので、多くの展開が
考えられる。また、CLILは未知数であり多くの可能性がある。しかし、CLILを実践
するにあたっての多くの懸念は、英語の基本的な学習指導の欠如にある。「英語の発

音、語彙、文法の知識が不十分な段階では、CLILのような統合学習は不完全な英語の知識と技能の定着を助長することになり、小学校や中学校では適切ではない」という懸念をよく耳にする。しかし、CLILは言語学習の基本を無視しているわけではなく、言語学習の基本は大切に考えている。問題の本質は、言語学習に対する認識のしかたである。

　まず、小学校学習指導要領の外国語の目標を確認しておこう（下線は筆者による）。

　外国語によるコミュニケーションにおける<u>見方・考え方</u>を働かせ、外国語による<u>聞くこと、読むこと、話すこと、書くことの言語活動</u>を通して、コミュニケーションを図る基礎となる資質・能力を次のとおり育成することを目指す。
(1) 外国語の音声や文字、語彙、表現、文構造、言語の働きなどについて，<u>日本語と外国語との違いに気付き</u>、これらの知識を理解するとともに、読むこと、書くことに慣れ親しみ、聞くこと、読むこと、話すこと、書くことによる<u>実際のコミュニケーションにおいて活用できる</u>基礎的な技能を身に付けるようにする。
(2) <u>コミュニケーションを行う目的や場面、状況などに応じて</u>、<u>身近で簡単な事柄について</u>、<u>聞いたり話したりするとともに、音声で十分に慣れ親しんだ外国語の語彙や基本的な表現を推測しながら読んだり、語順を意識しながら書いたりして、自分の考えや気持ちなどを伝え合うことができる基礎的な力を養う。</u>
(3) 外国語の背景にある<u>文化に対する理解</u>を深め、<u>他者に配慮しながら</u>、<u>主体的に外国語を用いてコミュニケーションを図ろうとする態度を養う。</u>

二重線はCLILでも特徴とすることであり、一重線は言語教育として共通する目標である。CLILは学習指導要領が示す目標ともほぼ一致する。さらに、英語の目標ではその内容のうち知識と技能について次のように記載されているが、いずれも実際のコミュニケーションにおいて活用できる技能と関連して指導することが求められている。

● **音声** － 現代の標準的な発音、語と語の連結による音の変化、語や句、文におけ

る基本的な強勢、文における基本的なイントネーション、文における基本的な区切り

- **文字及び符号** － 活字体の大文字、小文字、終止符や疑問符、コンマなどの基本的な符号
- **語、連語及び慣用表現** － 600〜700語程度の語、連語のうち、get up, look at などの活用頻度の高い基本的なもの、慣用表現のうち、excuse me, I see, I'm sorry, thank you, you're welcome などの活用頻度の高い基本的なもの
- **文及び文構造** － 文（単文、肯定、否定の平叙文、肯定、否定の命令文、疑問文、疑問詞、代名詞、動名詞や過去形）、文構造（［主語＋動詞］、［主語＋動詞＋補語］、［主語＋動詞＋目的語］）

このような発音、文字、語彙、文法に関する詳細な記述は日本の学習指導要領の伝統であり、文法シラバスの名残だが、英語指導においては標準的なアプローチであり、CLILがそれを無視しているわけではない。違いは、これらの言語知識や技能の学習をどのように考えて活動し指導するかにある。目標は英語のコミュニケーション能力の育成にあり、活動のプロセスは多様であってよいと考えるのがCLIL教育である。

　学習指導要領では、CEFRの影響で話すことを「やりとり」と「発表」に分けて5領域とした。CEFRの6レベルとそのディスクリプターを意識した結果である。すでに述べたとおりCLILも基本はCEFRの構想を基盤としているので、学習指導要領が目指すものがCLILと対立しないことは明らかである。CLILでは、英語の知識と技能に関する正確さを追求するのではなく、英語を道具として考え内容を学ぶことや意味のやりとりに重点を置き、言語形式の正確さよりも伝え合う内容や意味の正確さや思考を大切にする。その観点から、発音、語彙、文法の学習を組み立て、4技能の習熟に重点を置き、そのプロセスのなかで言語の形態に関する知識と技能を身につける。

　発音については、学習指導要領では「現代の標準的な発音」とされ、実質、アメリカ英語の発音が標準である。しかし、最近、多様な英語に注目し、日本の学校教育でもELFなどが注目されるようになっている。CLILもそのような多言語多文化を背景として発展してきたので、英語圏の標準的な英語だけを模範とすることはしない。小学校ではクラス担任の教師が英語活動を担当することが求められ、英語授業も担当する。ALTと呼ばれる英語指導助手が英語授業で活躍しているが、授業すべてに

かかわるわけではなく、アメリカ英語を話すわけでもなく、ましてや英語を必ずしも母語としていないのが現状である。そのような状況から判断すれば発音に関してはある程度の汎用性があり、「現代の標準的な発音」について、幅広く考えたほうがよい。日本の多くの仕事現場で実際に英語は多様に活用されている。発音に関してアメリカやイギリスの発音にあまりこだわる必要は実際ないので、発音に対するステレオタイプな考えが和らぐだろう。

　学習指導要領などで学ぶ語彙数を指定しているのは世界的には珍しい。ヨーロッパの多くの国では規定はなく、テーマやトピック、目標レベルが設定されたカリキュラムや教科書に沿って指導をし、教師の判断で教材を選び、活動を展開している。基準となるのはCEFRである。大学などの高等教育に進む生徒は、その学習に必要な英語力や他の外国語力を必要とし、自律して学び、語彙力はその過程で必要に応じて身につける。学習者の母語との比較で語彙が推測しやすく、共通の文字が使われていることが語彙の習得を容易にしているとよく言われる。それに対して、日本語と英語は文字も異なるなどの言語的なハンディがあるのでヨーロッパと同じようにはいかないと考えられているが、日本語にも多くのカタカナ語、あるいは、そのまま英語が使われるようになっている。それらが文字、発音、意味などが原語とは異なることを周知した上で、効果的に利用すれば、学ぶ語彙数をそれほど意識する必要はない。CLIL教育はその点において効果的な教育を提供すると考えられる。

　文法は、CLILでもきちんと扱う必要がある。日本語での説明、理解の確認、定着のための練習といった学習は必要である。学習指導要領が示すとおり、文法のための文法学習ではなくなってきているが、言語を適切に使うには言語のルールを適切に理解する必要がある。CLILはその理解を実践の場と関連させることを特徴とする。英語の文体や特徴はその使用する内容や場面により変わるが一定の形がある。たとえば、数学であれば数学に関連する文法や文構造が多用される。理科、歴史、地理などでも同様である。

　語彙と文法の関係では、話し言葉と書き言葉の違いも考慮する必要がある。日本の授業では少人数で英語を教えることは一般的ではない。1学級、40人が小中高の標準といった状況では話し言葉の指導はむずかしいので、書き言葉の文法指導が中心になるのはしかたがない。しかし、CLILは内容や場面を提供するので、書き言葉に加えて、意味のやりとりを基本に、話すなどの言語活動を活性化できる可能性が

ある。

　CLIL教育には文法の学び方を変える可能性がある。次の展開例が、CLILでの学ぶ内容や活動の必要性に応じた文法指導や、その場の状況に合わせた文法理解の場をよく表している。英語の授業で文法を理解する活動を中心にして、自律学習を促すように配慮されている。文法訳読方式を応用して次のように展開してみることが、CLILと関連した文法学習のヒントとなる。

対象学年：中学2、3年生〜高校1年生

内容、テーマ：富士山（Mt. Fuji）について事実を理解し、紹介する。

文法：受動態など

活動：受動態の使用について分析し、事実を説明する際に使われる文体を理解し、富士山の魅力を説明する。

テクスト資料：

Mount Fuji is the highest mountain in Japan. It is an active volcano and is listed as a Special Place of Scenic Beauty by the Japanese Government.

Key Facts & Information:

- Mount Fuji is located on Honshu Island in Japan.
- It is one of Japan's 'Three Holy Mountains', alongside Mount Haku and Mount Tate.
- Mount Fuji is 3,766.24 meters high (12,389.2 feet).
- The summit of Mount Fuji has a tundra climate and is usually covered in snow. In winter it can be as cold as −21°C, and in summer it reaches around 7°C.
- At the summit where the volcano's crater is, there are eight peaks.
- The crater of Mount Fuji is around 500 meters (1,600 feet) wide.

Location, History & Geography:

- There are three cities that surround Mount Fuji: Gotemba, Fujiyoshida and Fujinomiya.

- There are five lakes around Mount Fuji: Lake Kawaguchi, Lake Motosu, Lake Sai, Lake Yamanaka and Lake Shoji.
- Mount Fuji is an active composite volcano that last erupted in 1707. It <u>has been classified</u> as being at 'low risk' of erupting again, despite recent nearby earthquakes which often signal that an eruption is imminent.
- Mount Fuji is 100 km southwest of Japan's capital, Tokyo, and <u>can be seen</u> from the city on a clear day.
- Mount Fuji <u>has been classified</u> as a Special Place of Scenic Beauty because of how symmetrical the mountain looks.
- Mount Fuji is also on the UNESCO World Heritage List.
- The summit of Mount Fuji <u>has always been regarded</u> as sacred.
- The first person to climb Mount Fuji was a Buddhist monk in 663 AD.
- The first outsider to climb Mount Fuji was Sir Rutherford Alcock, a British diplomat, in 1868.
- These days, hundreds of thousands of people ascend Mount Fuji each year.
- People can only climb Mount Fuji in July and August.
- Because of how sacred the summit <u>is considered</u>, women <u>were forbidden</u> from climbing Mount Fuji until the last 19th Century.
- Between 1932 and 2004, there was a manned weather station on Mount Fuji.

上記のテクストは、地理の教科に関連した富士山の記述で、受動態表現に注目し、受動態を指導するのに適している。背景描写や事実を記述する文では、事物が主語となることが多く、関連して動詞の種類も決まってくる。また、three is (are) などの文構造も使われる。テクストを利用して、どのような特徴があるかを学習者に考えさせて、文法を帰納的に理解するのがよい。まとめとして、このテクスト理解をもとに、関心のある事実などの説明を記述する活動も有効である。

　CLILにおいても言語学習と言語活動は重要であり、CLILは現時点の学習指導要領の外国語の内容と親和性が高い。従来の外国語学習の枠組みでは、英語はあくまで英語のコミュニケーション能力の育成であり、英語活動は目標が明確ではないコミュニケーション活動である。しかし、実際に指導に当たる教師はその活動に内容を入

れていることが多い。単に大学受験や英語テストを目的とした指導では授業が活性化しないことを多くの教師は理解している。文法訳読をすることで、学ぶ内容に焦点を当てるようにし、CLILの活動を一部取り入れている。日本の教育状況に合うCLIL教育の開発の必要性がこの点にある。

4.11 知識内容と言語

　ヨーロッパと日本は状況が異なるので、日本には日本の統合学習のあり方があると考えている。本書の目的はまさにその点にあり、何を学び、どのような知識や技能が身につき、それに関連した言語をどう学ぶのかを提案している。日本では、学習目標言語は英語であり、教科間連携や教科横断型学習を英語と関連させることが社会文化的にむずかしい。ヨーロッパのように複数の言語や文化が身近に存在する状況とは異なり、多言語多文化が学校教育には浸透しにくく、また、知識内容は日本語を通して学ぶことが強く求められている。一方で国際性という観点から英語学習が重視されている。知識内容と英語を統合して学ぶCLILは、英語という言語の定着度や必要性の点からも、ヨーロッパのようにはいかない。それでも、日本語で学ぶ知識内容と英語で学ぶ知識内容の両方が、グローバル化する社会では重要になっていることは否定できない。英語を学ぶことが、単にコミュニケーション能力の育成を目標とするだけでは、これからの社会で生きていくためには不十分である。

　日本の中学校学習指導要領に示されている教科は、国語、社会、数学、理科、音楽、美術、保健体育、技術・家庭、外国語である。この枠組みは長い間変わっていない。イングランドのナショナルカリキュラムでは、English, Mathematics, Scienceが主要教科科目で、基礎科目として、art & design, citizenship, computing, design & technology, languages, geography, history, music, physical educationが組み込まれている。一概に比較はできないが、学習指導要領の教科が時代に適した知識内容かどうかは一考の余地がありそうだ。CLIL自体がこのようなカリキュラムの科目と必ずしも対応しているわけではない。しかし、ヨーロッパの言語政策における複言語主義、「母語＋2言語」が推進されていることにより、ヨーロッパ言語で科目内容を学ぶことは盛んになっている。日本では状況を異にして「英語で学ぶ〜」になっている

が、統合学習とは少し違う。

　知識内容と言語の統合学習は、CLILという名称を用いるかどうかは別にして、着実に進行している。英語だけを単に学校の教科として学び、学習指導要領に示されている目標だけを達成する時代ではない。現状では、英語学習は単に英語圏の文学や文化を理解する、あるいは、英語圏の知識を吸収するための学習ではない。ましてやコミュニケーションだけを目的とすることでもない。英語は道具で、何かを学び、知り、何かをするためのものである。これまでの教育の殻を破る必要がある。**図4.12**に示すとおり、多様な統合学習は今後ますます進行するだろう。CLILもその一環である。CLILを有効に利用するメリットは、状況に応じて変化することを重要視して、多様な学びを適宜取り入れることだ。知識内容は言語と密接に関連しているからこそ、あらゆる状況を受け入れざるを得ない。それぞれの状況のなかで、英語と日本語を使い、言語活動を活性化する。**図4.12**では、CLILと英語は授業を中心に対極に位置している。英語で授業をすることがCLILではない。

　実状に合わせて、日本語と英語のバイリンガル状況を、各科目に少しずつ導入することが現実的かもしれない。「国語教育と思考力の基礎を培った後に、英語教育は提供されるべき」という意見にも一理あるが、多言語社会では、国語教育と思考力の基礎を優先しているわけではないが、優秀な人はたくさんいる。どのようなアプローチでもメリットとデメリットがあるだろう。問題の多くは画一的な教育に負うところが大きい。「教育の多様性（diversity in education）」は広く認められていることなの

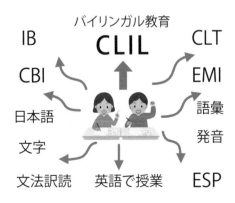

図4.12 統合的なアプローチとしてのCLIL教育

で、多様で柔軟な学習が学習者に提供される必要がある。その選択肢のひとつとしてCLIL教育が推進されることは望ましいことだ。図に示すように、学習者がそれぞれの興味関心に沿って学び、それと関連して言語を使いながら学ぶ。英語学習に関しては多様なアプローチがあり、どのアプローチが学習者に最も適切かは学習者が判断するものである。CLIL教育はそれらを包含する統合的なアプローチとして理解される。

4.12 英語の5技能の活動

　聞く、読む、話す（やりとり、発表）、書く、という5技能の活動は、CLILでも英語学習でも大きな違いはないが、内容にかかわる意識の問題は異なっている。CLILは統合学習であり、英語だけの学習や学習活動を目的としていない。聞く、読む、話す（やりとり、発表）、書くという5技能それぞれの活動がそれぞれの活動として単独で機能するよりも、5技能の活動が学ぶ内容と関連しながら統合して行われることがCLILの目標である。学ぶ内容に鑑み学習者の英語力を考慮して、適切な5技能を意識した英語活動を工夫する必要がある。ここでは5技能それぞれの活動とCLILについて具体的な活動の指針を示しておく。その際には、すでに示したようにCEFRのディスクリプターをレベルの指標とすることが基本となる。

注）学習指導要領では、5技能のことを4技能5領域としている。

■ 聞く活動

　英語の各語句を聞き取り、文字と一致させる基礎的な活動と並行して、CLILのアプローチとして、意味を大切にしたい。語句の聞き取りだけではなく、それに関連する事物や行動を提示する。音声が理解できないとしても、事物や行動で何が提示されているか、あるいは何が起こっているかをある程度判断できることが大切だ。動画と文字が提示される教材は適している。音声だけに焦点を当てる場合も、その音声が内容と関連していることが大切である。たとえば、動物の鳴き声や動物名を提示して理解するといった活動や、音声を聞いて行動をするTPR (Total Physical Response 身体の動きをともなって理解する) などの活動がある。さらには、listen &

repeat, overlapping, shadowing, dictationなど、従来から利用されている活動に意味や行動を追加することで、CLILの活動となる。CLILの聞く活動の基本は、簡単に次のように表せる。

$$\boxed{\text{聞く}＋\alpha}$$

　もうひとつの聞く活動のポイントは、バイリンガルで、英語と日本語の両方を聞いて理解し、それをもとに考えて、判断することである。英語の音声に対して日本語の文字でもよい。英語と日本語の両言語が関連するように工夫する。CLILは単に言語学習だけを目的にしていないので、英語だけではなく日本語としての理解も必要であり、両言語から意味を判断して、対応する能力を培う。英語の意味を聞き取り、その意味に対して行動を起こし反応する。その際に、日本語を思考や文化間理解の補助として活用し、日本語で英語を理解しようとしないようにする工夫が必要だ。

$$\boxed{\text{意味を聞く（英語＋日本語）}}$$

■ **読む活動**

　読む活動においては、知識や情報を理解する、収集するなどに重点を置く。精読、訳すこと、正確さ、行間を読むことよりも、必要なことを速く読み取ることを大切にする。さらには、読み取ったことを自分の言葉で伝える（recast, reproduction, retelling, paraphrasingなど）、読み取った内容を再生する活動と組み合わせるなどの工夫が必要である。この場合、日本語で同様のことをすることも意味がある。内容を読み取ることに集中できるよう工夫し、学習者が困難を感じる表現や語句はスキャフォールディングしながら適切に提供する。その際、ICTを効果的に活用するなどして、教師は、生徒が語句や文法的な理解で悩まないようにして意味内容に集中できるようにする。内容理解の確認のために、Q＆AやT＆Fなど単に読みの理解を確認する問いは避け、読んだ内容から学習者の自由な発想や疑問を引き出すようにする。具体的には次の**表4.5**に示すような活動などが考えられる。

例1) 読む内容に興味が持てるように関連の映像や資料を提供する。内容のすべてを理解することを要求することなく、教師の視点を述べたり、読んだ内容を表にまとめたり、疑問点をあげ、学習者の視点が意味内容に向くようにする。「英語を読解する」という意識から離れ、読んだ内容から興味関心を喚起するように仕組む。
例2) KWLチャートを作成する。K (what I know 知っていることは何か)、W (what I want to know 何を知りたいか)、L (what I learned 読んで何を学んだか) を整理する。読んだ内容に関して学習者自身の知識と興味を整理して、読み取れたことを理解し、読んで理解したことから、さらに何を知りたいのかを考え、自律学習に結びつける。
例3) グループで読み取れた内容や感想などを共有する。学習者がそれぞれ担当する部分を読み、それをほかの学習者に伝え、共有する (Jigsaw reading)。あるいは、読んだ内容について学習者自身が読み取れたことを伝え合う (productive reading)。意味を読み取り、読み取ったことを共有し、さらに何か学ぶことに発展させる。

表4.5 CLILの読む活動例

英語だけで授業をする必要はない。学習者のレベルに応じて、日本語でもよいし、日本語と英語のバイリンガルでもよい。教師はその場の状況を大切にして対応する。

聞く活動と同様、学習者の英語力に応じて多様なスキャフォールディングをすることが、ここでのポイントである。

■ 話す(やりとり)活動

CLIL教育ではやりとりは重要である。英語力が不足していたり、生徒同士で英語のやりとりをすることに必然性がないので、丁寧なスキャフォールディングが必要であ

る。具体的には、少しずつ英語を使ったやりとりができるようにするなどの工夫が考えられる。CLIL 教育では教師はバイリンガルを基本とし、学習者が自ら英語でやりとりできるようになるまでは、日本語で意味のやりとりを許容する。強要することなく、教師は英語を使ってやりとりの方法を示し、自然に英語が出てくるようにする。そのための教材と基本的な練習を適宜取り入れながら、質問の仕方、答え方、答えに対する反応、説明の仕方、確認の仕方、感情や驚きを表す方法、ジェスチャーやコミュニケーション・ストラテジーの使い方など、活動のなかで提示していく。

　英語でのやりとりでは、話す内容と必要性があり、さらに、話し手の内容に耳を傾ける聞き手と聞き手の反応があることを前提に、意味のやりとりが行われる。CLILの環境では、場面や言語材料に焦点を当てた挨拶、買い物、道案内などよりは、必要な意味のやりとりの提供がしやすい。必要な意味のやりとりが内容に焦点化されているからである。英語の授業でありがちな、教師からの発問があり、生徒の応答が続き、教師がフィードバックを与える (Initiation Response Feedback, IRF) という教師と生徒のやりとりではなく、自然な対話を多く提供する。そのような意味のやりとりに慣れれば、学習者同士でも英語を使う意味が生まれてくる。

例）

T: What sport do you like most?

S: I like baseball best.

T: Me too. Did you play baseball when you were a child?

S: Yes. I played until I left high school.

T: What position did you play?

S: I played third.

T: Great. You were a nice baseball player. What professional baseball team do you like?

S: I like Swallows. Do you like baseball? Which team do you like?

まずは教師と生徒のやりとり

上記のようにスポーツという話題があり、相手を知る意味で重要な情報があれば、

意味のやりとりが生まれる。生徒からも自発的な質問を引き出せれば大成功である。このような会話からCLILの会話へと発展させ、学ぶ内容に焦点を当てていく。

■ 話す（発表）活動

　やりとりと較べると、発表は準備ができるので学習者からすると取り組みやすい。ちょっとした small talk, show & tell などから presentation まで英語を話す活動としてはシンプルであるが欠かせない活動である。自己紹介、事物の説明、エピソードなど、まず原稿を作成して、それを発表する活動である。ここで見過ごしてはいけないポイントが、まず書く作業があるということである。書いたことを発表する活動は、日本語でも小学校段階ではよく行われる。発表をする際、読む、聞く、書く、話す活動がすべて関与するので、CLILでは発表という活動は大切にしたい。学習者自身が自分の考えを英語で伝える活動をする際に、特に留意すべきことが2つある。

　ひとつは、発表までの学習である。学習がなければ発表はできないということを明確に示し、多様なスキャフォールディングを準備する教師の力量が求められる。発音、語彙、文法、知識、技能、調べ学習、動機づけなど複合的で統合的な学習の支援が必要となる。学習者には意欲がなければならない。単にタスクとして処理するだけでは、効果は半減する。また、正確な発音や文法を過度に要求することは避けたほうがよい。バランスとタイミングを見ながら適宜支援する。スピーチなどの際に教師が手直しを加え、適切な英語にしようとすることがあるが、原稿を書き直し、発音を矯正し、発表する内容を暗記するまで練習をすることは、CLIL教育の趣旨から外れる。CLILでは、内容に焦点を当て、自分の考えを伝えることを経験し、失敗することも重要と考える。

　もうひとつは、発表に対するフィードバックである。英語に関するフィードバックではなく、内容に関するフィードバックを重視する。内容が不明であれば質問し、面白い内容があれば率直に認めるなどの態度が求められる。授業でも発表する内容を聞き、その内容に興味を持てるようにする。そのためには、学習者同士が興味を持ち、かつ、わかりやすく、知的刺激があり、英語だけではなく写真や絵や実物などを多用し、必要に応じて日本語も交えての発表が望ましい。show & tell が発展したような活動を推奨したい。

Show & tell

 Good morning. I'm Taro Kashiwagi. I'm fine but now nervous. Plese listen. Today I would like to show and tell you about my pet. She is a cat named May. She was born in May, so her name is May. I like it. I like her because she is pretty and lovely. Look at the photo. She has gentle hair, a cute nose and blue eyes. She came to my house two years ago. Cats are very interesting, so I learn about cats. Cats are diffrent from dogs. Cats are very independent. I think dogs are loyal and devoted pets, but cats are aloof and detached; in Japanese, よそよそしくて一人が好き. Cats don't see their owners as a source of safety and security. So she is sometimes very selfish. It makes cats much more independent and less reliant, so I like her very much. I wish I were her. That's it. Thank you.

■ 書く活動

　CLIL教育の活動では、書く技能は、学ぶ内容をメモしたり、整理したりする際にも必要となる。日本の英語教育では、文字の違いがあり、読む、書く作業は慣れるまでに時間を要することと、「まずは音声から」という伝統的な外国語指導法の影響もあり、書く活動は実践的な扱いに欠け、正確さを重視しする傾向が強く、指導に手がかかることもあいまって、統合的に実践的に書く活動は展開されなかった可能性がある。CLILの場合、まずは正確さよりも内容に重点を置き、内容の次にそれにかかわる英語の適切さを重視する。CLILとふつうの英語学習との大きな違いは、CLILが内容を記述することに目標を置いているのに対して、英語学習は文あるいはテクストを正確に書けることを目標にしている点にある。

> ## CLILは内容を記述

CLIL教育では、伝えたいことを伝えることが大切であり、文構造や文法にこだわるよりは、画像や図表なども使って必要なことを端的に表すことをめざす。状況によっ

ては日本語も必要になるだろう。書くことは学習者にはむずかしい活動であり、学習者の習熟レベルにも差がある。大切なことは、教師がそのことを理解し、学習者一人ひとりの特性に合わせることである。

　具体的に、禁煙というトピックで考えてみよう。ふつうの英語授業ならば、次のようなテクストを書くことを目標とするかもしれない。

Giving up smoking is not easy for smokers. Nowadays most people know that smoking is bad for health. You must look after your body. If you never start smoking, you will never have to know how hard it is to stop smoking.

しかし、CLILではこのようなテクストを書くことだけではなく、次の**図4.13**に示すようなポスター作成でもその目標は達せられるので、何をどう伝えるのかを考えることが大切になる。CLIL教育では、英語の構造や機能の理解や学ぶ語句表現の習熟よりも、実際に学んでいる内容知識、それに関連する英語表現の使用、それから導かれる意味のやりとりなどに留意して書く活動を展開する。

In 2011, the top 5 causes of death in Australia were:	
For males	**For females**
• coronary heart diseases • lung cancer • cerebrovascular diseases (including stroke) • prostate cancer • chronic obstructive pulmonary disease	• coronary heart diseases • cerebrovascular diseases (including stroke) • dementia and Alzheimer disease • lung cancer • breast cancer

図4.13 ポスターの英語表現例

■ 5技能とCEFRの自己評価表

　日本でも浸透してきたCEFRは、ヨーロッパの言語能力レベルをディスクリプターやCAN DOで示した6段階の尺度であり、個人の言語力を表すヨーロッパ共通の指標として活用されている。6レベルは、母語話者レベルのC2から順に、C1, B2, B1, A2, 基礎レベルのA1に分けられている。上級（C2, C1）、中級（B2, B1）、初級（A2, A1）という3段階を6段階に細分したと考えればわかりやすい。CLILではこのCEFRの6レベルを基準に言語活動を設定する。たとえば、B1レベル（**表4.6**参照）は、日本の標準的英語学習者が大学生段階で到達するレベルとされている。CEFRは実際に英語を使用するレベルを想定しており、知識レベルではないことを理解すべきで、一概

5技能	B1のディスクリプター
Listening（聞く）	仕事、学校、娯楽でふだん出会うような身近な話題について、明瞭で標準的な話し方の会話なら要点を理解することができる。 話し方が比較的ゆっくりで、はっきりとしているなら、時事問題や個人的もしくは仕事上の話題についても、ラジオやテレビ番組の要点を理解することができる。
Reading（読む）	とてもよく使われる日常言語や自分の仕事関連の言葉で書かれたテクストなら理解できる。 起こったこと、感情、希望が表現されている私信（手紙など）を理解できる。
Spoken interaction（やりとり）	当該言語圏の旅行中に最も起こりやすいたいていの状況に対処することができる。 たとえば、家族や趣味、仕事、旅行、最近の出来事など、日常生活に直接関係のあることや個人的な関心事について、準備なしで会話に入ることができる。
Spoken production（発表）	簡単な方法で語句をつないで、自分の経験や出来事、夢や希望、野心を語ることができる。 意見や計画に対する理由や説明を簡潔に示すことができる。 物語を語り、本や映画のあらすじを話し、それに対する感想・考えを表現できる。
Writing（書く）	身近で個人的に関心のある話題について、つながりのあるテクストを書くことができる。私信で経験や印象を書くことができる。

表4.6 CEFR（2001）自己評価（Self-assessment grid）B1レベル（筆者訳）

に各英語テストのレベルと比較することは避けたほうがよい。現状は、テストと密接に関連するようになってしまっている感が強いが、本来は、教師または学習者自身が評価する尺度である。

　この5技能のレベルの指標を考慮してCLILでの活動を工夫する。学習者のレベルを考慮して教師が教材などを選ぶ際や活動を計画する際に、CEFRを活用することは重要である。また、各活動での教師による学習のための評価 (assessment for learning) は学習者の学習支援という面で欠かせない。さらには、教師の支援をもとに、学習者自身が自己評価をすることは、学習を推進する意味で最も重要である。CEFRの指標はCLILでも言語面の指導において基盤となる。

4.13　思考とICC（文化間理解能力）

　CLILは思考あるいはメタ認知 (metacognition) を大切にする。ただ単に学ぶ内容があるだけでは効果的なCLILにはなりにくい。学ぶ上でまず環境や状況を考慮して、自分自身で考え、工夫し、学ぶ内容と関連した英語の学び方を考えるメタ認知に気づくことは大切である (e.g. Cross & Paris, 1988)。メタ認知には、学習目標を設定する (goal-setting)、学習を更新する (updating)、学習を確認する (monitoring)、学習を自己制御する (self-regulation)、問題を解決する (problem-solving)、学習を決定する (decision-making) などがある。学びを人任せにするのではなく自分で学び方を工夫する。メタ認知というのは、学び全体に対してよく使われる高次の認知のことで、「思考について思考する」「考えることを考える」などと説明され、大きく分けて、メタ認知知識 (metacognition knowledge) とメタ認知制御 (metacognition regulation) の2種類がある。

- メタ認知知識 ─ 認知能力に関する知識、タスクなどに関する知識、ストラテジーに関する知識など、いわゆる知識に関する知識のこと
- メタ認知制御 ─ あるストラテジーがうまくいかない場合に別のストラテジーを使うなど、認知プロセスをモニターあるいはコントロールすること

Nelson and Narens (1990) は、**図**4.14に示すモデルを提示して、学習をコントロールすることとモニターすることの重要性を表した。CLIL教育は、学習者自身が図のような学習の営みを効果的にできることを目標として、CLILの活動を通じてメタ認知制御を考慮し、有効な内容と言語の統合学習の場を与える。Perkins (1992) は、学習者を次のように4つのタイプに分類している。

- 無意識に理解している学習者 (tacit learners)
- 意識して理解している学習者 (aware learners)
- 方略的な学習者 (strategic learners)
- 省察的な学習者 (reflective learners)

省察的な学習者が最も望ましいと考えられるが、無意識に自分の学習をモニターしコントロールできる学習者は別にして、多くの学習者は自分にとって効果的な学習がわかっていない場合が多いので、メタ認知について理解する機会をCLIL教育のなかで体験することは重要である。CLILはこのような学習者の思考プロセスを重視する。

　思考と関連してICCを培うことが重要である。ICCはそれ自体が独立してあるものではない。CLILでは、culture, community, citizenshipという用語で4つのC (4Cs) のひとつの原理としてICCが紹介されている。ICCは、ある状況では国際理解と同一視され、CLILのなかで国際理解教育やグローバル教育と結びつけた活動となることがある。このアプローチ自体は問題はないが、CLILのICCは思考と密接に関連していることを忘れてはいけない。CLILのICCはすべてに関連し、あらゆる多様性と柔軟性に関連した思考にかかわるさまざまな文化(それぞれの人や分野などで多様に培養される作法ややり方など)

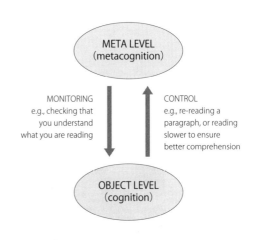

図4.14 Nelson and Narens (1990) の学習モデル

に、どのように対応するかを重視している。ICCは、そのような文化と文化の相対的な状況に対応する力であり、持続的に育成される必要がある。

　CLIL教育では、このように思考とICCの機会を適宜取り入れることに留意することが大切であるが、日本の現行の英語授業ではむずかしいことが予想される。クラスサイズと学習指導要領などに規定された教育課程と入試システムが、ICCが求める多様で柔軟な学習と相反する可能性があるからだ。入試自体が、メタ認知的な思考よりは認知的思考を要求している。また、伝統的な学習環境ではICCを体験しにくい。たとえば、協調性や「空気を読む」などに代表されるように、周りの人との同調性が重視される社会では、互いに異なる文化を尊重しまとまりがなく終わるよりも、ある程度のまとまりを保つために予定調和を前提とした行動が要求される。互いのことを考え、自分の考えを主張しすぎないということが多くの場面で見受けられる。CLIL教育では、違いを尊重し思考しつづけることでメタ認知力を高め、グループ活動などを通じて、まとまることよりも違いを理解することで、あるいは、従来型の授業とCLILを対比することで、ICCをCLIL授業のなかで培うのである。

$$\boxed{\text{メタ認知 + 違いの理解 + ICC}} = \boxed{\infty}$$

たとえば、次のような活動を考えてみる。

対象学年：高校1年生〜
内容、テーマ：神道について考える
活動： Question: Do you know about Shinto? Can you explain about it in English? How different is it from Buddhism? Read the passage and discuss it with your classmate.  

There are mainly two types of weddings in Japan: Christian weddings and Shinto weddings. Shinto weddings are traditional in Japan. Many Japanese people don't care about religiions so seriously, so they have wedding ceremonies at churches or shrines, regardless of their religious beliefs.

Shintoism is Japan's original and unique religion in which people believe that spiritual powers exist in natural places such as mountains, rivers, rocks, trees, and animals. People who follow Shinto are devoted to invisible spiritual beings and powers called kami or deities, to shrines, and to various rituals, but most people don't care about such serious things. Shinto and Buddhism are two major religions in Japan, and both religions have co-existed harmoniously for a long time. Many Japanese may identify as a Buddhist, Shintoist or both, but religion typically does not play a big role in their everyday life.

Many social cultural rituals and ceremonies are religious. A lot of wedding ceremonies are held in a Shinto style at a shrine, but funerals are considered as impurity and most funerals are held in a Buddhist style at a temple. Shinto and buddism are both very local religions, in which devotees are likely to be concerned with their local shrines or temples rather than the religion as a whole. Many Japanese will have a shrine-altar or a buddist altar in their homes.

Japanese people usually may not think of Shinto as a religion. They think it is simply an aspect of their life. That is because rituals are at the heart of Shinto, which has coexisted happily with Buddhism for centuries. Shito is an unofficial national religion with shrines that draws visitors from across the country, but buddism is a different role for people. Visiting a shrine and taking part in festivals play a great part in binding local communities together. Especially, visiting a shrine at New Year is the most popular national event in Japan.

宗教については日本の教育のなかではあまり論じられることがないが、日本人の生活に浸透している。外国から日本を訪れる人は神道について興味を持っている人が多いので、尋ねられることがある。それぞれが神道についてどう考えているのか、考える機会として活用できる。

4.14 コミュニケーション能力

　CLILは、CLTから派生した学習であり、コミュニケーション能力を育成することが主要な目標である。CLILでは、ヨーロッパのように言語教師ではない教師が教える場合であっても、言語を意識しながら教科を教える必要がある。学習者も教科を学ぶが、教科を学ぶという場面を利用して言語も学ぶのである。言語は学習目標言語が中心であるが、母語も同様に意識する。いずれにしても、学習者にとってCLILで学ぶ主たる目標はコミュニケーション能力である。

　コミュニケーション能力は、言語が異なっても汎用性がある。英語でのコミュニケーション能力と日本語でのコミュニケーション能力は具体的な場面では違いがあるが、日本語でコミュニケーション能力がある人は、英語でもおそらくコミュニケーション能力がある。言語能力（語彙や文法など）、社会言語的能力（社会的な適切さなど）、談話的能力（話し言葉、書き言葉、まとまりや一貫性など）、ストラテジー能力（コミュニケーションを成立させる方策など）などが統合的に機能することで、コミュニケーション能力が形作られると言われる。しかし、その基盤にあるものは、コミュニケーションを図る意図や意欲の有無である。CLILは、言語的なコミュニケーション能力の基盤となる能力（capacity）を支える状況を提供すると考えられる。

　CLIL教育の発想は自然で実践的でプリミティブはものである。学校教育などの場では考えにくい実用的で現実的な学びの場であり、必要に差し迫った学びを土台としている。言語がわからなければ生きていけないという切羽詰まった状況で、言語を使いながら学ぶしかないという状況に晒されるのである。教育的とは言い難い発想に、多様な学習理論を組み合わせ、言語教育のあり方に一石を投じた。ヨーロッパの環境ではある程度受け入れられて今日に至っている。多言語多文化状況に対応する必要性があり、英語という共通言語使用の必要性があったのである。理想と現実は違うが、EUという共同体を維持するための政治的な妥協であり、CLILはCEFRとともに現実に対応した考え方として受け入れられている。

　コミュニケーション能力は平和を維持するための基盤である。人はそれぞれ考え方が違い、その違いは受け入れられる必要がある。違いの排除は対立か無視を意味するだろう。言語や文化が異なる人が折り合いをつけて共に暮らすためには交渉して妥協するしかない。そのためにはコミュニケーション能力は不可欠である。CLIL

のコミュニケーション能力はそのことを目標にしている。具体的に、数学（算数）に
おけるコミュニケーション能力を考えてみよう。数学でもコミュニケーションの基
本は対話である。

対象学年：中学1年生〜高校1年生

内容、テーマ：奇数か偶数か？

活動：

T: Any numbers that can be divided exactly by 2 are even. If they can't be divided by 2, they are odd. So, is the number 24 even or odd?

S1: 24 is an odd number, because 24 can be divided by 3. 3 is an odd number, so 24 is odd.

T: I think S1 said that 24 is odd because it can be divided by 3 with no remainder. Is that right? Is that what you said?

S2: I disagree, because you said that you can divide even numbers by 2. I think you can divide 24 by 2, and it's 12. So, 24 is even.

T: OK, so we have two ideas going here. S1 said that 24 is odd because you can divide it by 3 with no remainder, and S2 said that it is even because it can be divied by 2 with no remainder, right?

S1 & S2: Yeah.

T: OK, so how can we make progress here? Who else can add on and shed some light here?

単に答えを求めるだけではなく、自分の考えを述べ、その理由付けをする。答えを
求めることだけが目的ではなく、上記の例のように双方向性の対話（dialogic）をしな
がら、コミュニケーション能力を高める。英語だけでうまくいかなければ日本語を
交えてもよいので、このような対話から始めることが大切だ。

4.15 まとめ

　以上、日本でのCLIL授業にあたり理論と具体的な指導実践について述べた。ヨーロッパで始まったCLILを日本の状況にあてはめて考えてきた。これまでくりかえし述べたように、CLILは多様で柔軟で、ある型にはめるのは危険である。ここで示したのは筆者の考えをもとにしたCLILであり、それをまねする必要はない。それぞれがここで示した理論をもとに工夫を加えてもらいたい。まとめとして、本書のCLIL教育を再度整理しておく。

- CLILは言語教育の一環である（language learning）
- CLILは思考力を育成する教育である（cognition）
- CLILは目標言語によるコミュニケーション能力を育成する（communication）
- CLILは互いの文化を理解する場を提供する（interculture）
- CLILは学習者の自律学習を促進する（cognition + context）
- CLILは学ぶ内容に焦点を当てることで学ぶ意欲を喚起する（content）

本書は、これらをひとつの指針としてそれぞれのCLILの展開を提案している。日本では主たる目標言語は英語である。小学校から英語を教えるようになり、さらには、アクティブ・ラーニング（主体的・対話的で深い学び）が声高に叫ばれるようになってきた。授業における言語活動の活性化、カリキュラムの柔軟性など、教育政策の基本はヨーロッパや北米などとほぼ同様の方向性を示している。しかし、従来から築き上げてきた日本の教育の伝統、協同、連帯、仲間、学校における縦社会文化（先輩後輩など）、40人学級と学校教育活動（学級活動、生徒会活動、委員会活動、部活動など）の教育的役割の維持など、少しずつ変わりつつあるが、変わらない文化もまだある。その渦中で、CLIL教育は、従来の伝統的な教育のなかに英語という言語を取り入れ、言語との統合的な学びの工夫のひとつとなりつつある。

　しかし、明治以来の英語教育の本質はそう簡単には変わることはなく、今後も続く。学校教育における英語はあくまで基礎基本を重視するのであり、教師は基礎基本をていねいに指導し、各学習者が自分自身で必要に応じて英語を使えるようにするシステムの維持には一定の支持がある。そのために、CLILは「いい加減な」英語の学び

を提供することになると考えられてしまう。CLILは、今後もそのように批判される
かもしれないが、英語教育のなかでCLILが発展し、本来のCLILとしての統合学習に
向かうことが将来的には望まれる。

　日本でも多言語多文化社会が始まっていて、日本語だけで維持する社会は成り
立たなくなる。英語だけではなく、中国語や韓国語が必要な社会になるだろうし、
他の外国語についても学校教育のなかで提供していく必要がでてくる。その際に
役立つことが、ここで示したCLILの理論と具体的な指導のアイディアであること
を期待する。CLILは、草の根的に教師によって教育を変えられる理念である。外
から言われたことに追随するのではなく、教師が生み出すCLIL教育となることを
期待する。

　たとえば、2019年末に中国から始まった新型コロナウイルス感染症 (COVID-19)
は、人類にとって大きな脅威となっている問題である。COVID-19は、予想もし
ない早さでパンデミック (世界的流行)となり、政治、経済、社会全般に影響を与
え、世界中の多くの学校が長期間休校となった。学校教育活動に大きな影響を与え
たが、欧米各国のオンライン学習の対応は早かった。それに較べると、日本のICT
環境やオンライン学習の整備の脆弱性が際立った。各学校のインターネット環境
が整備され、グローバルな教育ネットワークが機能しCLIL教育が浸透していれば、
COVID-19の動向を教材として有機的なオンライン学習ができたかもしれない。メ
ディアも連日のように世界の動向を伝えたが、どれだけの人が英語や他の言語で
情報を入手していただろうか。国連事務総長António Guterres が "Our voice has
been clear, calling for solidarity, unity and hope." と述べ、WHOやUNICEFは世界
が共有するこの問題に連帯して対応する必要性を訴えている。ICTの整備と活用は
教育にとって必須であり、COVID-19のようなまさにグローバルで複合的な問題は
CLIL教育に重要なテーマのひとつである。ICTやインターネットを有効に活用する
学習は、教育環境整備や教員養成と研修で喫緊の課題となっている。

関連文献

Canale, M. & Swain, M. (1980). Theoretical bases of communicative approaches to second
　　language teaching and testing. *Applied Linguistics*, 1, 1-47.

Cross, D. R. & Paris, S. G. (1988). Developmental and instructional analyses of children's metacognition and reading comprehension. *Journal of Educational Psychology*, 80(2), 131-142.

Hymes, D. H. (1972). On Communicative Competence. In J. B. Pride, & J. Holmes (Eds.), *Sociolinguistics: Selected Readings*. 269-293. Harmondsworth: Penguin.

Larsen-Freeman, D. & Cameron, L. (2008). Research methodology on language development from a complex systems perspective. *The Modern Language Journal* 92.2, 200–213.

Lave, J. & Wenger, E. (1991). *Situated Learning: Legitimate Peripheral Partcipation*. New York: Cambridge University Press.

Lyster, R. & Ranta, L. (1997). Corrective feedback and learner uptake: Negotiation of form in communicative classrooms. *Studies in Second Language Acquisition*, 19, 37-66.

Nelson, T. O. & Narens, L. (1990). Metamemory: A theoretical framework and some new findings. In G.H. Bower (Ed). *The Psychology of Learning and Motivation*, 26, 125-173. New York: Academic Press.

Perkins, D. (1992). *Smart Schools: Better Thinking and Learning for Every Child*. New York: Free Press.

Reber, A. S. (1967). Implicit learning of artificial grammars. *Journal of verbal learning and verbal behavior*, 6(6), 855-863

Wenger-Trayner, E. & Wenger-Trayner, B. (2015). Communities of practice: A brief Introduction. Retrieved 07/31/2018 from http://wenger-trayner.com/wp-content/uploads/2015/04/07-Brief-introduction-to-communities-of-practice.pdf

第5章

日本におけるCLILの課題と応用

本章では、ようやく日本に根付き始めたCLILという教育が今後どのように推移するかを考える。第4章までで、現状におけるCLILの背景や基本的な理論を述べ、日本の状況でどのようなCLIL教育が適当であるか筆者の理念と具体的な活動の提案をした。2020年の時点でCLILはかなり日本の教育に浸透したと言える。CLILが日本で周知され始めた2010年ごろに較べると、現在の注目度は予想以上である。それとともに、日本のCLILも多様に発展する可能性が生まれてきた。しかし、同時にヨーロッパで広がるCLILとは異なる様相を呈し、本来のCLILの理念とは異なるCLILが生まれてきているのではないかという危惧がある。

ひとつの主要な懸念は、日本のCLILの広がりが「英語で学ぶ〜」というEMIとほぼ同義で実践されつつあることである。早期英語教育、小学校英語教育、バイリンガル教育、留学のための英語など、これまでのESLの流れを踏襲したCBIや英語圏を基盤とした英語学習がCLILと称される傾向があり、TOEFLやIELTSなどの英語検定試験対策と重なり、CLILという教育がビジネスとして利用される傾向がある。学校教育では、CEFRの理念が学習指導要領でも言及されているにもかかわらず、実際には、授業内の言語として英語が使われ、教科科目を英語で学ぶという活動は想定したようには浸透していない。CLILも「英語で学ぶ〜」というコンセプトのもとに、英語の知識や技能を高めることを目的とした従来型の学習の延長となっている場合もある。このような背景から「CLILとバイリンガル教育やCBIとの違いは何か」という問いが絶えない。

CLILは理念であり統合学習である。CLIL自体に詳細な指導方法のマニュアルがあるわけではないので、日本では理解されにくいのかもしれない。近代になって発達した応用言語学、特に科学的な知見を重視する言語教育の流れのなかでは、CLILは明解な理論的枠組みを提示できていないので、批判されることもある。構成主義、社会構成主義などの学習理論を利用しながら、バイリンガリズムの理論を援用し、EUの統合と安定のためにCEFRの枠組みのなかでCLILは発展した。いまだ不透明な部分が多くあるにもかかわらず、ヨーロッパではCLILは教師に浸透し受け入れられたのである。多くの教師や学習者が直感的にCLILには面白みがあると感じ、実践していると言える。

5.1 CLILの今後の課題

　日本では、カリキュラムの固定化、教育システムの形骸化、教師教育の形式化、日本語や日本文化に対する固執、グローバル化における内と外の意識、エリート教育の進行などの影響があり、ヨーロッパにおけるCLILの普及とは質を異にしている。英語教育の一環として英語に携わる教師を中心に、日本のCLIL教育は浸透してきているからだ。ヨーロッパでは、多言語多文化社会、EUを中心としたヨーロッパ社会の安定、教育における共通のプラットフォームの構築、ヨーロッパ経済の発展と対外政策などがCLILの背景にあり、それとともに英語教育の指導的な立場にある人や英語母語話者で英語教育に携わっている人により、TESOLの一環として普及したという背景もある。日本におけるCLILの今後のあり方を考える際には、その背景を無視してはいけない。その過程のなかでCLIL教育セミナーや研修が開催されるようになり、CLILは主に英語教育に携わりながら満足していない教師のあいだで広がっていった側面もある。それまでのCBIやEMIとそれほど変わる内容ではないが、英語教育を専門にしていなくても、ある専門分野で英語がある程度使える人にも広がっている。これまでとは少し違う指導法としてアジアやアフリカ、中南米でも少しずつ広がっている。

　日本では大学からCLILが広がった。2010年ごろから上智大学、埼玉医科大学などが公にCLILを実践していることを打ち出したが、いくつかの大学でも同様の取り組みが同時期に行われている。国際化の流れとともに英語で指導される授業が望まれていたからである。多くの大学でCLILとは称さずに同様の授業が推奨されるようになった。たとえば、EAP, EGAP, ESL, EMIなど英語母語話者やバイリンガル教師による授業などである。これらの授業をCLILと呼ぶかどうかは教師の考え方による。高等学校でも同様で、スーパー・グローバル・ハイスクール (SGH)、スーパー・サイエンス・ハイスクール (SSH)、IB (International Baccalaureate) ディプロマ・プログラムなどでは、英語による学習が推進されている。CLIL教育と共通するコンセプトがあり、CLILと呼ぶこともある。2020年度より、小学校英語教育が始まり、科目として「外国語活動」が導入され、教科として「英語」が設置された。それとともに、小学校英語教育指導者と小学校教員のなかで、CLILというアプローチが注目を集めるようになった。伝統的な英語教育の流れとは異なるアプローチとして、従来の日本

の英語教育の伝統にはないCLILという統合学習からヒントを得た独自の「外国語活動」としての小学校英語教育が芽生えつつある。

　現状では、日本のCLILは英語教育であり、かつ、これまでの日本の伝統的な英語教育と対峙し、発展している。しかし、このままの形でCLILが進展することは、単に国際化やグローバル化の推進の加担をしているにすぎない。これまでと同様、英語教育ビジネスとして注目されるだけで、何も変わらないことになるかもしれない。ヨーロッパでもCLILがビジネスに一部利用されている面もあるが、ヨーロッパのCLILは言語政策の大きな柱として発展している面もあり、また、英語だけではなく、ドイツ語、フランス語、スペイン語などの主要なヨーロッパ言語でもCLILは盛んになり、さらには、他の外国語やマイノリティ言語でもCLILアプローチは利用されるようになっている。CLILは単なる指導法ではなく、教育であり、統合学習という教育理念なのである。日本のCLIL教育の発展は、ヨーロッパでのCLILを背景として、日本の文脈のなかで考える必要がある。

　まず、理念の構築が必須となる。4つのC（4Cs）の理念は基本だが、頑なに保持する必要はない。本書では4つのC（4Cs）からさらに発展したフレームワークを提案したが、さらに検討を重ねる必要がある。次に、日本の社会や教育環境にCLIL教育を浸透させる具体策を検討する必要があるだろう。英語一辺倒の学校教育であるが、運用にはなかなか結びついていない。そのような現状をCLILは打開する可能性があるので、英語を中心とした多言語多文化社会に対応する手助けとなる。中国語や韓国語などを必要とする多言語多文化社会とともに、国際理解教育の推進やグローバル化する経済社会への対応が急務だ。

　さいごに、日本の地理的要因や歴史と関連する日本人のこころと文化の問題、内と外、本音と建て前などに代表される心的問題も検討する。複雑なことを複雑に受け入れて、統合的に考える思考が必要だ。日本人は、内と外という考え方を強く持ち、内なる日本を大切にし、外に対しては水際で一部の人が対応し、外のものをそのまま受け入れることを避けてきた。複雑なことに、外から来るものは表面的に歓待してもてなす傾向にあるにもかかわらず、内なるものは譲らないという面もある。外国語への対処にもあてはまる。一部の人が英語を使えば、大半の人は必要ないという考えが100年以上も続いている。CLILという教育は、そのような言語に関するこころの有り様を検討する上で、価値がある。

5.2 CLILの理念と実践のあり方

　CLILの理念が4つのC（4Cs）を基本としていることはほぼコンセンサスを得ているが、それぞれのCについての理解は多少異なっている。本書は、思考（cognition）を重視し、内容（content）とコミュニケーション（communication）を中心に据えているが、コミュニケーションに加えて、言語学習（language learning）の必要性も主張している。さらに、状況（context）により柔軟に変化する言語学習に加えて、文化間（interculturality）の多様性を考慮する必要性があることを提案している。理由は、このフレームワークが絶対とはならないからである。ある状況では当てはまるが、別の状況では当てはまらないということがあり得る。しかし、大切なことは、このようにCLILを理念化して捉えることである。理念がなければCLILとは言えないし、CLILの意義もないだろう。

　CLILの特徴は理念と切り離すことはできない。いずれもCLILだけの特徴ではなく、さまざまな学習理論を寄せ集めたもので、多くは構成主義や社会構成主義における学習理論の考え方に基づいている。CLILは理念がなければ、内容と言語の両方の学習を目的とした統合学習という以外に大きな特徴はない。内容と言語の両方の学習に関しても、これまでのバイリンガル教育、イマージョン、CBIと共通している点が多い。結果として、その境界線は依然としてあいまいなままになっている。しかし、CLILを実践している人は、バイリンガル教育、イマージョン、CBIが言語学習を主としているのに対して、CLILはそうではないという明確なイメージをCLIL教育に関して持っている。言語学習だけを目的としているわけではなく、統合的な学びを培っている。学習者が何を学んでいるのかが大切だ。一般的な学習指導の基本は、目標を設定しその目標に対してどの程度達成できたかを評価する。その評価に対して省察し次なる目標設定をする。いわゆるPDCAサイクルが求められる。しかし、CLILは、PDCAサイクルによる学習に挑戦する学びでもある。

　ヨーロッパのCLILは、CEFRという共通の基盤をもとに多言語多文化を背景とした内容と言語の統合学習として、次の**図5.1**のように表される。

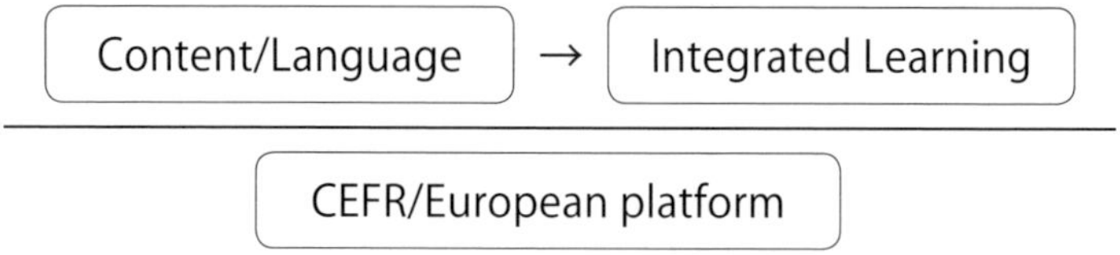

```
┌─────────────────────┐      ┌─────────────────────┐
│  Content/Language   │  →   │ Integrated Learning │
└─────────────────────┘      └─────────────────────┘
─────────────────────────────────────────────────────
        ┌─────────────────────────────┐
        │   CEFR/European platform    │
        └─────────────────────────────┘
```

図 5.1 CEFRとCLIL

　しかし、日本の場合は基盤が明確ではない。多様な状況があり、それぞれの状況によってかなり変化する可能性がある。さらに、内容と言語（実質ほぼ英語）を状況に応じて多面的、複合的に統合する必要がある。たとえば、一般的な英語の授業と明確な区別がつかない場合がある。また、授業での指導言語は日本語が中心で、英語を日本語に訳し、その内容に関する学習が中心となる場面や、基本的な文法や発音の学習活動が中心になることも多々ある。次の**図 5.2**のように明確ではない状況と多様化した統合学習によって相乗的に変化するCLILが生まれる可能性がある。

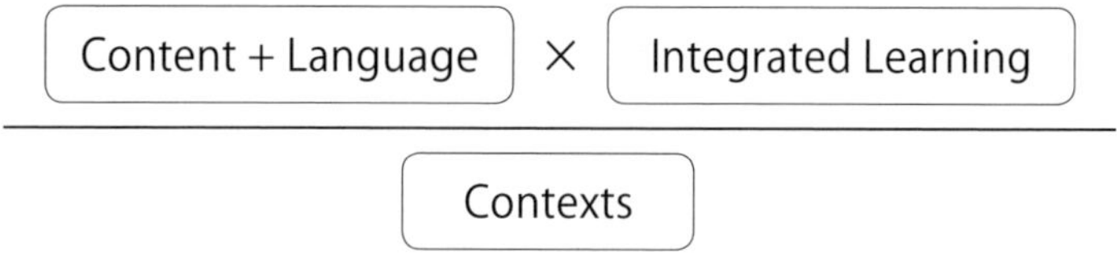

```
┌─────────────────────┐      ┌─────────────────────┐
│  Content + Language │  ×   │ Integrated Learning │
└─────────────────────┘      └─────────────────────┘
─────────────────────────────────────────────────────
            ┌─────────────────┐
            │    Contexts     │
            └─────────────────┘
```

図 5.2 相乗的に変化するCLIL

　日本のCLILは、このように共通の基盤が明確ではない状況のなかで発展する必要がある。4つのC（4Cs）は基本にするが固執する必要はない。たとえば、本書では、言語（language）は状況に応じて、コミュニケーション（communication）と言語学習（language learning）に分けて考えている。さらには、バイリンガルを柔軟に考え、日本語を学習の基盤として英語を添えるという考え方も成り立つ。内容に関しても同様で、教科科目という枠を取り払い、総合的な学習と考え、プロジェクトを設定し、それに関して英語で学ぶとしてもよい。原書購読もやり方によってCLILとして展開することも可能だ。大切なことは、「何でもCLILと言えるのではないか？　一体CLILとは何なのか？」という疑問に答えられるように、各状況で柱となるCLILの理念を確固として持つことだ。このような考えをもとに、本書では次のように日本のCLIL教育の理念を提起する。

日本のCLIL教育の理念

CLIL教育は、学習目標言語（主に英語）を多様な学ぶ内容と関連させて習熟するための統合学習の総称であり、学習者が学習目標言語（主に英語）を効果的に学ぶために、必要で実行可能なあらゆるてだて（言語学習、コミュニケーション活動、思考と工夫、文化間意識など）を講じ、学びを活性化する。

　ここに提案したCLIL教育の理念は実践に結びついている。学習目標言語は学習者のニーズに応え、主に英語であるが、他の言語も含む。また、日本の英語教育の事情から、内容よりも英語に学習の重きを置く必要がある。その英語を多様な学ぶ内容と関連させて、英語によって内容を学ための統合学習をCLILと称する。CLILを実践する目的は、学習者が英語を効果的に学ぶことである。小学校の英語教育は今後の大きな課題であり、成果をあげることが期待されている。外国語活動のCLIL実践は少なからず効果が検証されつつある。この実践に今後の英語教育とCLIL教育の融合のヒントがある。また、CLILに近いアプローチが実際多くの教師の工夫により実践されてきた。教師が必要と感じ、実行可能なあらゆるてだて（言語学習、コミュニケーション活動、思考と工夫、文化間意識など）を講じた結果である。それは、ヨーロッパで発達したCLILの理念と通じるものであり、多くの教師がその実践によりさらにCLIL教育に関心を持った。日本におけるCLILは、学習目標言語（英語）を効果的に学ぶことを目的として、さらに学びを相乗的に活性化させる教育として位置付けられるだろう。

5.3　日本社会に適したCLIL教育の開発

　理念を実現するには、具体的なCLIL教育のプラットフォームの開発は重要である。しかし現時点では、草の根的にCLILあるいはCLIL的な学習が行われているのが現状である。2017年に日本CLIL教育学会（the Japan CLIL Pedagoy Association, J-CLIL）が発足し、活動を通じていくつかの課題が浮き彫りになってきている。たとえば、日本の教育文化では知識や協調性が重視される傾向にあり、マス教育が依然として主流である。40人定員クラスで、設定した目標を一斉に学び、グループワークでは協

調性が重視される。他と協力して作業し、個人の力量を高めたり、対話を通して学んだり、自己主張をすることはあまり好まれていない。学習指導要領では、思考力、判断力、表現力の育成が求められているが、実際の学校現場では、学習が予定調和に収まっていることが多い。

　英語教育においては英語によるコミュニケーション能力の育成が望まれているが、現実の教育環境や教員養成や研修はその目標に十分に寄り添うシステムにはなっていない。2011年に文部科学省は「国際共通語としての英語力向上のための5つの提言と具体的施策」を公表した。提言された内容は次の5つである。

　提言1　生徒に求められる英語力について、その達成状況を把握・検証する
　提言2　生徒にグローバル社会における英語の必要性について理解を促し、英語学習のモチベーション向上を図る
　提言3　ALT、ICTなどの効果的な活用を通じて生徒が英語を使う機会を増やす
　提言4　英語教員の英語力・指導力の強化や学校・地域における戦略的な英語教育改善を図る
　提言5　グローバル社会に対応した大学入試となるよう改善を図る

学習者の英語力到達度の検証、英語学習意欲の喚起、英語を使う機会の提供、総合的な英語教育力の向上、総合的な英語力の測定などについて提言し、その方針のもとに政策が実施されている。これらの提言はどれも適切だ。しかし、実行の段階で紆余曲折があり、現状ではどの提言もどの程度達成できているかは定かではない。

　CLIL教育は上記の提言のどれにも関係している。CLIL教育を実践するためのヒントが提供されている。たとえば、提言1はCEFRが示す5技能であり、これはCLILでも重視している。提言2は、学ぶ内容に焦点を当てているCLILにはまさに符合し、提言3と4は、まさにCLILの活動である。提言5は、実践的な英語力と思考力を測定する大学入試が求められているので、グローバル化する社会に対応するCLIL教育と強く関連する。裏を返せば、提言はこれまでの英語教育の現状に対する改善を示したものであり、現状の問題でもある。たとえば、提言1による、CAN DOの各学校での導入は絵に描いた餅になっている可能性がある。あるいは、提言2、3、4は、具体性に欠け、英語の技能面だけに焦点を当てる傾向がある。提言5は、大学入試に5

技能を取り入れることが計画されているが、学習者の学ぶ力がよりよい方向に向かっているかは今後の動向を見極める必要がある。正確な選考をすることだけを目的とするのであれば、本末転倒である。

　CLILは、動機づけを図り、学ぶ意欲を高め、統合学習のカリキュラムとして英語を使う機会を提供している。しかし、日本でのCLIL教育はまだ発展途上であり、誰にでもわかるCLIL教育のモデルカリキュラムがまだ開発されていない。それぞれの状況に合わせて、それぞれが工夫して目標を立て、教材を工夫し、活動を計画し、評価につなげる。いわば草の根的に発展している。このような広がりは一概に否定されるものではないが、現状を見ていると少し怪しいCLILが生まれている懸念がある。CLIL教育が根づくためには、理念とそれに付随するCLILのフレームワークあるいは指針となるスタンダードが存在することが望ましい。

　筆者は、文部科学省科学研究費補助金（基盤研究（C)）研究（課題番号17520395）（2008〜2011年度）『LSP教員研修を基盤とした実践的外国語（英語）教員研修カリキュラムの構築』を実施した。LSPは、Languages for Specific Purposes（明確な目的のための言語）の略である。その成果報告書（笹島, 2012）において、「実践的外国語教員（Practical Language Teacher　PLT）」としての10のスタンダードを提案し、実践的外国語教員（PLT)の要件を次のように定義した。

- CEFRにおけるCRL（Common Reference Levels 共通参照レベル）の5技能と6レベル、あるいは、それから派生して作成されているRLD（Reference Level Descriptor 参照レベルディスクリプター）を理解していること
- CEFRを教育に具体的に取り入れる方法としてのELP（ヨーロッパ言語ポートフォリオ）の考え方を理解し、学習者の自律（learner autonomy）を奨励すること
- CLILの理念を理解し、状況に応じて対応できること
- LSPの理念を理解し、状況に応じて分野に特化した言語教育を提供できること

このような実践的外国語教員（PLT）を養成研修することを目的として、そのスタンダードと具体的な研修内容を提案した。中学校や高等学校の英語教員などの実践的な学習指導に関する知識と技能を持った人材を対象として、研修を通して、さまざまな分野や仕事に必要な外国語指導者を育成しようとする内容である。10のスタン

ダードは次のようになっている。

スタンダード1　外国語の知識と技能

スタンダード2　外国語授業運営の知識と技能

スタンダード3　学習者の外国語学習目標の明確化

スタンダード4　学習者の外国語学習ニーズに沿ったカリキュラム設計と評価

スタンダード5　学習者の学習履歴の把握と学習方法の支援

スタンダード6　学習段階、科目内容、分野、仕事などのディスコース・コミュニティ
（discourse community）の理解

スタンダード7　教育目標、学校文化の理解と外国語教育の専門性

スタンダード8　外国語使用のジャンル（場面や社会文化など）に対する理解

スタンダード9　初等教育から高等教育までの系統的外国語教育理解

スタンダード10　評価測定方法に関する知識と技能

＊詳細は、LSP teacher education: http://lspteachereducation.blogspot.jp 参照

実践的外国語教員（PLT）はCLIL教員を想定したもので、今後同様にCLIL教育のフレームワークを確立し、CLIL教育の目標、CLIL教育のモデルカリキュラム、CLIL教員養成と研修、CLIL教育の評価などを整備する必要がある。それは現行の英語教育と対立するものではなく、補完するものであり、かつ、他の学習と統合される必要がある。

5.4 多言語多文化社会とCLILの応用と発展

　日本も次第に多言語多文化社会になりつつある。しかし、日本では、日本語、文化、社会が密接につながり、ヨーロッパと較べると依然として閉鎖的な共通の基盤に支えられている。それは歴史の上に成り立った社会文化であり、教育の今日のあり方にも大きく影響している。ヨーロッパは先の戦争を背景にしてヨーロッパの平和と安定を目標としてEUを形成し、多言語多文化を維持しながら共通のフレームワークのもとで共に暮らしていくことを選択した。それはかなり困難なことであり、今でも問題が多々ある。しかし、理念では多言語多文化社会を受け入れ、人の行き来も

ある程度自由にしようとしてきた。そのなかでCLILという教育がEUの主導のもとで始まった。日本はその経緯をそのまま踏襲する必要はないが、CLILを日本に導入する意味は、多言語多文化社会の対応へのひとつの教育的アプローチの可能性にある。

　小学校や中学校では日本語教育が必要な児童・生徒が地域によって確実に増えている。外国語としての日本語教育はもちろんであるが、近隣諸国の言語である中国語や韓国語教育も必要になる。さらに、ポルトガル語、ロシア語は地域によっては必要であり、フランス語、スペイン語、ドイツ語、イタリア語、アラビア語などもビジネスで必要となっている。実際多くの外国語が学ばれ、使われ、多様な背景の人が日本に住むようになり、多言語多文化は急速に進んでいる。外国人労働者は少子化にともない増加し、多くの地域言語や多様なそれぞれの文化は無視できない。社会はますます複雑になっている。

　このような状況で、たいていの学校教育は英語だけを外国語として提供している。CLILも英語という言語と関連して発展しているが、CLILの基本は多言語多文化社会に対応する教育でバイリンガル教育である。アジアに位置し、戦後は北米の強い影響を受けている文化社会では、英語学習を通じて母語や地域言語の学習も取り入れながら、内容を学習するというCLILもありえるだろう。CLILの統合学習にいくつかの言語の要素も取り入れるのである。日本の状況では、多言語多文化を背景としたCLILには**図5.3**で示したような教育も有効である。学ぶ内容と英語を主たる目標とす

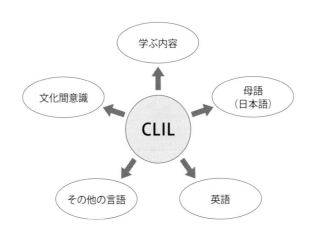

図5.3 複数言語学習を取り入れたCLIL

るだけではなく、母語である日本語や他の言語、外国語の学習も含み、さらに多様な文化間意識もあえて強調するようにする。多言語多文化社会に対応するためには、CLILを拡大して展開することも視野に入れる必要がある。

　CLILが内容と言語の統合学習でありバイリンガル教育であることを考慮すると、日本のCLILが、多言語に注目することや多文化を意識することを目標のひとつに取り入れ、言語意識や文化間意識を培うことには意義がある。たとえば、小学校では単に英語で歌やゲームなどの活動を行うのではなく、英語と日本語の2言語を使うことで共通することや相違を意識させる。また、訳すなどの活動も言語や文化の比較という面で重要な活動となる。CLILという教育を核としてこれらの多言語多文化に関連する活動を取り入れることも必要である。これは、日本における複言語複文化主義の具現化につながる。

5.5　CLIL教師の思考とCLIL指導方法と学習方法との関連

　日本におけるCLIL教師の定義は多少むずかしい面がある。英語教師、英語がある程度機能的に使える他教科（専門分野）の教師、英語を教える小学校教師、英会話学校や幼稚園など早期英語教育に携わる教師など、どの分野においてもCLIL教育は可能だからである。CLIL教育のカリキュラムが明確でない限りCLIL教師の資格を明確にすることはむずかしいので、現時点ではCLILという教育を授業で実践したい人はCLIL教師と考えてよい。CLIL教育の理念から外れないかぎり、CLIL教師の多様性を受け入れ、柔軟に考える必要がある。

　日本の教育システムにおけるCLIL教師について検討する上で、日本の教師の位置付けを整理しておこう。日本の教師像は画一的で、多くの教育活動を行う。教育基本法第1条に「教育は、人格の完成を目指し、平和で民主的な国家及び社会の形成者として必要な資質を備えた心身ともに健康な国民の育成を期して行われなければならない」と規定されているように、「人格の完成」という意識は強く、教員養成では、学習指導要領で示される学校教育を具現化する教師を養成することが求められている。近年はその傾向が顕著になっている。他国に較べ、教育実習期間も短く、教師の仕事も必ずしも学習指導がすべてではなく、要求は高い。教師の職の専門性はあ

いまいで理念的な面があり、膨張する傾向にあるが、そのための実践的な養成課程は十分とは言えない。初等中等教育の教員は教員免許状を有する必要があり、大学における教職課程において必要な単位を修得する必要がある。多くの教員はこの課程を経て免許状の種類に規定される教員として教育に携わる。英語を教える場合は外国語（英語）教科を指導することが主たる職務であるが、多くの校務分掌を担う。複数の教科の教員免許状を有することは少なく、教科専門性については明確である。そのような背景から、教師の職務は、特定の教科指導だけでなく、多様な教育活動にかかわるために、CLILのような統合学習は受け入れにくい。

　「教科内容の専門性がない人がCLILを教えられるのか？」という問いは、教育に対する信条の違いから生まれる。専門性はたびたび議論されるが、CLILは知識を教えることが主ではなく、学ぶプロセスを支援する。そこで言語をどう使い、どう学ぶかが学習者に求められる。CLILの専門性は、学ぶ内容にかかわる学習目標言語の指導がどのようにできるか、あるいは、学習活動をどのように展開できるか、ということにあり、必ずしも教える内容の専門性ではない。

　CLIL教育にとって大切な点は教師の思考である。たとえば「英語で教えるべき」という思い込みが強い場合、内容を学ぶには学習者にある程度の英語力が必要になるので、学ぶ内容に重点を置くことはむずかしいだろう。また、「授業は目標を明確に設定し、教材を準備し、計画した活動を実施し、目標をどの程度できたかを検証し、評価する」と思考した場合、教師の意図したことは指導できるが、学習者の主体性がどの程度達成されたかは定かではない。逆に、「英語で内容を説明し、生徒とやりとりしながら判断し、適切に日本語も使い、目標を明確に定めることなく、学習者の自律した学びのプロセスを大切にする」と思考した場合はどうだろうか。あるいは、「教材を提供し、生徒が自分で意味を調べ、教師は支援し、生徒が自分で考え学ぶ」と思考した場合はどうだろうか。

　Kolb（1984）の経験学習サイクル（the experiential learning cylce）が示す4つの段階が、この問いにひとつの答えを提示してくれる（**図5.4**参照）。4つの段階は、具体的経験（concrete experience）、新経験の省察的観察（reflective observation of the new experience）、抽象的概念化（abstract conceptualization）、活動的実験（active experimentation）であり、この段階的な学習が統合的に関連する。CLIL教育とこの考えはほぼ一致するので、この循環をCLILで意識することは重要である。学ぶのは

学習者であるが、学習をコーディネートする教師がどのように学習を考えているかによって学習者の学びも変わる。CLILで使われる指導法がいわゆる外国語指導法とは少し違うからである。その違いが学習者にとっては最も大切で、いわゆる「アハ体験（AHA effect）」につながる。CLILが、コミュニケーション、文法、語彙、発音、聞く、読む、話す、書くなどの言語学習を明確に目的とする活動と異なるという意識が、教師にも学習者にも必要である。英語教師だけではなく、各教科科目の教師にも言えることだ。たとえば、英語教師が、学ぶ内容に焦点を当てCLIL授業を展開する際に、語彙や文法に焦点を当て、教材内容の理解だけに重きを置き、生徒も単に英語の語彙や文法と教材内容の読解活動に終始し、内容に関する思考もなく、学習の工夫もないとすると、それはCLILとは言えない可能性が高い。教師の思考、その指導方法、学習者の思考、その学習方法が互いに複雑にかかわることによる相乗効果（**図5.5**参照）が、CLILの大きな特徴である。そのプロセスにおいて、学習者は具体的な経験をし、その経験をふりかえり、抽象的に概念化を図り、理解を深め、アクティブにそれを実験し、さらに具体的に経験する。CLILという統合学習は、結局このような学習者の思考と学習を活性化することであり、知識の伝授ではない。

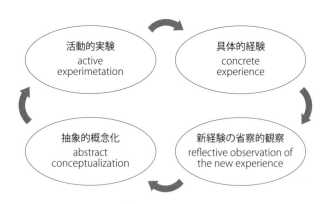

図5.4 Kolb（1984）の経験学習サイクル

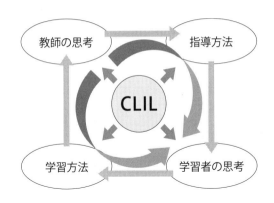

図5.5 CLIL の相乗効果

5.6 今後の CLIL の展開

　本章では、今後の日本における CLIL の課題を、CLIL の理念と実践のあり方、日本社会に適した CLIL 教育の開発、多言語多文化社会と CLIL の応用と発展、CLIL 教師の思考と CLIL 指導方法と学習方法との関連から考えた。CLIL 教育には可能性があるが、一方で課題も多くある。教育文化は簡単に変わるものではなく、CLIL がヨーロッパと同様に展開するとは考えにくい。しかし、確実に世界は狭くなり、ごくふつうの人がより多様な言語と文化に触れる機会が多くなることは容易に予想できる。特に英語のニーズは高く、英語教育は重要なビジネスとなっている。CLIL もそのひとつとなりつつあるが、CLIL は多言語多文化社会への対応のカギとなっている。日本では英語に焦点を当てながらその課題にどう対処するかが今後の課題である。

　CLIL は、細かく分かれてきた専門的な科目を言語の役割という観点から統合を促した学びという点に特徴があり、広く受け入れられ始めた統合学習である。特に、現状の英語学習指導に満足していない教師や学習者に受け入れられた。英語の技能向上を追求し、技能の習熟レベルを中心に考え、その評価測定に注意を払う学習に満足できず、英語の先にある内容に焦点を当てる統合学習としての CLIL に興味を持つ教師や学習者が多くなった。理解したい内容や伝えたい内容があるということだ。それも日本語ではなく英語で扱う。その際に CLIL は適切な活動を提供する可能性がある。CLIL という教育は、このように学習者のニーズから生まれるという側面があり、

教師がまず内容でも言語でもなく統合学習の意味を理解することが最初の一歩となる。

　今後の日本におけるCLILの展開は大きく飛躍する可能性がある。まずは、言語意識あるいは言語教育意識の変革の可能性が考えられる。日本人は、英語コンプレックスが強く、欧米へのある種の憧れと結びつき、表面的な形にこだわる傾向がある。教養の象徴としての英語を母語話者のように話すことが重要視され、学習指導要領では「現代の標準的な発音」としているが、教科書はアメリカ発音を標準として作成され、依然として細かい制約がある。一方で経済や科学技術の分野では英語が不可欠な言語となり、使える英語の必要性が高まり、喫緊の課題となっている。CLILは長く続く英語コンプレックスの幻想を打ち壊すきっかけとなる可能性を秘めている。

　CLILにはこのような言語（教育）意識の流れを大きく変える要素があると期待している。気軽に使える言語としての英語が学校に根づき、間違いを含む英語に寛容になり、テストの点数や検定試験の結果で一喜一憂することなく、高校卒業まであるいは大学卒業までにB1あるいはB2を目指し、英語を学ぶ。教科書が示す文法、語句、発音などを教え、テストをして、成績をつけるということが英語教師の主たる仕事のようになっているが、CLIL教育が浸透すれば、「英語は内容をともなって実際に使うことば」という意識が強くなるだろう。英語でも日本語でも、言語は「内容を理解し内容を伝える」手段ということが明確になる。CLILという統合学習は、言語の働きを明確に学習者に示すので、英語がつまらないと感じる学習者にも学ぶ動機を与える。

　もうひとつは、教員養成システムを変える可能性があるということだ。現行の教員養成システムは、幼稚園・小学校（専科を除く）教員は別として、中学校・高校は教科の専門性によって免許が分かれている。英語の教員免許を持っていなければ英語を教えることができない。これは、教科間連携などをする場合にも適用され、教科の領域を越えることはできない。現行の教員養成と採用システムでは、中高の教師の場合は基本的に教科別に採用され、公用語の日本語で教えることが大前提で、英語が堪能な社会や理科の教師がいても、英語で教えることは、たとえ生徒が望んだとしても簡単にはできない。日本語という言語が国語として設定されており、他の言語は教育言語としてはふつう機能しないという現実がある。日本語を母語としない児童生徒も増加傾向にあり、日本語だけを教育言語とする現在の初等中等教育

も変わる必要がある。国語である日本語と外国語としての英語の2言語を柱とする現行の教育過程に基づいた教員養成システムも柔軟にする必要がある。幼小中高などの学校段階、教科ごとに分かれている教員免許と採用方法も柔軟に対応することが今後重要な課題となる。CLILを導入することは、多言語多文化を考慮した教員養成システムを検討するきっかけになるだろう。

　日本の教員養成システムは、学習指導だけではなく全人的な教育を優先し、専門的な知識や技能だけではなく、教職科目を通して多様な活動に携わることを要求している。現行のシステムでは、2種類の教科の免許を取得するのは相当数の単位を取得しなければならないが、CLILのような統合学習あるいは教科横断的授業を推進する流れは、教師の働き方改革にも大いに影響を与える。小中連携、中高連携、高大連携など、学校段階の統合も推進され、一貫教育の流れも着実に広がっている。膠着し固定化した教育システムを見直す動きはある。それをさらに推進するためには教員養成システムから変える必要がある。

　戦後の多くの大学で教員免許が取得できる開放性を基盤とした教員養成システムは、師範学校制度を否定し、教職課程を一般の大学に広げた。現行では、教職科目、専門科目など必要な単位を修得することで、教員免許を授け、各自治体などの採用試験を経て、教師となる。大学の教職課程では十分に指導ができないために、それぞれの教師は、初任者研修など、採用後も研修を続けることで専門職として知識と経験を重ねる。2019年度からは、教職課程コアカリキュラムを導入して教職課程をより実践的な内容に変更した。外国語（英語）コアカリキュラムもより「使える英語」を指導すべく、英語学、英語文学、英語コミュニケーション、異文化理解などの内容を英語科教育法との連携を密にすべく変更し、学習指導の充実を図った。このようなコアカリキュラムの設定は望ましいことではあるが、多言語多文化社会やグローバル化に対応する教育という観点からは、どれほどの効果があるか定かではない。しかし、これからの教師は「主体的・対話的で深い学び」という学習指導要領の文言に代表されるように、学習に対する工夫が重要になる。CLILはその点においてひとつの指針を示す。

　教員養成システムが変わらなくても、CLIL教育はカリキュラムとして可能である。学習指導要領の「社会に開かれた教育課程」という方針から、各学校で目標を設定し、PDCAサイクルを確立し、「カリキュラムマネジメント」を徹底する。CLIL教育はこ

こで導入できる可能性がある。学校全体で、英語（あるいは他の外国語）を実践的に取り入れ、CLILとしてバイリンガル教育を推進する。これは、グローバルな人材育成という目標を達成することにも貢献する。グローバルに活躍するためには、英語は欠かせないし、言語と内容がより密接な関係になり、授業における言語活動がより活性化する可能性がある。多言語多文化社会にも対応し、教員研修もCLILを糸口とした統合学習を活性化し、何をどう教えるかなど、教科の枠や学校段階も柔軟になり、学ぶことに特化した教育の枠組みが生まれる可能性も出てくる。CLIL教育が発展することにより、教師の意識も変わり、教えることや学ぶことの目標も変わる。さらには、これまでの伝統的な教育に対する思い込みの軟化、教師のニーズに沿った養成採用研修の内容、教師の職務の明確化や長時間勤務の解消、生徒の学びに特化した教育システムなど、今日的教育課題の改善にも寄与する。CLIL教育に理解がある積極的な教師を育成することで、多様で柔軟な指導を可能にする学校環境が育まれる。

関連文献

笹島茂. (2012).『LSP教員研修を基盤とした実践的外国語（英語）教員研修カリキュラムの構築』.平成20〜23年度文部科学省科学研究費補助金（基盤研究（C））研究（課題番号17520395）研究成果報告書.

Kolb, D. A. (1984). *Experiential learning: Experience as the source of learning and development (Vol. 1)*. Englewood Cliffs, NJ: Prentice-Hall.

第**6**章

各学校段階でのCLILの実践

日本でのCLILは大学から始まり、SGHやSSHなどを中心に高校や中高一貫校などに広がり、同時に、小学校の外国語活動などへと普及した。それぞれの教育機関での導入方法には幅があり、さまざまなCLIL的な教育が行われていた。ヨーロッパのCLILを導入したというよりは、実践していた学習がCLILに近いものがあり、後からCLILという名称を使ったケースが実際は多い。技能重視の英語教育では物足りない教師が、生徒が学んでいる科目の内容を取り入れたり、内容に焦点を当てて授業の活性化を試みたり、テーマやトピックを扱ったタスクの実践がCLILと似ていたので、「CLILとは一体何か？」という疑問を抱えたまま広がり、今日に至っているのが現状である。

　本章では、日本CLIL教育学会（J-CLIL）（https://www.j-clil.com）の活動実践などを参考にして、CLIL教育の具体的な事例を紹介したい。日本CLIL教育学会（J-CLIL）は2020年時点で、350人強の会員を抱えるCLIL教育研究実践団体である。活動の目的は「CLILあるいはCBLT等の統合教育に関する研究と実践を推進する」としている。幼児教育、英会話学校、小学校、中学校、高等学校、高等専門学校、大学まで、英語教育関係者が多いが、さまざまな分野の人が参加している。CLILを実践している人、CLILを実践したいと考えている人、CLILの研究に興味がある人など、興味も多様である。現状の英語教育に一工夫したい人が多く所属している。英語を通して、その英語と関連する内容、人々、社会、文化などに興味を持ち、興味ある内容を指導したいと考えている人が多い。主に英語を対象としているが、日本語、中国語、韓国語などほかの言語も対象としている。

　その活動のなかでCLILの展開がかなり異なっていることがわかっている。また、英語だけで教えるのではなく日本語も必要で、日本語での知識理解は欠かせないと考えていることも共通している。学習者が日本語という言語を共通に理解し、共通の文化を共有していることが背景にある。たとえば、英語母語話者の教師でも、英語だけでは内容がかなり稚拙になる傾向があり、必要に応じて日本語を補足し、日本語禁止とはせず、学習者同士は日本語で話すこともあるので、自然にバイリンガルになる。また、内容が深い場合には日本語が必要になることが多い。教師がその内容について詳しければ詳しいほど、日本語の説明や資料が豊富に提供され、その日本語の知識を背景とした英語活動が活性化される。授業は自然に英語と日本語のバイリンガルになる。

その他の外国語の実践はまだ少ないようだが、多くの場合、外国語だけではなくその外国語の背景にある内容がベースにある。これは学校の教科として学ぶ英語とはかなり異なる。たとえば、K-POP、韓国ドラマ、韓国の文化に興味がある人が韓国語を学ぶ場合は、興味ある内容がなければ満足しない。学習者は、単に言葉を学ぶだけではなくすでに興味ある内容を学ぶ動機があるので、自分で韓国語を学ぶと決めている。学ぶきっかけは、興味関心、目的、必要性である。「英語が好きだ」という背景には英語の何かに興味関心があり、何か目的があり、その目的を達成するために英語が必要だということである。CLIL教育はその動機を生かした統合学習と考えるとわかりやすい。

本章では、特定の機関の名称は避けているが、実際の事例をもとに具体的に個々の学校段階や状況に参考となるCLILの展開を示す。しかし、それぞれの学校段階でも個々の学校の状況により英語力などの前提が異なるので、ここでは典型的な展開を示す。その際考慮すべき日本のCLIL教育の理念を再確認しておく。

- CLILは言語教育の一環である（language learning）
- CLILは思考力を育成する教育である（cognition）
- CLILは目標言語によるコミュニケーション能力を育成する（communication）
- CLILは互いの文化を理解する場を提供する（interculture）
- CLILは学習者の自律学習を促進する（learner autonomy）
- CLILは学ぶ内容に焦点を当てることで学ぶ意欲を喚起する（content）

6.1 大学のCLIL

大学の英語は、一般教育としての英語と専門分野の英語に分かれる。一般教育としての英語では、英語力の技能レベルの目標をCEFRの指標でB1〜B2程度に設定し、TOEICなどの英語試験により到達度目標を定め、英語で学ぶためのアカデミック・スキルの向上を目的としている。presentation, debate, discussion, essay writing, note-takingなどの活動を扱い、技能の向上に努める。その英語教育のなかで、CLILはひとつのメソドロジーとしてカリキュラムや授業に取り入れられている。EMIやESPなど

と重なるアプローチであるが、専門分野の内容を扱い、タスクを提供し、聞く、読む、話す、書く活動を統合的に提供している。専門分野の英語は、専門分野に関連する英語を聞いたり、読んだりすることで、専門分野の知識を高め、専門分野の英語の特徴に焦点を当て、一般教育の英語力をさらに向上することを目的とする。

　上記の内容を扱う際に、技能向上にばかり焦点を当てないようにする指導がCLILの理念に近い。英語の向上を意図して間違いを正し、定型表現を指導し、発音、語彙、文法に力点を置く指導は、CLILとは言えない可能性が高い。また、教師が英語だけを話し、学生に英語使用を強制し、正しいプレゼンテーションの方法、正しいライティングなど、言語的な面に焦点を当て指導する場合も、CLILとは言わない可能性が高い。

■ 事例1　専門分野のトピックを扱ったCLIL

英語母語話者の授業で、専門分野の基礎的な内容を扱い、その分野で使う基礎的な用語や表現を、場面を通して見る、聞く、読む教材を使い、英語でやりとりしながら、クイズを出し、理解を確認する。学生は、語句と文法についての確認テストを受ける。学ぶ内容に関しては、知識を与えるのではなく、疑問を引き出し、意見を交換し、学習者自身が調べるようにする。

■ 事例2　文学作品を扱ったCLIL

文学が専門の教師の授業で、文学作品を読み、背景を英語と日本語で説明しながら、内容の理解を図る。学生は、あらかじめ作品を読み、内容が不明な部分を質問する。内容を把握した後、教師があらすじを英語で確認し、学生にいくつか課題を出し、それぞれの課題についてペア、グループで考え、英語で発表し、やりとりをする。やりとりの後、学生は英語でレポートをまとめ提出する。

■ 事例3　一般教育のリーディングのCLIL

内容については指定がない一般教育の英語のリーディングの授業で、アメリカの学生生活の様子などのトピックを扱う教材を選び、アメリカ社会、教育、文化に焦点を当ててリーディング力を養成することを目的とする。インターネットからその都度必要な教材を用意し、内容についていくつか質問を設定して、グループで読み、答えを英語で述べて、全体で議論する、という手順で活動を

設定する。場面に応じて英語と日本語で授業を行い、学生には発表する部分のみを英語で行うことを義務づけ、その他の部分は強制しない。評価は、授業活動とリーディングの読解力で行う。

■ 事例4　国際関係を扱う専門授業のCLIL

国際関係の授業で、国連の話題を扱う。教師は国際関係論が専門で、授業の目的は国連を中心とした国際関係を中心に国連の機能を理解することである。教材として英語で書かれた資料を利用し、その内容を教師が解説する。学生は資料を読み取り、国連の機能について課題に従い英語でまとめ、ポスターを作成する。学生はインターネットやSNSを使い情報を得る。教師はそれらのリソースの真偽についてサポートする。

■ 事例5　テスト対策の授業のCLIL

TOEFL, TOEICなどのテスト対策の授業で、教師はリーディングとリスニングの問題対策を行う。問題形式を把握するために毎回テストを行い、解説する。その後、関連するインターネット上のリソースを教材として提示し、活動を行う。学生の興味関心に合わせるので、内容に関して一貫したトピックは扱えないが、関連するさまざまな話題とジャンルを選び、英語で話し合う活動を取り入れ、話し合った内容を英語でまとめて教師に提出。評価はテストと課題で行う。

■ 事例6　リメディアルの英語クラスのCLIL

中学校や高校の復習として基礎的な英語を扱う。語彙や文法の練習問題を解くのではなく、インターネット上にあるオーセンティックな素材（広告、旅行、ファッション、歌、ゲーム、スポーツなど）でそれぞれの分野に関連する一般的で関心のある教材を扱い、英語が必要とされる状況を設定し、語彙、文法、発音などを復習し、学生が自律して学習できるように工夫する。授業は英語と日本語の両方の言語を適宜使い、実際に英語を使う状況を可能な限り提供する。

■ 事例7　国際ボランティア活動の授業のCLIL

国際ボランティア活動の実際の事例をもとに活動の意義や内容を学ぶ。その際

に英語や日本語が現地の仲介の人とのコミュニケーションの道具となるので、英語と現地の言語で必要な語句を学び、ノンバーバルなコミュニケーション力とICCを培うことを目的として、多様な事例に対してどのように判断すればよいかを考える。授業は日本語と英語で行うが、実際に必要とされる貢献をグループで考え、互いに英語で発表し、国際ボランティアについて理解を図る。

　以上の事例はいくつかのCLIL実践授業を参考に構成した。各大学とも英語教育には力を入れているので、CLILは大学においてかなり有効な教育だと考える。少しの工夫である程度の効果を生む。一般的に行われている英語授業は、テストなどの目標スコアを示すことで強制的に向上させる、短期留学（語学研修）の機会を設定し目標を示すことで意欲を喚起する、ICTなどを導入し英語トレーニングを管理し自主学習を強制的に課し、テストで成果を測る、英会話スクールなどに委託し、英語母語話者やバイリンガルインストラクターによる少人数学習クラスを設定する、EAPやESPなどのカリキュラムを導入し、レベル別、意欲別、分野別のコースを設定し、学生のニーズに合う授業を展開する、専門分野の教員に英語による授業を依頼する、などがある。成果をあげるかどうかは担当する教員次第で、CLILであれば成功するわけではない。

　上記の実践の成否は、CLILの理念（言語教育、思考力育成、コミュニケーション能力、相手の文化の理解、自律学習、学ぶ内容に焦点、学ぶ意欲の喚起）がどのように働いているかに左右される。単に技能面だけを目標として学習を強制するだけでは決してうまくいかない。具体的には、英語の基礎的知識や技能が不足していれば、コミュニケーション能力の育成とともに言語活動の場を提供する必要がある。発達段階を考えれば、ICTなどの活用による自律学習の場の提供は欠かせない。専門分野に関係する内容を学び、英語の必要性を自覚し、かつ、実際に英語を使う機会を経験することで思考し、互いの文化間意識を高めることがいずれにしても大切である。

　大学教育では、英語力が備わっている学生とそうではない学生がともに学ぶ環境が大切である。特に聞く、話すコミュニケーション能力が不足している学生は、学ぶ内容に関して共通の意識を持っていれば、互いに協力することでよい実践のコミュニティ（community of practice）を形成することができる。また、さまざまな機会を通じて、留学を目標として設定することは大切だが、留学する機会がなくても、授

業を通して英語を使う機会を学生に提供する。事例に示した通り、英語で発表する機会や英語で学んだ内容をまとめる活動は欠かせない。逆に英語力がすでに備わっている学生にはCLILの工夫はあまり必要がなく、CLILの理念に沿った、学習意欲を喚起する内容や英語を使う場面を設定、提供するだけで十分である。

6.2 高等専門学校のCLIL

高等専門学校は5年間の一貫教育である。主に工業系で、情報、ビジネス、デザイン、商船などの学科もある。一般科目と専門科目を学び、技術者を育成することを目的としている。学習指導要領にしばられないので、英語科目にも特にガイドラインがなく各校が独自に展開している。実際、多くの学科で英語力は必要であり、多様な指導が行われている。最近では、CEFRと関連してCAN DOリストを作成し、英語力の到達目標を明確にする動きもあり、CLILに興味を示し実践する学校や教員も増えている。

聞く、話すコミュニケーションに限らず、仕事上の文書やメールなどのやりとりは英語になることが多いし、技術系分野では情報自体が英語中心である。1年生から3年生までは高校のカリキュラムを参照する場合が多く、基礎的な英語力を養成している。しかし、分野の専門的な英語力にも関連する必要があり、学習者が自律的に学習できる環境を教師が支援することも重要である。高校教育と違い目的がかなり明確なので、CLILはカリキュラムとして適している。たとえば、機械工学であれば、1年生から機械工学関連の内容（専門的である必要はない）を取り上げて、コミュニケーション能力を育成できる。英語教員が専門教科教員と相談して内容を選べばよい。英語教員は専門の内容にまで介入する必要はない。科目内容の題材を利用して、コミュニケーション活動あるいはCLIL活動を行う。現実には、大学や高校と同様に、専門教員と英語教員の連携が必ずしも簡単にできるとは限らない。しかし、CLILという教育の力を借りて、統合学習をカリキュラムとして推進することは、大きな意味があると考えられるし、生徒の将来にとっても有効であることは間違いない。いくつか事例を示す。

■ 事例1　一般科目としての英語授業でのCLIL 1

高校の文部科学省検定教科書「English Communication」を使い、4技能を総合的に指導するなかで、教科書のトピックを深めて扱う。特に科学技術関連は各学科の内容と関連させてCLIL活動を展開する。活動にあたって特に注意する点は、教師が英語を使い、生徒とコミュニケーションすることであるが、無理をせず生徒の英語力に合わせるようにする。もうひとつは、生徒の興味関心に応じて内容を工夫することである。カリキュラムには柔軟性を持たせる。いずれにしても、教師が英語を使い、多くのインプットを提供することが大切である。

■ 事例2　一般科目としての英語授業でのCLIL 2

科学技術関連のトピックを扱い、4技能のいずれかに重点を置いてCLIL活動を展開する。その際に生徒にとっても学ぶ内容であるICTの利用を促進する。たとえば、読む活動でインターネット上の辞書や翻訳機能などを利用する活動をする。どのような利用が効果的かを考え、AIの可能性を理解し、英語のコミュニケーション能力を高めるために、多様なタスクを提供し、必要な英語力を自ら工夫をする。この場合、読む、書くなどの活動は重要であり、その延長線上に、聞く、話す活動がある。内容に焦点を当て、それぞれの活動を重点的に行う。

■ 事例3　専門的な学習を支援するCLIL

高学年になり、専攻科、大学への編入、留学などを視野に入れて、より専門に関連する科学技術英語を、生徒が自ら課題を設定し、自律的に学習する。教師はそのプロセスを支援し、生徒は最終的に学んだ内容をまとめ、発表する。たとえば、専門分野の論文を読んで、内容を理解し、その内容の概略を英語で説明し、さらにその内容についてコメントする。教師の役割はあくまで活動のコーディネーターであり、その内容を説明するのではない。

■ 事例4　理科や数学の基礎を学ぶCLIL

理科や数学に関する英語に習熟することを目的としたCLIL授業を展開する。日本語で学習している内容ではなく、中学校や高校段階で学ぶ内容を素材として英語を学ぶ。目標は、理科や数学の分野の基本的な英語表現に慣れることと、

それらの用語を使って説明する、やりとりをすることに慣れることである。英語圏などで使用しているテキストを使うのも効果的である。たとえば、活動は、課題に沿ってグループ（ペア）で取り組み、その解決（答）を英語で説明し、それに対して質疑をする。ポスター、パワーポイントスライド、レポートなどをこの活動のなかで作成する。

■ 事例5　プロジェクトとしてのCLIL

特に教科書を使用することなく、各学科の専門科目の内容に応じてプロジェクトを組み、関連する内容の英語資料を集め、英語で作業するタスクを課す（例：ポイントを表にまとめる、関連する内容のホームページを作成する、ポスターを作成し、英語で説明するなど）。生徒の自律を尊重することが活動のポイントである。プロジェクト例としては、情報工学の活動としてプログラミングを扱い、英語でプログラムを作成し、そのプロセスを英語で具体的に説明する。

■ 事例6　自律を促すCLILの取り組み

英語カリキュラムの内容を比較的自由に組めるので、それぞれの学校で学科に適したCLILカリキュラムを作成し、1年生〜5年生向けの統合的なCLILを策定する。英語レベルの到達目標をCEFRのB2に設定し、読む活動（多読など）・聞く活動（多聴など）は、インターネット素材を利用しオーセンティックな興味ある内容を提供し、量的な達成目標を設定する。授業ではその活動で生じた疑問について教師が支援するとともに管理する。内容の理解度の確認は、英語によるコメントを生徒が報告し他の生徒と共有する。この報告が書く、話すことと関連するので、この記録も量的に処理する。学習活動は教師が形成的に評価することで判断する。

高専の英語教育は大学の理工系の英語教育と重なる部分が多い。科学技術の分野での英語のニーズは高く、各学校とも努力して多様な英語指導が行われるようになってきている。また、専門科目の教師も英語学習の支援に携わるようになっている。高専の英語は大学などと同様、ESPのアプローチが最適であるが、ヨーロッパに較べると英語力が劣る。しかし、ある程度の基礎的な英語力があり、共通の目標を持っ

た生徒が学び、共通の学ぶ内容があるので、生徒のレディネスやニーズが特定しやすい。ESPよりも柔軟性のあるCLIL教育のほうが導入に適している。

　高専にはCLILカリキュラムが浸透しやすい。英語を担当する教員には大学で英語教育を担当する教員とほぼ同様の要件が要求され、英文学、英語学などを専門とする人、社会学などを専門とする人、また高校教育に携わっていた人もいる。一般科目としての英語は、高校の英語教育内容とほぼ一致していて、高校の教科書を使い英語を教えている場合もある。実態は高校と同様の英語教育と考えてよい。「英語で授業をする」は英語母語話者の担当となる傾向があるが、求められている英語力からすると、CLILはその指導のあり方を変え、高専の英語教育の柱として位置付けられる可能性がある。生徒の英語力を向上させることは喫緊の課題である。ここでも、CLILを導入するにあたり、理念（言語教育、思考力育成、コミュニケーション能力、互いの文化を理解、自律学習、学ぶ内容に焦点、学ぶ意欲を喚起）は生かされる。

6.3　高等学校のCLIL

　高校は早くからCLILの実践を始め、CBIなどの考え方を取り入れ、内容重視の指導はすでに実践されていた。筆者もその一人だった。「英語の授業は英語で」と叫ばれ、SSHやSGHなどのプロジェクトが始まり、高校教育の刷新が文部科学省の方針として打ち出されてきている。この方針のもとCEFRを参照し外国語能力の到達度レベルを示し、CAN DOリストを作るようになっている。CLIL教育はその流れのなかで注目を集めるようになった。外国語学科がある高校や英語に力を入れている高校などを中心に広がりを見せている。しかし、基本的にEMIの一環であり、内容を重視した英語教育である。グループワークなどで協同して学ぶ活動を取り入れ、課題に対して考えるタスク重視の指導法（Task-based Language Teaching, TBLT）となっている点に特徴がある。

　CLILの普及を妨げるいくつかの制度上の問題がある。英語以外の教科の教師が英語で担当科目を教えられる仕組みがなく、英語教師も英語テストや受験対策のための授業や成績評定をしなければならないので、中間期末などの学年共通テストの内容にしばられる。「英語で授業をする」や一定期間を要するプロジェクトが教員の裁

量で展開しにくい。CLILをカリキュラムとして取り入れることは制度上むずかしい。しかし、そのような現状があったとしても、教師がCLILの理念（言語教育、思考力育成、コミュニケーション能力、互いの文化を理解、自律学習、学ぶ内容に焦点、学ぶ意欲を喚起）を適宜参照して指導する。多くの英語教科書は生徒が興味を示すトピックを扱っている。それらのトピックをテーマに沿って扱うと、効果的なCLIL教育が可能になる。そのような観点からいくつか事例を示す。

■ 事例1　English Communication の授業における CLIL 1

教科書のトピックの内容の背景を教師が英語で導入し、必要に応じて日本語で補足する。いわゆる oral introduction を生徒とやりとりしながら内容理解に焦点を当てて活動する。その際に、教師も生徒も語彙、文法、発音ではなく、意味内容に注目するように工夫する。その後、トピックに関連するタスク（問題解決、批評、助言など内容に関係することで、テクストの理解に関することではない）を行う。タスク終了後、語彙や文法理解のための説明と練習を行い、さいごにふりかえりシート（reflection paper）を英語で書く。ふりかえりを英語で伝え合うのもよい活動となる。

■ 事例2　English Communication の授業における CLIL 2

教科間連携の試みとして他教科の内容と英語授業のトピックを関連させて題材を扱う。たとえば、環境問題のトピックを扱う場合、教科書で扱かったトピックを発展的にタスク化して英語で提供する。まずグループで考え、疑問点を明確にし、その疑問を生物の教師の支援などを受けて解決する。解決した内容を英語で整理し、考察し、発表し、レポートとしてまとめる。生物の教師からも専門的なコメントをもらう。このような統合学習を他教科とのコラボレーションで多様に工夫して、教科の内容を英語でも学習するようにする。教師は資料を準備し、結果を求めるのではなく学ぶプロセスを重視する。

■ 事例3　English Communication の授業における CLIL 3

多読・多聴を授業の一貫した活動とし、学期ごとに目標を定める。教材はそれぞれの状況により対応し工夫するが、CLILはオーセンティックな教材を重視

するので、インターネット教材は多くの場合有効である。たとえば、Voice of America (https://www.voanews.com) を利用した活動を考える。リソースのなかには、動画、音声、スクリプトなどがあり、レベル分けされ、むずかしい語彙にはグロサリーもついている。内容はアメリカの話題となるが、生徒が興味を示す話題が多くある。放課後や家庭での自律学習を促し、授業では毎回数人の生徒が読んだ話題について発表する機会を設ける。教室環境が許せば実際にその発表記事を授業で閲覧し共有する。生徒は定期的に読んだ記事のタイトルと読んで考えたことを英語で書いて提出する。授業の活動の一部に帯活動として実施するこのような活動も、CLIL教育である。

■ 事例4　他教科の教員とALTと英語教員のティーム・ティーチングのCLIL

多くの学校で指導助手としてALTが勤務している。ALTは、大学で専門の勉強をしてきているので、それぞれが得意とする分野について授業で扱うことは効果的である。その際に他教科の教員と協力してALTが科目の内容を教えるということもCLILとして適切な活動である。その際の英語教員の役割はコーディネーターで、全体のタスクを考える。その際も必要に応じて日本語を使ってかまわない。このような授業のメリットは、ALTがイニシャティブをとることで「学ぶ文化」「考え方」などの違いを意識する機会が得られることである。単に英語でコミュニケーションすればよいということではない。これは、CLIL教育の特徴でもある。

■ 事例5　数学のCLIL

数学は英語で教えやすい教科である。数学で使われる英語は明確でシンプルだ。また、数式を示せばことばを使わなくてもわかることが多い。理系の大学に進学を考えている生徒には大学での準備教育としても効果的である。たとえば、英語で数学の用語を理解するために、英語で書かれた数学の教科書を利用し、生徒自ら日本の数学の教科書と比較する活動は、数式などの数学の内容から用語を推測することができ、用語の定着につながる。YouTubeやTED Talkなどの数学に関する動画を見て、スライドや字幕などを見ながら内容を考える活動も同様に有効である。特に英語でコミュニケーションを図る活動をタスク化しな

くてもよいが、自ら発見した内容を整理して発表するなどの機会を設定することも効果的である。数学の問題を解き、解法のプロセスを英語で説明することなどは、パターンがあるので比較的容易にできる。

■ 事例6　理科のCLIL

理科はCLILで学ぶ意味がある。科学技術の発展は急速であり、生活のなかでも重要な内容が多く、グローバル化が進み、英語は必須の言語である。科学技術分野での英語力の育成にはどの国でも力を入れている。CLIL教育のポイントは、数学と同様、英語と日本語での用語や内容の理解を基本とし、さらには思考力の育成である。学ぶ内容は、日本語でも英語でも理解することが重要であるのはもちろんだが、聞いて読んで英語で知識を確認し、理解した内容を英語でまとめる活動を行い、同時に英語で説明できるようにする。この活動の延長上にやりとりや発表などの活動を取り入れる。英語で無理やり導入することは避け、学習者の理解度を考慮しながらやりとりや発表などの活動に近づけたい。英語だけで理解がむずかしい場合に日本語を補足する。しかし、日本語で先に学んでから英語で理解するという活動は避け、英語で理解しようと考えることが重要だ。

■ 事例7　地理、歴史のCLIL

地理や歴史はヨーロッパでは重要な科目でよくCLILが実施されている。日本のアプローチはそれとは違い、まず学習目標を明確にし、英語で学ぶ意味を限定する必要がある。たとえば、地理では、資源・産業などの分野を扱う際に、観光業などのトピックで日本の観光の課題を扱い、地域の観光ポスターを英語で作成するなどのタスクを行う。歴史においては、学習指導要領の改訂で「歴史総合」という科目ができる。国際関係という視点から英語で紹介する日本の歴史を考えて、YouTube動画を作成して発信するなどのプロジェクトを行うとよい。重要な点は、英語科目との連携で、学ぶ内容とそれと関連する英語学習や活動を適切に学習者に提供することだ。

■ 事例8　ESD や SDGs と CLIL

ESD（Education for Sustainable Development）は、持続可能な開発のための教育のことで、文部科学省が推進している環境、経済、社会を統合する教育である。また、ユネスコが推進するプロジェクトに関心を持ち、生徒が国際的な視点を持つことを意図している。身近な製品がどこから来るのかを英語で調査し、英語でまとめ、ディベートなどの活動をする。この場合の CLIL は部分的なアプローチになるかもしれない。英語が必要な状況をつくり、英語で調べ、英語でそれを伝える。また、国連が示している SDGs（Sustainable Development Goals）（**図6.1** 参照）も同様に有効に活用できる。17の持続可能な開発目標について探求することは、社会や理科の授業と連携して CLIL 教育が可能である。

図6.1 国連が示す SDGs（Sustainable Development Goals）

■ 事例9　音楽、体育など実技系の科目の CLIL

実技系の科目と CLIL は相性がよい。環境が整えば内容と絡めて英語（他の言語も可）を使い CLIL が可能である。授業形態は帯活動でも投げ込みでもよい。すべて英語でする必要はなく、活動に応じて英語を使う。たとえば、英語でミュージカルをする、サッカーの指示を英語にしてプレーする、英語のレシピを見て料

理を作る、英語の物語を読み絵本を作るなどである。ポイントは、それぞれの実習を通じて、英語を道具として使い、内容を考え、内容を伝え、内容をもとに行動するということである。単なる英語学習ではなく、意味のやりとりと工夫をし、文化を理解する統合学習は、実技系の科目が最も適している。

■ 事例10　学校カリキュラムとしてのCLIL

CLILは授業でなくても学校全体のプロジェクトとして実施できる。英語力を養成する目標を立て、各授業、委員会活動、学級活動、学校行事などのさまざまな機会で、それぞれの活動内容に英語を道具として取り入れる。英語の日などとして「英語だけでコミュニケーションしよう」ときっかけを作ることは大切である。また、スピーチコンテストなども、英語の表現や発音に注意するのではなく、意味に焦点を当てる活動にすることが大切だ。活動はあくまでバイリンガルで行い、英語を強制しない。生徒自身が英語でパンフレット、ビデオ、ポスターなどを作る活動をしたり、英語で歌やダンスなどの発表会をしたり、英語の掲示を作成したりする。いくつかの科目で連携しプロジェクトとして実行することで統合的に学習する。

　高校でのCLILはこのほかにも多様な活動が可能である。インターナショナルスクールやIBプログラムでの学習活動とも多くは重なる。教師が英語を自然に使う環境を作り、どのような状況でも英語をそれぞれの活動にかかわるコミュニケーションの道具として考える。日本語もコミュニケーションのためには必要なのでバランスよく使う。

　重要なポイントを2点指摘しておく。ひとつは、生徒が英語を使うこと、使うことにより「英語に慣れる」ことである。もうひとつは、「英語を教えられる」ではなく「自分で英語を学ぶ」という生徒の態度だ。そのためには教師の役割は重要である。英語の文法や発音などの基礎を正しく理解し、適切に使用することを重視する場合は、CLIL教育とは多少異なるアプローチになるかもしれない。大切なことは、生徒自身が必要に応じて本を読み、英語を聞いて、書いて、話すという活動を授業以外の場でも自律的に行える意欲を培うことである。学習者が明確な学びの目標を持てば、個人でもCLILは可能である。

6.4 中学校のCLIL

　日本の中学校の教育課程は綿密で、学習内容も精選されているので、教科書から離れるのはむずかしい。最近では小学校や高校との連携などが図られ、カリキュラムも多少柔軟になり、教科間連携も忙しいスケジュールのなかでも計画され、義務教育校、中高一貫校などでは多様な取り組みも実施されつつあるが、CLILをカリキュラムとして導入するのはむずかしい可能性が高い。しかし、個々の英語教師の努力で授業活動の一部として、あるいは、学校活動の一環としてCLIL教育は実施可能である。そのためには仕組みが必要であり、地域社会や教師の意識改革が欠かせない。

　中学校の英語教育には伝統があり、英語教育の基本的な枠組みがある。発音、文字、語彙、文法、各技能などのていねいな指導が必要とされ、いずれも正確な指導知識と技能を身につけることが要求されている。教師はまずその基礎基本の指導を前提としているので、CLIL教育の発想が生まれにくい土壌がある。学習指導要領は基本的にCLTを基盤としているので、発音、語彙、文法などの指導は、コミュニケーションの基礎として重要である。高校受験も重要な目標となり、高校入試などで基礎基本の知識は問われるので、おろそかにはできない。教科書は1年間で終了しなければならないので、教科書シラバスで求められていないCLIL活動を取り入れることは容易ではないのが現実である。

　学習指導要領では「カリキュラムマネジメント」が強調されている。その趣旨は、教育課程を編成（plan）、実施（do）、評価（check）、改善（act）するという柔軟なカリキュラムの遂行を促すものである。そこでは、教科横断的な視点、PDCAサイクルの確立、必要な人的・物的資源等の活用を示唆している。この考えはCLILを導入するのに適しているので、順調に浸透すればCLILは効果的なアイディアを提供できる。カリキュラムマネジメントは、生徒の学習を活性化するために柔軟な工夫を求めているので、教師はこれまでの学習の枠組みを柔軟に考える必要がある。そのひとつにCLILという選択肢がある。その観点からいくつかの事例を示す。

■ 事例1　英語授業の活動としてのCLIL 1

授業のWarm-up活動としてテーマを決めてCLILの要素を取り入れる。歌、ビデオ、画像、読み物などを各教科の内容などと関連させて選び、読む、聞く活動

を英語のインプットとして提供する。必要な語彙や表現は提示するが、内容に焦点を当てる。たとえば、あいさつ（greetings）をテーマに、YouTubeの動画などを活用してさまざまなあいさつの場面を示し、コミュニケーションや文化を考えるきっかけとする。このように、授業の一部にCLILを導入し、カリキュラムとして導入することができなくても、多様なCLIL教育が可能である。

■ 事例2　英語授業の活動としてのCLIL 2

教科書の話題に合わせてオーセンティックな教材を提供する。提供する教材は英語の難易度よりも生徒の興味関心に合わせて選択する。CLILの基本である自律学習を促すために、わからない語句は自分で調べるように指導する。調べる際に語彙や文法にこだわる生徒もいるが、学習が語法に集中することなく、興味ある内容の理解や発信に活動の主体が向かうようにスキャフォールディングを提供する。その際に必要に応じて日本語の情報も与える。たとえば、「ロボット」の話題が教科書で取り上げられていれば、Sophiaというロボット（humanoid robot）が "I will destroy humans." と言った記事を紹介し、AIロボットについて考える。CLILでも英語でコミュニケーションすることを意図しているが、活動によっては日本語でもかまわない。しかし、教師はできる限り英語を使い、生徒が自然に英語を発話するのを待つ。生徒が英語を使おうとする意欲を育みたい。

■ 事例3　英語授業の活動としてのCLIL 3

授業の発展活動として教科書題材に関連する話題をもとにタスクを計画し、グループワークを行う。活動は、英語と日本語の資料を読み英語でまとめるなどとする。その際に、図書館、インターネットなどを活用し、興味関心を持ったことをポスターやスライドにして発表することも有効だ。教師は活動の支援をするが、生徒からの質問や依頼に対しては英語を使うことを心がける。CLILとしての活動のポイントは、内容と思考に焦点を当て、教師とのコミュニケーションや調べた内容を英語で発表し、生徒同士の協同のなかで学ぶことである。

■ 事例4　ティーム・ティーチングでのCLIL

ALTとの学びはCLILのよい環境である。ALTの背景もさまざまで、英語を教え

ることに慣れている人もいれば、そうではない人もいる。それぞれの専門性や経験を生かし、授業と関連させながら数学、理科、社会などの各教科の内容の活動の機会を考える。それぞれの国の文化などの紹介よりも得意な教科の活動のほうがALTも意欲的に取り組むことが多い。音楽であれば、歌詞の意味の説明の後に、一緒に歌い、歌の背景などを日本と比較する。映画の主題歌として知られる"Remember me"はメキシコの祝祭「死者の日」を扱っているので、歌詞から文化背景などを考えるよい機会となる。さらに、ALTの知識経験をもとにCLILを構成することも可能だ。紹介だけにならないように配慮しながら、ALTが伝える内容について生徒が思考できるようにタスクを設定することが、CLIL教育として重要となる。

■ 事例5　Focus on Form と CLIL

中学校の英語教育においては、小学校の英語教育がスタートしてもなお、基礎基本の学習は重要である。中学校の英語教育ではFocus on Formは適切なアプローチであり、CLILとの親和性は高い。文法や文型の理解は大切であるが、意味内容と離れてしまうとお仕着せの勉強となってしまい定着しにくい。英語が使用される場面を理解し、その仕組みや構造もわかると応用ができるようになる。授業では内容や場面を導入する展開のなかで特定の文法項目を取り上げることはCLILでも適切である。CLILではこの文法項目を教師が設定するのではなく、生徒の疑問から始まるようにするのがよい。「なんでHow are you? って言うんですか？」「I'm fine と It's fineのfineは同じ意味？」などの質問を生徒から引き出し、howやfineの使用を互いに学び合うようにする。CLIL教育の観点は、学習に内容（例：天候、気分など）が関連することである。どのように指導するかは教師の裁量であり、こうしなければいけないということはない。

■ 事例6　学校教育のなかでのCLIL

国際理解教育などの一環として学校や学年目標などでCLILを設定する。英語は授業を通して学習するだけでは十分ではない。授業で学んだ英語を学生生活の多様な活動のなかで使う環境が役に立つ。CLILのプロジェクトとして、学校内でバイリンガル表示を計画し、また、校内放送やブログなどでも英語での情報

を提供する。また、教科の情報も英語と関連するように工夫する。それぞれの授業では、可能な範囲で教科横断として関連する内容を指導し、英語の授業でもそれに触れる。CLIL教育としてのポイントは、生徒を巻き込み積極的に参加させることである。さらには、地域の人材を活用し、保護者も巻き込むことも有効である。このような状況がうまく機能すると、統合的な指導が可能になり、効果的なCLILカリキュラムが実施できる。しかし、過剰に英語学習に集中することは避けたい。PDCAを機能させて柔軟に対応することが大切だ。

中学校段階では、生徒は多感な時期であり、かつ、社会が学校に要求することも多く、教師の仕事も複雑になり、学習指導にだけ力を注ぐことができない場合も多々ある。基礎基本を指導することだけで手一杯な場合もあるが、CLIL教育は必ずしも内容重視の英語学習という面だけではなく、本来多面的な統合学習を目指す教育である。日本の中学校教育が目指すものが全人教育であることを考えると、ヨーロッパのような多言語多文化状況のCLILとは違うアプローチが必要だ。日本の中学校の統合学習は、おそらく英語を核とする学習環境の基礎づくりである。小学校から英語学習が始まり、英語の基礎を学び、中学校ではその英語の世界を広げ、学ぶ意欲とともに英語がどのように役立つのかを経験し、さらには英語だけではなく他の外国語への関心も持つように導く。そのようなCLIL教育の素地をつくることが大切だ。

CLILの利点は英語の授業のどのような場面でも可能なことだ。どうしてもCLIL教育の実施がむずかしいと考える場合は、無理をしないことである。生徒が意欲的に学習ができる環境を整え、必要に応じて部分的にCLILを取り入れてみることが大切である。学ぶ内容に興味関心が向かうのは自然なことで、多様に柔軟に学習を考えると、受験や検定試験のためだけの英語学習とはならない。生徒の将来にはやはり外国語の社会や文化への興味関心があるはずであり、仕事や好きなことと言語が関連する。CLILはそれを支援するだけである。

6.5　小学校のCLIL

小学校外国語（英語）教育はようやくスタートした。言語教育政策、教員養成、社会

的な問題、教育文化など、複雑な解決すべき課題が山積しているが、学習指導要領では英語コミュニケーション能力の育成を目標としている。そのための言語活動を、CEFRと同様に4技能5領域（聞く、読む、話す［やりとり、発表］、書く）に分けて示している。英語授業はコミュニケーション能力の基礎にかかわり、発音、語彙、文法、各技能などをていねいに指導することが求められている。しかし、小学校で英語授業に携わる教師の多くは、英語指導に十分な知識、技能、経験がなく、不安を感じている（韓国、台湾でも導入時には同様だった）。教員養成制度の抜本的な改革が急務だ。

　学習指導要領の記述にはCLIL教育の理念に共通することがある。教科横断的な指導が求められている点を考慮すれば、CLILは小学校教育でも大いに推奨される統合学習であることは間違いない。統合学習として考えると、英語だけで活動することはあまり効果的とは言えない。ましてや英語教育の専門家ではない小学校教師が、英語で授業をすることには、無理がある。

　公立学校では、移行措置期間を経て2020年度より、5年生から教科として英語が週2時間教えられ、小学校英語教科書も7種類出版され、外国語活動は3年生から始まった。文部科学省は、『Hi, friends!』に加えて、『Let's try!』『We can!』などの補助教材を作成し、指導方法の具体例を示している。使用は義務付けられてはいないが、多くの小学校で使われている。教科として正式にスタートし明確な方向性が出てカリキュラムが固まっても、CLIL教育は実践できる。教科横断的指導を積極的に進めようとしているかぎり、CLILの利点は生かされる。以下にいくつかの小学校のCLIL教育の事例を示す。

■ 事例1　外国語活動におけるCLIL 1

外国語活動は「外国語に慣れ親しむ」ことが目標である。言語だけではなく文化も扱うことが多い。3年生はローマ字も習うので、音と文字を考える活動をする。身の回りにあるアルファベットで書かれている文字を集め、整理し、教室内に貼り、発音を確認する。生徒の名前もアルファベットで書いて貼る。目標は、さまざまな言語が日常的に使われていることを意識することだ。たとえば、「V」という文字が勝利の意味で、「Sun」が日曜日の意味で使われている。また、カタカナ語とアルファベットとの関連、Japan, Nippon, Tokyo, Les Misérablesなど、文字と発音とその他の外国語など、言語意識を培う。

■ 事例2　外国語活動におけるCLIL 2

英語に「慣れ親しむ」という観点から教科横断的な授業内容を工夫する。たとえば、算数の内容を取り上げて英語活動をする。英語の数字に慣れることを目的として、簡単な四則計算を英語で考える活動を行う。数字の英語の言い方を学んだ後に、"If you add six to nine, what do you get?" など、質問をし、"If you add six to nine, you get fifteen." と答える活動をする。目的は英語の数字に慣れることだが、CLILのアプローチの基本は目標を限定せずに児童の学習志向にある程度任せることで、児童の発想を豊かにする。同様に他の教科で学んでいる（学んだ）ことを、英語でも学ぶことで相乗効果が期待される。このような活動をする際には、英語だけではなく必要に応じて日本語を使い、考えることを促す。外国語活動の授業だけではなく、持続的に活動することで定着を図ることが大切である。

■ 事例3　英語におけるCLIL 1

教科としての英語では、学習指導要領にもあるとおり、コミュニケーション能力を意識した言語活動を行うことで、コミュニケーションを図る基礎を養う必要がある。これまで使われた『We can!』を題材にして、たとえば、Unit 4 What time do you get up? を例に考えると、日常の生活を題材にしているので、自分の生活習慣とそれぞれの児童の生活習慣を互いに比較して理解する。What time ...? – Do you always (usually, sometimes, never) ...? と互いに尋ね、表を作成し、何人が何時に何をしているかなどを調べてまとめる。ここで欠かせないのは、児童が自分で調べ、自分から他の児童に相談するなど、目的に向かって自分から行動しようとすることを教師が支援することだ。また、ALTや地域の人材の協力をアレンジするのも教師の役割のひとつである。さらに、その調べた結果を英語で伝える機会をつくる。そのために、英語の発音、語句、文法などを理解する時間をとる。児童が考える時間をできる限り使い、一人ひとりが考え工夫するように促す。教科書の進度を気にするのではなく、理解と学習意欲を第一に考える。2020年度からの新しい英語教科書でも同様の活動は可能である。

■ 事例4　英語におけるCLIL 2

他教科との関連からバイリンガル教育としてCLILを展開する。『私たちの道徳』の題材を使って「生き方を学ぼう」をテーマに考える。テーマは日本語で導入するが、スポーツ、音楽、料理、政治、経済など世界で活躍する多様な人の生き方を動画とともに英語で紹介し、英語という言語の役割、生活や考え方の違いなどを理解できるような活動をする。たとえば、スポーツ選手の言葉（quotes）をカードにして配り、それぞれのカードの理解を促し、児童にカードを選ばせ、そして、そのカードを選んだ理由を尋ねる。英語で答えるパターンを指導するが、英語で選んだ理由を言うことがむずかしければ日本語でもよい。児童が選んだ言葉とスポーツ選手の紹介を英語で書いたポスターを作り、校内に掲示してクラスで共有する。

例）My ambition is always to get better and better. – Lionel Messi

■ 事例5　教科横断の要としてのCLIL

小学校教師の強みは、一人で各教科を教えるという点にある。英語の基礎基本の指導は必要だが、それだけでは児童の興味関心を引きつけることは簡単ではない。CLILは学ぶ内容と言語を統合する学習を基本とするので、関心のある内容を提示できる。この段階の児童は英語だけでは不自然になることもあるので、教科横断型の要としての英語活動を適切に取り入れる。プロジェクト学習、帯学習などで、児童が学んだ英語を自律的に広げられるように工夫する。教師は、タスクを計画し、タスクを円滑に進められるようにスキャフォールディングを適切に行う。たとえば、毎日15分間のモジュール学習を設定し、各教科で学んだことを英語でまとめる。月曜日は国語、火曜日は社会、水曜日は理科、木曜日は算数、金曜日はその他の教科というように、各教科のポイントを英語の短文で表現する（Japan is an island country. It has more than 3,000 islands.など）。まとめた内容は英語の時間に紹介し共有する。辞書などを使って自分で調べ、関連する用語を知り、各教科で学んだ内容を英語で理解する活動を、教師は支援し、評価し、よい方向に導く。

■ 事例6　リスニング活動とCLIL

小学校英語授業では、インプットとしてのリスニング活動は最も重要な学びである。英語の授業を通じて英語に対する意識づけをすることで、日常生活でも英語に注意するようになる。歌、ドラマ、映画、インターネットなど、児童の身近に英語はあふれている。しかし、意識しないと英語の音として耳に留まることもなく、カタカナ語として定着してしまう可能性もある。その点を考慮して、CLILでは、技能としてのリスニング活動をするだけではなく、内容を聞いて、それに対して何らかの行動をすることを求めるタスクを課す。たとえば、あらかじめ目標となる場面や状況を提示し必要な語句を説明する。さらに、画像や動画などリスニングの助けとなる背景も与える。理解の助けとなる質問や要求をしてもかまわない。CLILのリスニングではこのようなスキャフォールディングを大切にする。

例）What are carbohydrates or carbs? 炭水化物って何？（画像や動画とともに）
　　What are carbohydrates or carbs? The word carb is short for carbohydrate. It is one of the three primary components of food, and the other two are protein and fat. Carbohydrates include starches and sugars that are digested and used for energy in the body. They can be simple sugars. ...

■ 事例7　リーディング活動とCLIL

タスクを工夫することで、文字を習ったばかりの小学生でもリーディング活動を行うことは可能である。リーディングを情報のリソースとして考え、「読んで訳す」ではなく、「読んで必要な情報を探す」活動を行う。オーセンティックな教材（文字情報が少ないもの）を学級活動全体で提供する。負荷を増やさないように児童が興味関心を示す素材を配布したり、スクリーンで見せたり、ポスターにして教室に貼るなど、生徒の目に触れる機会を増やすほど定着する。広告などは最も効果的だ。マクドナルドの"I'm loving it"などがよい例である。授業では辞書を一人で自由に使えない場合が多いので、グループワークや宿題などにして児童が考え疑問を持つようにする。読んだ内容や表現をノートにまとめたり、整理したりする活動につなげる。

■ 事例8　ライティング活動とCLIL

書くことが好きな児童もいる。小学校でのライティングは、リーディングよりもさらに基礎的な活動に限るべきであろうが、ローマ字を習い、アルファベットが身近なものになっているので、児童の活発な活動が期待できる。学んだ内容の記録伝達は、手書きでもコンピュータでも、CLILでは重要な活動だ。プログラミングの授業も盛んになり、ICT技能としてのライティング活動は教科横断的な観点からも有意義である。たとえば、英語授業のなかでアルファベットの文字と発音を学び、活動のなかで出てくる表現を書き写す練習をする。数字が書けるようになれば、足し算などの簡単な計算式の英語を聞き取り、答えを数字と文字でつづる。色、果物、行動なども同様に、見たり聞いたりしたことを文字で書く活動をする。まずは具体物の英語名称を理解し、理解したら書いてみる。このような活動を発展させて次第に英語の知識と文字を増やし整理して分類する。CLILでは、ライティングを目標とするのではなく、活動を記録する・伝達する手段として文字を活用したい。その際に、音声と連動させることを活動のなかで留意する。環境が整っていれば積極的にICT技術を導入し児童が主体的に活動できるように工夫する。

■ 事例9　スピーキング活動とCLIL

小学校では聞く、話す活動を重視する。耳で聞いて、声を出してまねることをこの時期に大いに取り入れたい。スピーキング活動の際は、場面と内容と意味に常に注意しながら、英語を自然に発話する雰囲気づくりと自然なコミュニケーションの場面を提供する。高学年になると、おおげさにコミュニケーションすることを恥ずかしがる傾向が出るが、そうならないような雰囲気をつくることも大切だ。また、読む、聞く、書く活動に連動して話す活動があるということを忘れてはならない（活発に見えてもあまり意味のない活動となることがある）。スピーキング活動の展開例を挙げる。

例）社会（歴史）：歴史上の人物について英語で読み、Show & Tell
Tokugawa Ieyasu was the founder and first shogun of the Tokugawa shogunate of Japan. He was born in 1543 and died in 1616. I think he was the greatest

samurai in Japan. ...

＊活動に際しては、資料の準備、発表を例示、過去形の基本の指導をする。

■ 事例10　学校プロジェクトとしてのCLIL

小学校教員の研修も兼ねて学校全体のプロジェクトとしてCLILを導入する。中高の英語教員免許を所有している教師や、英語が堪能な教師もいる。そのような人材を中心にカリキュラムを編成し実施する。外国語活動と英語科目を核として、各学級活動でALTや地域の人材の力を借りてチームとしてCLILを展開する。その際、学習に偏りすぎたり、イベント化しないように留意する。たとえば、ICT環境が整っている場合、児童の家庭と連携して、インターネット上に学びの空間を作り、そこで英語と日本語のバイリンガルリソースを置く。モジュール学習の時間を設定し、その場で自律的に学習する方法を提示し、やり方は各児童にまかせる。学級担任は、学習のプロセスを把握し、児童の自律学習を支援することを心がける。CLILのプロジェクト例としては、英語の技能面にのみ注目することなく、基礎基本の知識内容の理解、学ぶ内容に関連する英語に「慣れ親しむ」ことと、「コミュニケーションを図る基礎」を目標にすることが大切だ。たとえば、各科目に関連した英語を学ぶ1年間のプロジェクトのテーマを「身の回りの場所を観察 (to observe places around you)」として、児童一人ひとりが1年間自分の身近な事物を観察し英語の名称を調べまとめる。1年間を通して、児童が興味あることを自分で学び、学んだことをまとめ、定期的に発表会を行う。教師の役割は、調べ方や疑問が生じたときに相談に乗ることである。外国語活動や英語の時間を使って指導しながら、各授業との連携を取り、CLIL教育を実施する。

多くの地域で母語以外の言語のニーズは高くなっているが、日本では、日本語以外の言語のニーズは多くの人にとって低いのが実態である。ヨーロッパは「母語＋2言語」という政策により多言語多文化が基盤にあるが、日本にはその考えはなく、まずは日本語である。その他の言語に関しては英語が中心となっているが、必ずしもその必要性は高くない。

　CLILを全面的に導入することは問題があるかもしれない。これまでの政策からす

ると、まずは英語教育の着実な履行と定着が必要であろうが、近隣の東アジアの各国に日本はやや遅れをとった。しかし最近になり、英語教育を過激に始めた国は、現在その行き過ぎを反省し母語の教育を重視し始めている。CLILはその狭間で有効に機能する学習と考えられる。CLILは教科ではなくひとつの理念であり教育であるからだ。その上で、小学校の教師が各教科を指導しているという利点が、CLIL教育を最も効果的に展開する可能性がある。

6.6 幼稚園、英会話スクールなどのCLIL

　幼稚園や民間施設では就学前の子どもに英語を学ぶ機会が提供されている。さらに民間の英会話スクールが社会のニーズに応えている。そこで、CLILは注目を集めている。CLILという理念が、いままでの英語指導に内容、思考、文化を取り入れたことで、ある面で新しい発想のアプローチとして有効に働いている可能性がある。早期英語教育におけるさまざまな活動は、歌やゲームなどで身体全体を使うので、CLILとしても活用される。また、英会話スクールなどのビジネス英語、留学準備英語なども、目的が明確であり実際の場面を想定しているという点で、従来から内容重視の英語学習アプローチが役立つ。CLIL教育としてよりわかりやすい理念を掲げることで、学習者の意識も明確になる。学習指導要領のようなガイドラインもなく自由で、CLILの趣旨に適した実践的学習が展開できる。公教育とは違い、CLILはビジネスとしても注目を集めている。

　これまで述べてきたようにCLILに特有の指導技術や指導方法はなく、教師や学習者の言語学習に関する考え方の転換が特徴のひとつだ。考え方が変わるだけで同じような活動でも異なる展開になる。多様な学習が柔軟に展開することをCLILは許容している。常に同じ指導展開をしたり、目標を設定しその目標を達成するために指導を形式化したり、結果だけを評価するとCLILの効果はあまり期待できない。CLILの特徴である多様で柔軟で複雑であることを理解し、内容と言語を統合する学習を教師と学習者双方が工夫することが大切だ。CLILの自然な学習には多様な学びの様相が複雑に絡んでいるので、学校教育のカリキュラムにしばられないCLILは魅力がある。英語のやりとりをその場に合わせて、学習者に寄り添い展開することが大切だ。

いくつか事例を示す。

■ 事例1　子どもへのEnglish ShowerとCLIL

就学前の子どもは英語に抵抗がなく吸収力がある。発音、語彙、文法などにおいても、遊びながらたくさん聞いたり見たりすることで理解し定着する。単に「遊ぶ」だけでは効果はあまり期待できないので、意味のやりとりができるように遊びに意味づけをすることが大切だ。英語をたくさん聞かせるEnglish Showerでは、常に意味のある活動となる必要がある。就学前の子どもにとって「遊び＝学び＝意味」である。従来から指導されている早期英語教育のノウハウをそのまま生かしたい。子どもの指導に長けている教師が必要である。これはおそらく世界共通だ。ただし、CLIL教育で重要なことは、思考（cognition）である。考えること、工夫することを大切にする。たとえば、アルファベットの歌を歌う際も、音だけではなく文字と内容も提示する。子どもが興味関心を持ち、そこに学びがあるようにする必要がある。アルファベットの文字とそれが表す絵がついたカードを部屋に配置しておいて、歌っているあいだに、A, aという文字を認識するためにA, aがあるカード（a cat, a carなど）を探し、次にA, aがないカード（milk, fishなど）を見つける。その後子どもの理解と興味に合わせて活動を発展させ、音と文字と内容の関係を考える機会を促し、必要に応じて日本語で説明する。CLILは、EMIではなく、バイリンガルである点を忘れてはならない。

■ 事例2　英会話スクールとCLIL

英会話スクールに行く人は目的が明確で、意欲もある。授業料を払っているので、その対価を得ようとする。旅行、仕事、留学、テストなど、目的は多様なので、個別に対応することになり、教師の能力が問われる。CLILは必ずしもすべての受講生に適したものではないが、教師がCLIL教育を理解しておくことは重要だ。英会話スクールのアプローチはESLのアプローチが適している。想定される英語を使う場面や内容と関連して会話し、それに関連する英語学習をする。会話を題材として話し言葉に必要な発音、語彙、文法などを学ぶ。たとえば、留学準備であれば、TOEFLやIELTSのスコア向上が目標となり、留学先で学習する内容を題材として活動することになる。さらには、バイリンガルやICCの観点も

重要となる。学習者の文化を理解し、それを想定した日常生活や学校生活など
の具体的な話題は、学習者の動機づけとニーズにかなう。

■ 事例 3　英語キャンプ、集中合宿などと CLIL

英語キャンプや集中合宿は多様な学習段階で実施される。EMI を基本とした活動
や目的が明確である。バイリンガルによる CLIL 教育は、その場の環境に対応が
可能である。子ども英語キャンプの目的は交流で、参加者が交流するなかで英
語を使い、英語を学習する。英語集中合宿（受験のためのものは除く）は、目標
を設定した活動が英語を使って行われることが多く、学ぶ内容がある。このよ
うな活動を明確に CLIL 教育として実施する場合は、"Let's study math & science
through English" などとして、教科科目などの学習と英語学習を明確にする。
EMI にする必要はなく、バイリンガルで行い、「英語禁止」などの強制はやめる
べきだ。外国とほぼ同様の環境で英語学習を行う英語村などの施設が開設され
ているが、それとは異なるコンセプトでよい。英語を使う環境を人工的に作り
集中して行うトレーニングは昔からあり、成功例も多いが、不自然である場合
が多い。まず、学ぶ内容や実施する活動を明確にして英語を使う必要性や環境
を整え、そのあとに英語を使うための多様な仕掛けを工夫し、自然に英語を使っ
てコミュニケーションする場を作り、CLIL を実践する。

6.7　各学校段階での CLIL と英語力の評価としての CEFR の利用

　本章では、各学校段階における CLIL の事例を紹介したが、活動に対する評価に
は触れていない。内容と言語、それぞれの達成度をどのように評価するかという
議論があり、現在でも明確な結論は出ていない。本書では、形成的評価（formative
assessment）でよいと考えている。ヨーロッパでも、総括的評価については学習した
内容を評価すればよいとしていることが多い。日本の CLIL も、現状では英語教育の
一環と考えることが妥当なので、本書の立場は英語の評価でよいとする。
　評価と成績は一緒に議論されることが多いが、評価は、学習者の学習の評価であり、
今後の学習者の学習をどのような方向へ進めるべきかという指針を示すことを目的

とする。英語に関してはヨーロッパと同様CEFRの6レベルを使い、ディスクリプター
を工夫して評価することが妥当だ。たとえば、A1（日本では中学校卒業段階の到達
度目標）のディスクリプターを見てみよう。

A1	ディスクリプター
Listening（聞く）	はっきりとゆっくりと話してもらえれば、自分、家族、すぐ周りの具体的なものに関する聞き慣れた語やごく基本的な表現を聞き取れる
Reading（読む）	たとえば、掲示やポスター、カタログのなかのよく知っている名前、単語、単純な文を理解できる。
Spoken Interaction（やりとり）	相手がゆっくり話し、くりかえしたり、言い換えたりしてくれて、また自分が言いたいことを表現するのに助け船を出してくれるなら、簡単なやりとりをすることができる。直接必要なことやごく身近な話題についての簡単な質問なら、聞いたり答えたりできる。
Spoken production（発表）	自分の興味関心のある分野に関連する限り、幅広い話題について、明瞭で詳細な説明をすることができる。時事問題について、いろいろな可能性の長所、短所を示して自己の見方を説明できる。
Writing（書く）	新年の挨拶など短い簡単な葉書を書くことができる。たとえばホテルの宿帳に名前、国籍や住所といった個人のデータを書き込むことができる。

表6.1 CEFR A1（日本では中学校卒業段階の到達度目標）のディスクリプター
（CEFR self-assessment grid 筆者訳）

これをもとに授業活動で教師が判断する。たとえば、リスニングであれば、「はっきりとゆっくりと話してもらえれば、自分、家族、すぐ周りの具体的なものに関する聞き慣れた語やごく基本的な表現を聞き取れる」となっている。CLIL教育では、言語（英語）の使用に関しては、基本表現や基礎表現が明瞭に提示され、内容に関して具体的に理解できれば、よしとする。これを教師と学習者で共有する。筆者がかかわったCEFRをもとに日本の文脈に合うように策定した『Japan Standards』（川成、岡、笹島、2013）では、各レベルを判断するために言語材料が示されている。具体的な言語材料を、たとえばA1ならA1.2とA1.1に分けて示している（一部抜粋）。

A1.1	話す	SPEAKING						
総論ディスクリプター		聞き手がこちらの事情を理解しはっきりとゆっくりと繰り返し話しかけてくれれば、自分自身に関する基本的な話題について、簡単な語句を用いて話すことができる。						
GENERAL DESCRIPTOR		Can describe his/her ideas on general topics related to personal concerns by using simple phrases, delivered directly to him/her in clear, slow and repeated speech by a sympathetic speaker.						

各論ディスクリプター		典型例 (TYPICAL SAMPLES)						
SPECIFIC DESCRIPTOR		語彙 VOCABULARY	例 EXAMPLE	文法 GRAMMAR	例 EXAMPLE	文 SENTENCES	テクスト（タスク） TEXT (TASK)	評価基準参考 ASSESSMENT
ごく身近で日常的な事柄についての簡単な質問（名称、曜日、時刻、数など）には、ごく基本的な表現を使って答えられる。	Can answer simple questions on everyday concerns familiar to him/her (e.g. names, address, days of the week, time, and numbers) by using expressions at threshold level.	father	He is my **father**.	数、色などの名詞	It's **yellow**.	I get up at **six**.	I'm ten years old. I go home at four. I have red shoes. I have two dogs. One is white and the other is black.	典型例の発話のように、ごく基本的な表現を使って自分のことを話せる。
自分自身や家族や友達のこと、住まいや所有物などについて、短い文で簡単な会話ができる。	Can participate in simple conversations about himself/herself, family, friends, home, or possessions.	four	There are **four** seasons.	感嘆表現	Wow!	That's good.	Good taste! Nice dress! Lovely! No way! Looks nice!	典型例のような定型表現を使って、短く反応できる。
ある程度の準備を必要とするが、名前、住んでいる場所、趣味、家族などについて、学習した定型表現を用いて、自己紹介ができる。	Can convey personal information (e.g. name, address, hobbies, and family) by using formulaic expressions familiar to himself/herself, provided speech is prepared in advance.	hot	The water is **hot**.	挨拶の定型表現	Good morning.	How are you? -- I'm fine.	Good morning. Good night. Good day. Hello. Hi. What's up? How are you doing. Thank you. Thanks a lot.	典型例の発話のように、挨拶などで、学習した定型表現を用いて、話せる。
会話のやり取りには、身振り手ぶりを伴うことが多く、発話には、くり返しや言いよどみ、言葉に詰まることなどがたびたび起こる。	Needs frequent gestures to sustain conversation, following some hesitations, pauses, or repetitions in utterances.	name	My **name** is Aya.	定型の応答	What sports do you like? -- I like football.	What's the date today? -- It's April 23.	A : How is the weather outside? B : It's cloudy and cold. A : Do you have a watch? What time is it now? B : Well, it's about ten. A : Thank you. Almost time to leave. See you. B : Take care.	典型例の会話のように、身振り手ぶりなどを使ったり、くり返したりして、なんとか簡単なやり取りができる。
発音は、まだ不完全で安定せず、学習不足の語句は相手に理解されないことが多い。	Has difficulty in making himself/herself understood, due to imperfect and unstable speech.	cat	I have a **cat**.	助動詞 can/ can't	We can live happily.	I **can't** speak English.	I can play tennis well. I don't like exercise, but I like tennis. I can't read English well now.	典型例の発話のように、知っている表現を使って簡単なことが言える。発音は、まだ不完全で安定せず、学習不足の語句は相手に理解されないことが多い。
		old	I'm ten years **old**.	呼称 (Mr/Ms など)	Good afternoon, **Mr Watanae**.	Excuse me, **teacher /sir/ madam**.	A : Good morning, **Ms Sato**. B : Good morning, **Michiko**. How are you today? A : I'm fine, thank you. B : What do you want? A : I want to see **Mr Takahashi**, my math teacher. B : He's coming.	典型例の会話のように、ある程度準備すれば、知っている表現を使って簡単なことが伝えられる。

表6.2 『Japan Standards』A1 具体的な指標と言語材料

　CEFRの6レベルを基準に、左記の『Japan Standards』のように具体的な指標と言語材料を示し、英語で何ができるか（CAN DO）を判断し、さまざまな活動のなかで教師が言語技能を評価する。CLIL教育として次のような基準で評価をすると、より学習者にとって有効であろう。しかし、成績として点数化して活用するのではなく、形成的評価として学習のための評価を行う。あくまで指導のための評価であり、活動のなかで学習を支援するための評価である。

言語力	言語知識、語彙力、文法力など	（低）1 ～ 5（高）
思考力	論理性、工夫、対応力など	（低）1 ～ 5（高）
コミュニケーション力	理解力、伝達力、表現力など	（低）1 ～ 5（高）
文化間理解力（ICC）	他者理解、許容力、交渉力など	（低）1 ～ 5（高）
自律学習力	学習ストラテジー、計画性など	（低）1 ～ 5（高）
内容理解力	知識、技能、創造、応用など	（低）1 ～ 5（高）

表6.3 CLIL評価の項目と評価基準例

　このように各項目に対して、「（低）1 ～ 5（高）」で数値評価をして、学習者に次の3点をもとに、アドバイスを伝える。

A. うまくできていることを伝え、さらに伸ばしていく面を奨励する
B. うまくできていないことを指摘して、問題点や原因などを説明する
C. こうしたらできるようになるという直近の具体的なアドバイスをする

　CLILはもともと多様で柔軟な理念である。こうすればこうなるという単純なものではない。状況をよく見て、教師が判断し学習者を支援することが大切である。それをもとに学習者自身が自己を評価し、学習を進める。CLIL教育を媒介にして学習を考えるきっかけとしてほしい。もちろん成績として評定を出す場合は、その科目の目標と設定した基準により、評価する。

関連文献

川成美香、岡秀夫、笹島茂. (2013).『外国語コミュニケーション能力育成のための日本型CEFR の開発と妥当性の検証』. 平成22〜24年度科学研究費補助金研究基盤研究 (B) 研究成果報告 書(課題番号 22320108).

第7章

世界に広がるCLILアプローチ

LILは20世紀の終わりにヨーロッパに登場して以来、注目されて急速に広まった実践的な学習の理念であり、教育であり、メソドロジーであり、カリキュラムである。現時点でCLILは世界に広がり多くの地域で認知されるようになった。それとともに、課題も浮き彫りになってきた。大きな課題のひとつは、ヨーロッパが求めているCEFRの理念を基盤とした言語政策が不在の状況でCLILが展開して起こる変化である。CLILはヨーロッパの土壌で多言語多文化を背景に生まれたために、必ずしも英語に特化した教育ではなかった。しかし、ヨーロッパ以外では状況が異なり少し違った形でCLILが発展している。本章では、拡大するCLILおよびCLIL的アプローチの動向を把握できる範囲でまとめておくことにする。おそらく5〜10年のスパンで大きく変わっていくのではないかと考えるが、本書が出版される時点の動向を理解しておくことも必要である。

　ヨーロッパでもCLILは変化している。理想とするヨーロッパの統合は移民の流入とともに社会が変わり、当初の平和と共生からは少し遠ざかっているかもしれない。しかし、CLILはバイリンガル教育、インターナショナルスクール、IBプログラムと並行して、形態はさまざまであるが学校教育には浸透している。その実践がオーストラリアに広がり、オーストラリアの大学を中心にCLILコースが提供されるようになり、オーストラリアからアジアに広がっているというひとつの流れがある。また、ヨーロッパからアフリカや南アメリカにもCLILが広がり、北米のCBIと相まってCLILは基本的に英語教育の一環として世界に広がっている。

7.1　ヨーロッパから広がるCLIL

　EUの執行機関であるヨーロッパ委員会（European Commission）が支援したことがきっかけで、CEFRの発展とともにいくつかのプロジェクトが成果を出し、CLILは広がった。このようなヨーロッパの動きは、各地域の多言語多文化事情とグローバル化する世界に対応する経済界の要求や科学技術の発展により加速していった。北米では、それ以前から進めていた言語教育、バイリンガル教育、イマージョン、ESLなどが浸透し、CLILをそれまでのCBIと同一視することで、互いに影響しあい発展した。同じ英語圏であるオーストラリアやニュージーランドも移民が多く、多言語多文化

に対応してほぼ同様のアプローチをとっていたが、CLILが登場したことで、特にオーストラリアではいくつかの大学や教育機関がヨーロッパに同調してCLILを積極的に取り入れた。オーストラリアは、英語教育でアジアの国と密接な関係にあり、CLILというコンセプトがそれまでの英語教育のアプローチのひとつとして生かされると判断したのである。

　ヨーロッパからオーストラリア、アジア、南米、アフリカなどの各地域へのCLILの広がりには、英語教育実践者や研究者の貢献が大きい。英語以外のヨーロッパ言語であるドイツ語やフランス語はそれぞれの国の言語教育機関が働きかけをしてきた。また、ヨーロッパにおける外国語教育としての日本語も同様で、ヨーロッパの言語政策とともにCLILというアプローチは広がりを見せた。英語については、各地域にあるブリティッシュ・カウンシル（British Council）がCLILの普及に貢献した。2000年に入ってから各地で始まった英語教育の早期化と、テストと強く関連した到達度を明確にした外国語教育の発展が、現在の英語教育を牽引している。CLILの進展もそれと大いに関連しているが、CEFRの普及が大きい。CEFRによりヨーロッパの言語教育が注目され、批判はありながらも世界中に広がった。CLILは、CEFRを言語（教育）政策から教育全体に拡大させた。

　ヨーロッパでは、CLILは外国語教師が携わらない教育として浸透した。数学、理科、社会などの教師が、英語やその他の外国語で教える教育をCLILとし、そのための教員養成や研修が実施された。あるいは、すでに英語と社会の両方の教科を教える資格のある教師がCLILを教えた。外国語の教師は当該外国語の技能や語彙・文法などを指導し、その応用で各教科が外国語で教えられるという環境は、意欲ある学習者にとっても望ましいことであり、歓迎された。しかし、この傾向は、外国語教師にも少なからず影響を与え、CLILの授業活動が広がりを見せたのである。

　小学校では英語教師がCLIL活動を進める場合が多くなった。小学校の教師は複数の科目を教えるので、英語を教える場合は、英語と各科目の内容が重なるのは自然である。研究者のなかではこのようなCLILの形態をソフトCLIL（soft CLIL）などと呼ぶようになった。さらには、バイリンガル教育としてのCLILがこの流れを加速した。以前からバイリンガル教育あるいはイマージョンプログラムとして実施していた実践が、CLILの活動とオーバーラップして広がりを見せ始めた。バイリンガル教育あるいはイマージョンプログラムは、エリート教育で特殊な教育のように考えられて

いたが、CLIL教育の広がりにより互いに影響しあった。モンテッソーリ教育なども
そのひとつである。

　CLIL教育を推進する教師や教育者がこうしてヨーロッパで増加し、研究も進み、
CLILのメソドロジーが発展していった。CLIL教育は、その時点でよいと考えられる
多様な指導実践を取り込んでいったことで発展したと言える。CLILの特徴として広
く認識されている4つのC（4Cs）もそのなかから生まれた。その他の特徴とされる考
え方はほぼすべてCLIL特有のものではないが、逆にそのような多面的で柔軟な特徴
がCLILを世界に広げたのである。

7.2　オセアニアでのCLIL

　オーストラリアやニュージーランドではCLILが比較的適切な形で浸透したと言え
る。ヨーロッパと同じように多言語多文化が背景にあるが、公用語の英語を中心と
してそれぞれの言語と文化を尊重する。CLIL教育は少なからず影響を与えているが、
全体としてはそれまでの教育がCLILの基盤となる考え方を包含していたので、多言
語多文化教育がそのまま推移している。たとえば、オーストラリアでは従来のLOTE
（Languages other than English）という言語教育がCLILと結びついている。

　オーストラリアでは、CLILは教師教育コースのひとつとして、また、ESLの一環と
して注目を集め、各大学がCLIL教員養成や研修のプログラムを提供するようになっ
ている。実際には、英語教師ではない他の科目の教師を対象として、CLILを加味し
ながら、TESOLコースに準ずる内容を指導している。ヨーロッパと大きく異なる点は、
英語教育の一環であり、英語で授業をする科目を対象にしているため、大学などの
高等教育機関のEMIに対応した内容とオーバーラップする。

　ニュージーランドは、オーストラリアのようにCLILを打ち出してはいないが、ア
ジアの国を中心に英語教育プログラムや英語教師の養成や研修のプログラムを多く
提供し、EMI、TESOLなどとの関連でCLILにも関心を持っている。バイリンガル教育
やイマージョンプログラムが従来から実施され、多言語多文化を背景として多様なプ
ログラムが展開され、マオリ、中国語、韓国語、日本語、フランス語、ドイツ語など
のプログラムが提供されている。それとともに、英語を学ぶためのバイリンガル教育

やイマージョンプログラムも盛んで、外国からの留学生を多数受け入れている。このようなインターナショナルスクールに代表される英語教育は、オセアニアに限らずアジアの他の国、あるいは世界中で展開されている。ひとつの英語教育ビジネスであり、その過程のなかでCLILという用語も使われている。

　バイリンガル教育やイマージョンプログラムがオセアニアの状況ではごく一般的に行われてきて、その流れをCLILと言い換えている場合が多い。これはヨーロッパでも同様の傾向にあり、この点がCLILをわかりにくくしている一因である。しかし、CLIL教育を推進する理由にはそれ以前のバイリンガル教育やイマージョンプログラム、あるいは、CBIにはない要素を取り入れたいという意識がある。従来のバイリンガル教育やイマージョンプログラムは特殊な環境での教育であり一般的ではないからである。能力が高く意欲のある学習者には確かに効果的であるが、一般的な学習者には必ずしも望ましいとは言えず、落ちこぼれも生んでしまう。しかし、ヨーロッパのCLILは一般的な状況で実施されるようになり、従来の発想とは違う統合学習を提供した。そのことが多言語多文化環境にあるオセアニアの教師を刺激したと考えられる。

　確かにヨーロッパとは異なるCLILが展開している。大きな違いは、CEFRとは連動しないということである。オーストラリアやニュージーランドのそれぞれの国のカリキュラムのもとで実施される。ニュージーランドはマオリとのバイリンガル、オーストラリアでは多言語が重視される。それぞれの国の文化を背景として変化するのは当然であるが、ESLを背景としたCLILと、マイノリティ言語のCLIL、アジアと関係するCLIL、多言語多文化を背景としたCLILなど、多様なCLILが展開されることを理解しておく必要がある。さらには、英語学習者のためのCLILという面もオセアニアにはある。

　オセアニアは基本的には英語が使われる地域であるが、イギリス、アメリカ、カナダとは異なり、アジアとの関係が密接になっている。東南アジアとの関係から英語教育なども含めて高等教育は重要で、そこではEMIを基本としている。アジアでは英語教育の必要性と言語や文化の多様性もあり、ヨーロッパの状況とは異なるCLIL教育の視点をオセアニアに導入した。英語を中心とした多言語多文化社会をどのように発展させていくかという課題に、オセアニアのCLIL教育は一石を投じている。

7.3 北米でのCLIL

　カナダのフランス語イマージョンプログラムがCLILに大きく影響を与えた。バイリンガル教育はそれまで言語教育としてはごく一部の教育であったが、ヨーロッパでは、EUの統合、ヨーロッパの平和と安定、ヨーロッパ域内の人の移動の促進のためには、多言語多文化に対応して複数の言語を使える教育を推進する必要があった。CEFRはそのための言語（教育）政策として提言された。その最中、カナダのイマージョンプログラムの成功をモデルとしてCLILが始まった。多言語多文化のカナダでは英語とフランス語が公用語である。多くの移民を受け入れ、それぞれの母語を尊重しながら共生する必要がある。アメリカでは、英語が公用語として使われ、英語は政治、経済、社会のあらゆるところで要求される。そのために英語を母語としない人を対象としたESLが発達し、CBIが浸透している。一方で、スペイン語を中心として多言語多文化は進み、英語一辺倒では機能しない状況が生まれつつある。

　北米を中心として発達したESLはCBIを中心とした同化政策であり、英語で学習し、英語で生活するために必須の英語教育である。多言語多文化という考えはそこには反映されていない。イマージョンも、対象言語を日常的に使用する必要があり、バイリンガル教育が展開されている。必要な言語を必要な状況のなかで学ぶニーズが背景にある。アメリカとカナダでは言語や文化に対するニーズも異なるし、両国とも留学生や移民の受け入れ体制も違う。北米では、研究者を中心にCLILに興味を示しているが、従来のESLやCBIの延長線上にあると言える。

　CLILはカナダが原点であるが、北米ではバイリンガル教育やCBIの実践の歴史がある。北米のアプローチの特徴を整理すると次のようになる。

- 英語を中心とするバイリンガル教育
- 自国の文化（多文化を含む）を中心とする教育
- 言語教育の観点からの教育
- 基本はCLT
- 目標が明確な第二言語教育

アメリカもカナダも移民の多い国である。共通の言語と共有できる文化社会は必要

である。しかし、多言語多文化は進行しさまざまな問題も抱えて発展している。た
とえば、アメリカでもスペイン語を中心とした教育は重要な課題となっている。州
により言語教育政策は異なるが、ACTFLを中心に外国語教育スタンダードを作成し、
早くからCBIは取り入れられてきた。ヨーロッパでのCLILの広がりはアメリカでも
刺激となり、CLILという用語も使われるようになり、言語学習のあり方にも変化が
出てきている。多様な言語を学ぶ機会を加速させる教育、あるいは、CLILのような
統合学習は、アメリカやカナダに移住する人や留学生を対象として、多様なプログ
ラムの一部として提供されるようになっている。

7.4　南米でのCLIL

　南米地域は、ヨーロッパ列強に植民地化された歴史があり、スペイン語やポルト
ガル語を公用語としている国が多い。北米地域の国とは経済的な格差がある。ラテ
ンアメリカという地域を包括的に述べることは危険であるが、英語を中心とした北
米と比較して、南米では、スペイン語やポルトガル語の話者が多い。ヨーロッパと
の関係が深く、社会的文化的にも、植民地以前の土着の人々が多い南米は北米より
複雑で多様である。この地域でのCLILは「英語力をどう育成するか」というEMIの観
点から捉えられている。多くの人にとっては、母語の読み書きや計算などの基礎的
な教育が中心で、英語は学校の科目のひとつでしかない。バイリンガルスクールや
インターナショナルスクールなどでしか、本格的な英語の学習はできない。CLIL教
育は学校教育にはまだ広がっていないのが実態であろう。

　南米では、CBIやイマージョンなどバイリンガル教育として英語が学ばれているの
で、CLILにも関心を示している。コロンビア、ブラジルなどでは、関心を持ってい
る研究者は少なくない。英語はほとんどの国で小学校から教えられているが、指導
する教師、教材、学習環境がまだ不十分で、CLILが一般に広がるという状況ではない。
大学などの高等教育機関でも英語力が十分ではない学生が多く、日本とよく似て
いる部分もある。ごく一部の優秀な学生を対象に英語力育成のために、EAP、ESP、
CBIなどの学ぶ領域や学ぶ内容と関連する指導が以前より実施されている。エリート
教育の延長線上にCLILが位置づけられていると言えなくもない。

南米の主要な言語であるスペイン語とポルトガル語は、ヨーロッパでも主要な言語のひとつである。また、あらゆる面で南米に多大なる影響を与えているアメリカでは、南米からの移民が増え、スペイン語話者は増加している。英語は彼らにとって重要な言語ではあるが、特に英語を使わなくてもアメリカで生活はできる。また、南米からヨーロッパへの人の移動も多い。ヨーロッパでもスペイン語やポルトガル語でも同様に生活はできるので、英語を学ぶニーズが必ずしも高くない可能性がある。それでも英語は重要な言語となるので、教育環境が整えばニーズは高い。

　南米でもCLIL教育が有効に取り入れられる可能性はある。たとえば、ブラジルなどの日系社会での日本語の維持や、ヨーロッパやアジアから移住した人たちの母語の維持は重要となる。CLIL教育では外国語を外国語として学ぶのではなく、それぞれの学習内容や文化と関連させて学ぶことができるので、それを指導できる教師がいれば、かなり有効な教育となるはずである。しかし、教師教育の不備と教師不足が問題である。質の高い英語教師が少なく、英語が適切に使える教師も多くない。政治、経済、社会の基盤が整い、これらの問題が克服され教育が機能するようになれば、CLILは浸透するだろう。

　南米も、アジアと同様、英語教育が中心であり英語学習のニーズは高い。CLILは、EMIと強く関係したエリート教育の一部である。しかし、アジアが多言語多文化であるのに対して、南米は多文化ではあるが、スペイン語とポルトガル語が多くの地域で話されていて、多言語ではない。そこに英語が入り込むことはそれほど困難な状況ではなく、北米やヨーロッパとの関係がより密になれば状況は変わる。CLIL教育は、そのような状況で英語を中心として広がりを見せる可能性がある。

7.5　アフリカのCLIL

　CLILは、アフリカではほぼ馴染みがない教育である。もちろん研究分野では関心は持たれているし、インターナショナルスクールやIBプログラムはアフリカにも多くある。しかし、CLIL教育という考えはまだ浸透していない。アフリカ地域では、政情が不安定なところも多く、教育制度が整っていないところも多い。まず教育制度の整備が喫緊の課題と言わざるを得ない。アフリカは広く、2020年現在54カ国と

言われるが、国名も頻繁に変わる。教育が整っている地域もあれば、そうではない地域もある。教育がまず課題であるのが現状だ。

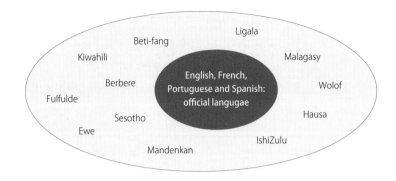

図7.1 アフリカの多言語教育

McIlwraith, H. Multilingual Education in Africa:
Lessons from the Juba Language-in-Education Conference (British Council, 2013: p.24)

アフリカの多くの国は植民地化された歴史があり、宗主国の言語の影響を受けている。英語やフランス語が公用語として使用されている国が多い。政治、経済、社会において課題が多い地域で、多言語であり、地域的な言語だけでは経済的に立ち行かない。**図7.1**は、多様なアフリカ言語が社会的に使われているのに対して、英語、フランス語、ポルトガル語、スペイン語という植民地時代に使われたヨーロッパ言語が公用語として使われていることを表している。アフリカでは共通の言語がかなり複雑に使われている。南アフリカ共和国だけでも11言語が公用語となっている。

　現在は英語のニーズが高く、公用語が英語という国が増え、学校での教育も英語で行う傾向がある。英語で作成された教科書を使わなければならないにもかかわらず、指導する教師や教材が不足している。このような状況のもとでアフリカ独特のバイリンガル教育が発達してきている。教師の英語に関する知識や技能の不足、教師養成や研修が不十分なために、英語だけで授業を実施できず、生徒の共通の言語である地域の言語（母語あるいはアフリカ共通語）も使われる多言語授業環境が生まれている。他の地域とは異なる状況でCLIL的な学習が実施されていることは興味深い。

　アフリカではバイリンガル（あるいはトライリンガル）教育は一般的である。この

ようなバイリンガル教育は、CLILの原型と言えるかもしれない。これには2つの側面がある。ひとつは、いわゆるエリート教育にあたるインターナショナルスクールやIBプログラムなどの教育、もうひとつは、地域の言語を学び、生活のための知識と技能を身につける教育である。読み書きも含めた母語の発達と英語などの共通語と、生活上の知識と技能を身につけるという教育で、「母語を基盤とした多言語教育（mother tongue-based multilingual education）」と呼ばれている。

アフリカでは、公用語として、英語、フランス語、ポルトガル語、スペイン語、アラビア語などが広く使われている。さらに、アフリカの言語を学び、母語を学び、教科を学ぶ。この状況は外形的にCLILと酷似している。CLILという発想自体が元々存在した学習の形態だったからである。アフリカでも英語が最も必要な言語となりつつある。アフリカのこのような言語と文化が混沌とする状況は、CLILという教育を改めて捉え直すきっかけとなる。さらには、アフリカが今後発展するには、おそらくCLIL教育の実践が大いに貢献することになる。

7.6 中東のCLIL

アラブ首長国連邦（UAE）、カタール、サウジアラビアなど、経済的に豊かで政治的社会的に安定している国々では英語教育が重視され、CLILなどのアプローチもヨーロッパの影響を受けて、学校教育にも実験的に導入されている。CLILでは数学や理科などを英語で学ぶことが主流である。英語が多くの分野で共通の言語となっていることに対応するためで、EMIと言ってもよい。中東では、総じて英語を中心として外国語教育を重視する傾向にある。イスラム文化圏であり西欧社会とは習慣も文化も異なる部分が多いが、政治的にも経済的にもグローバル化の流れに対応するために英語は重要と考え、早期から英語教育を実施している。留学なども含め外国語教育全般に積極的である。課題は、教師、教材、環境などの質と量である。現状ではCLILはそれほど盛んではない。

UAEでの英語教育は特に注目に値する。アブダビ、ドバイを中心として、ビジネス分野の英語教育に熱心に取り組んでいる。CLILはそのような英語力の育成という観点から関心を持たれている。早期英語教育、ICTの導入、教員養成などに力を入れ、

特に理数系を中心としたCLILアプローチもしくはEMIは広がっている。UAEのように国策として外国語教育に力を入れているのは、この地域の特徴である。

　サウジアラビアでは、国情を反映して長らく英語教育の早期化は進まなかった。しかし、科学技術の振興など英語の必要性を感じ、大学などでの理数系の分野の普及のために英語を重視する政策がとられている。EMIは重要なアプローチとなり、その一環としてCLILにも関心が向いている。必要な人材育成に対する英語力の向上を目的とし、必要な大学生には留学を奨励している。CLILは特に高等教育段階で取り入れられている。

　カタールやバーレーンなども英語を重視している。英語は小学校からごく基礎的な内容が教えられているが、どの程度の効果を出しているかは定かではない。私立学校など特別のカリキュラムを提供している教育環境では、英語に堪能で教育に関する知識や技能を持つ教師が教えるが、そのような状況がいつも期待できるわけではない。そのような環境で、CLILは各状況に合わせて導入されていることが報告されているが、まだ実験段階である。

　イランは英語教育については積極的ではないが、英語教育の必要性を感じ、適宜学習の機会を提供している。小学校での英語教育には熱心ではないが、その後の教育段階ではCLIL研究や実践の報告がある。CLILは必要な学習内容と密接に関係することから、少なからず興味関心があることが把握できる。ビジネスや科学技術の関連から英語は重要であり、他の外国語も同様である。環境さえ整えばCLILが実践可能な教育であることは、研究が少なからずあることから推察される。

7.7　アジアのCLIL

　日本は、グローバル化するアジアのなかでも重要な位置を占めているが、英語教育に関しては、アジアのなかであまり効果的な成果を出しておらず、早期英語教育でも立ち遅れている。小学校の英語教育には反対意見も根強く、CLILに関しても批判がある。英語だけではなく中国語、日本語、アラビア語などの他のアジアの言語にも関心を持ち、アジアにおける共通の言語を考える時期に来ている。英語以外のアジアの言語もアジアの共通語として機能する必要がある。CLILは、その点からア

ジアにおける多言語多文化に対応する有益な教育となる可能性がある。

日本を除く東アジアの国は2000年代に入り小学校英語教育を推進してきた。2020年から、日本もようやく小学校3年生から実質的な英語教育を導入して、中国、台湾、韓国と同様に早期英語教育を始めた。しかし、早期英語教育には多くの問題があることも事実で、中国では方針を変え母語の中国語の定着を優先し、早期英語教育について見直しを進めている。中等教育ではテストの成績が重視され、実際に英語を使用する機会の少ない学習者には必ずしも実践的な力を育成する必要性はないという、日本と同様の事情もある。高等教育機関では英語使用は奨励され、英語はグローバル化の流れとともに多くの大学で研究や実践で必須の言語となってきている。そのような学習環境のなかで、CLILあるいはEMIはヨーロッパとは異なる発展をしている。

東南アジアでも英語教育は強く推進されている。特に科学技術の推進のために数学や理科のCLILは多くの国で盛んだ。シンガポールや香港は特に先進的で、シンガポールでは英語は公用語であり、香港では仕事や学習においては英語が必須である。フィリピンでは事情は少し異なるが英語は公用語である。その他の東南アジアの国でも英語は重視され、政策として英語教育が推進されている。インドでも英語は公用語であり、アジアにおける英語はまさにELFであり、いわゆる「アジアの英語（Asian Englishes）」(Kachru, 2005)となりつつある。

一方で、アジアには多様な言語が多く存在するにもかかわらず、多くの言語が教育のなかで継承されない危機に直面している。言語が継承されずに文化が衰退し、ひとつの公用語と英語が指導言語となってしまう傾向が進んでいる。事実、インドネシアやフィリピンなどのように多言語の国では弊害も出てきている。ヨーロッパのようにそれぞれの言語を大切にしながらCLIL教育を利用する状況とは異なり、アジアのCLILは、英語と関連し、EMIとほぼ同義のアプローチとして推進される危険性がある。

政策的にも十分注意が必要であるが、理数系のカリキュラムでは言語的にも文化的にも適用しやすいので、CLILは導入されている。科学技術の学習には英語が欠かせないが、社会科学系の学習では、背景などが複雑になり、英語で学ぶということが困難であり英語で学ぶ意義も少ない。シンガポールなどのように英語が公用語になっている環境では浸透しやすいが、マレーシアなどでは政策として強制的に理科

や数学を英語で教えられたが、失敗した。教師の英語力不足と不自然な言語の使用が原因で、成果を得られなかった。この取り組みは教育政策としては失敗したが、CLIL教育が完全に失敗したわけではなく、環境が整っているところではCLILは継続している。

　アジアの多くの国は、経済や科学技術などの分野で英語を重視し、英語教育に熱心であり、バイリンガル教育、IBプログラム、インターナショナルスクールなどから早期英語教育まで、多様に展開されている。CLILもそのなかの教育として普及しつつある。それは、アジアにおけるCLILが英語教育の一環としての統合学習であることを明確に示している。南米やアフリカとは明らかに異なり、EMIとバイリンガル教育の狭間でグローバル化する世界に追随するために、英語を重視し、理数系の科目内容と関連させ、高等教育機関での専門教育とつなげ、英語で仕事ができる人材を育成する必要性が色濃く反映されている。多言語多文化であるにもかかわらず、それらの複雑な状況は置き去りにして、アジアの言語教育は英語に向かっている。ヨーロッパが統合を意識して多言語多文化を尊重した言語教育政策とは、明らかに異なるCLILのモデルが進行していると言える。

　アジアのCLILは、グローバル化に対応するニーズをもとに英語教育に焦点を当て、ELFでコミュニケーションを図り、西欧の知識内容を学び思考することに資する。文化に関しても、複雑な文化間状況のなかで西欧とアジアについて英語を介して意識し理解を図ることになる。アジアにおけるCLILの役割は、将来的に、英語とそれぞれの地域の言語とそれぞれの文化を複雑に統合する学びを形成することになるかもしれない。アジアでCLILが英語による理数系の科目に偏ることは、ニーズの問題もあるが、それぞれの文化と英語が、これまでの伝統的な英語圏の文化社会を基盤とした状況では、どうしても相容れないものとなってしまうことに起因する。

7.8　今後のCLILの方向性

　それぞれの地域をCLIL教育の観点から概観した。もともとCLILはヨーロッパの状況におけるカリキュラムの一環である。それが現在多様な形で発展している。ヨーロッパに根ざしたCLILを推進しようとする人もいれば、一方では、CLILを以前から

実施されていたバイリンガル教育、イマージョンプログラム、CBIと捉え、その利点をさらに発展させている人もいる。かたや、CLILを、EMIを促進するひとつのアプローチと考え、英語力を向上させる目的で取り入れている場合もある。

　英語以外の外国語でもCLIL教育は浸透しているが、本書では詳しく扱っていない。英語は圧倒的にニーズが高く、多様な形で英語と学ぶ内容を統合する学習が展開されている実態があるからだ。また、英語という言語のCLILを考えると、多くの場合は英語力を育成することを主たる目標としていることがよくわかる。現時点でのCLIL教育は、英語学習を主に考え、それに付随する内容あるいはジャンル（分野など）の学習も含めるアプローチと理解してよい。しかし、それは、それ以前のバイリンガル教育やイマージョンやCBIとは少し視点を変えている。その視点をわかりやすく述べると、本書が主張するCLIL教育の6つの理念と重なる。

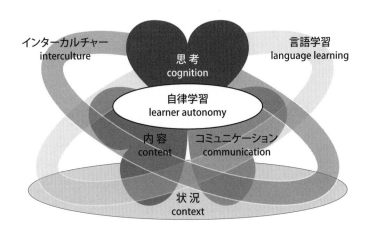

図7.2 日本におけるCLIL教育の枠組みと自律学習

　ヨーロッパから発展し状況（context）が大きく変わることで、CLILの4つのC（4Cs）も当然変わる。たとえば、4つのC（4Cs）に、「～ができるようになる」（competence, competency）という遂行能力などが加えられたりすることがある。CLIL教育のなかで、より成果を明確に設定した考え方である。また、「協同で学ぶ」（community）ということを重視した考え方もある。それらの多様な要素は、どれがCLILとして正しいのかという問題ではなく、それぞれの学習環境を考慮して、状況を判断して、適

宜必要な要素をCLILに加味する必要があるということだ。本書の考え方は、前章で掲示したフレームワークに上記の点を反映し、自律学習を加えて、**図7.2**のように表すほうが適切であろう。

　この図は、学びがすべて自律学習につながるように自律学習を中心に据えている。学習者が自律して学ぶことができるようになれば、教師の仕事はほぼ達成されたようなものだ。しかし、実際は、英語学習自体が単に知識や技能だけを追求して、テストのスコアをあげることだけに終始してしまう。英語の語彙を増やし、文法を理解し、発音を矯正し、5技能を高め、B2やC1を目指すなどが、英語学習の目的となるのはしかたがないが、CLILは少し違う。ある学習者にとっては英語の知識や技能だけを目標とする教育だけでは限界がある。学習者の多くはそれでは満足できない。英語力が向上したその先を見ている。学習が成功している多くの人は必ず自律学習できるようになっている。CLIL教育は、自律学習を前面に出すわけではないが、CLIL教育のなかで学習することで、自律学習者が自然に育成される。そのための4つのC（4Cs）である。日本における今後のCLIL教育はそのような方向に向かう必要がある。

関連文献

British Council. (2013). *McIlwraith, H. Multilingual Education in Africa: Lessons from the Juba Language-in-Education Conference*. retrieved 07/10/2018 from https://www.teachingenglish.org.uk/sites/teacheng/files/C413%20Juba%20Publication_FINAL_WEB%20ONLY%20v3.pdf

Kachru, B. (2005). *Asian Englishes: Beyond the Canon*. Hong Kong: Hong Kong University Press.

第**8**章

CLILと教材

CLILの教材の基本はオーセンティックである。日本ではCLILと銘打った教科書はまだ少ないが、CLIL教育として利用できる適切な教科書は徐々に作成されつつある。数学、理科、地理、歴史などの学習分野を扱った英語圏で出版された教科書もあれば、それらの分野の内容を扱い英語学習の観点を盛り込んだ教材もある。ヨーロッパでも事情は同じで、CLILの教科書はそれほど多くはなく、それぞれの教科の内容が英語で書かれた教科書を適宜利用している。

多くのCLIL授業では、教科書を使わずにインターネットなどの素材を利用したり、それぞれのCLIL実践者や指導者が作成した教材を共有して利用したりしている。ヨーロッパでの多くの授業の形態は、教科書に沿って教えるということではなく、カリキュラムに沿った内容を指導すれば、ある程度教師の裁量に任されるケースが多い。該当する科目の教科書がCLIL授業を意図して英語に翻訳されていれば、教科書内容に沿って教える場合もある。教科書を使わず、本、雑誌、インターネットなどの情報を題材として、オーセンティックな教材を使って授業を組み立てるのは、CLILの授業としては標準となっている。しかし、教科書が必要ないというわけではなく、教師は効果的な教材を常に求めている。

本章では、日本でCLILを推進する重要な要素となる教材について考える。CLILの教材を選ぶ場合は英語圏での題材から探すのが一般的であるが、必要に応じて開発することも重要な課題となっている。CLIL教材の開発に関してはヨーロッパを基盤とした考え方があり、いくつかの書籍が出版されている。あるテーマや内容があれば、それをどう扱うかという視点で説明されていることが多い。また、各教科科目の教師が英語を使って教える際に、言語教育的なアプローチをどう取り入れるかという観点が中心である。本章ではその点にも触れながら、主に英語教師がCLILをどう扱うかという観点から教材について考える。

8.1 CLIL教育における教材

CLIL教育のための特別な教材はなく、英語、あるいは英語と日本語で記述された題材があり、教科科目やトピックの内容が英語で作成されていれば、CLIL教育における教材として活用できる。CLIL教材として使えるかどうかは、内容が学習者に適

切であり、学習者のニーズに合っているかどうか、あるいは、スキャフォールディングが提供できるかどうか、ということにかかっている。題材の選択には細心の注意が必要だ。教材の質として特に重要な点は、学ぶ内容がどのように学ぶ言語とかかわっているかである。数学の内容を英語で学ぶ場合、関数の式と解法だけが掲載されているのでは、CLILとしてはあまり意味がないし、教師の負担が大きい。数学で使われる用語がどのように数学の授業のなかで使われていて、授業で教師と生徒がどうやりとりしているのかがわかり、また、英語がどのように使われているかが見えるようになっている必要がある。たとえば、最大公約数について学ぶ授業では、次のように用語と説明の仕方を英語で提示し、それを使って説明することなどが見えるようになっている必要がある。

Description:

The Greatest Common Factor (GCF) of some numbers is the largest number that divides evenly into all of the numbers. Like, the GCF of 10,15, and 25 is 5.

Problem: What is the GCF of the numbers 30, 60, and 90?

Solution: The GCF of the numbers 30, 60, and 90 is 30, because 30 is the greatest number that divides evenly into all of them.

　理数系の場合は、言語は明解でシンプルである。数学の問題の説明や解答では、英語の文法に焦点を当てる必要は少ない。教師はあまり言葉を発しなくても授業は可能だが、CLILでは思考を言語化しコミュニケーションの場面を作り、数学の作法を理解できるように工夫をする必要がある。数学は思考が重要なので、日常的な場面での具体例を示す題材を多く用意して、学習者が思考できる環境を教師が作り出すことは大切だ。しかし、人文系では言語は多少複雑になる。地理、歴史、音楽、体育などそれぞれの分野（genre）で使われる語句は話題に応じてある程度決まってくる。教材研究においてはその点を重視し、個々の用語の説明や文法などは基本的なことにしぼり、自分で考える習慣を形成することに重きを置く。

　CLIL教材には、大きく分けて、文字情報としてのテクスト（内容、トピックなど）、音声や映像などのリソース（情報、説明、背景など）、実物（人や事物など）などがある。CLILではいわゆるオーセンティックな教材をよしとする傾向があるが、学習者の英

語や知識のレベルにどのように対応するかが重要である。その際に教師によるスキャフォールディングが学習の方向性を決定する。さらには、使用する言語は英語だけでよいかどうか、日本語の情報量、適当な統合の範囲、教材の学習目標の設定、評価の観点や基準の提示方法など、いくつかのことを考慮する必要がある。このような観点をどのようにアレンジし、何を重点とするかは教師の裁量となる。教師がどのようにCLIL教育を考えているかが授業活動に大きく影響するので、教師の意思決定はCLILではかなり重要である。

　教師の意思決定はどの授業でも大切であるが、教師の専門性についてはあまり明確ではない。中学校と高校の教師は教員免許制度により比較的明確に区分されているが、実際は、教員養成のシステムは教科に特化しているわけではなく、学校教育全体を考える教職科目の比重が大きく、養成段階においては教科を教えることに関しての専門性はそれほど明確ではない。教科の知識や技能がどれほど担保されているかは定かではなく、採用にいたる選抜を経て判断されている。知識はあったとしても、それぞれの教師が「教える」ことに優れているかはわからない。教師の専門性は、教科においてはその分野に関連したことを学んだだけで、中学校や高校での教師としての仕事全般に関した専門性で区別され、教えることのプロとしての専門性は定かではないのである。多くの国では「教科を教えることの専門性」で判断される傾向にあるのに対して、日本では「中学校や高校の教師としての専門性」で判断されることが多い。そのような背景を考慮すると、英語教師がCLILを取り入れ、英語授業で実践するには適していると考えられる。教科でもそれぞれの事情に応じて、英語活動を取り入れて教えることは実は可能なのである。教師の専門性が明確ではない状況だからこそ、大学で社会学や経済学などの専門を学習した英語教師や、英語がある程度堪能な他教科の教師はCLIL教育に適している。CLIL教育の教材はそのような専門性の多様性を考慮して活用される必要がある。

　以上の点を踏まえて、CLIL教育の教材選定・作成に関して留意すべき8つの特徴を具体的に説明する。

1）内容（トピック、テーマなど）

CLILでは、内容を大切にし、基本的にオーセンティックな題材を使用する。英語で書かれた教科書、本、雑誌、新聞などは、いずれも内容があり、学習者の英語レベ

ルに合致すれば、興味関心を引きつけるオーセンティックな教材である。選択する
際には、学習者が視覚から情報を収集しやすい図、絵、写真などがあり、具体的な
情報が豊富で、必要なスキャフォールディングが提供可能かなどに留意する。生物
(biology)であれば、ウェブ上にかなりの素材がある。その素材を日本語で学んでい
る内容と関連させて指導する。CLIL以外の授業でも、英語による情報提供は有用で、
英語と日本語の情報を対比しながら、内容への関心を促すことが思考や文化間の理
解にも大きく影響を与える。英語の内容に関しては、まったく知らない内容であれ
ば拒否反応を示すかもしれないが、日本語も提供することでスキャフォールディン
グとなり安心感を与えることができる。

2) 明確な学習目標

CLIL教育を取り入れる目標を明確に学習者に示すことは最も重要である。教師の方
針だけでCLILを実施することは避けなければいけない。英語力を高めるためにCLIL
教育を行うこと、学ぶ内容が学習者の今後の学習に役立つこと、英語で内容を学習
する意図をはっきりと説明し同意を得ることは、CLILの第一歩である。学ぶ内容の
分野に関係する英語を使って学習し、コミュニケーション能力を伸ばすためには、
英語の言語知識や技能面のアプローチが必要である。総合的に活動をするとしても、
それぞれの技能の習熟は自己評価を基本としてCAN DOリストを作成し、加えて知
識や技能の成果を量的質的に測定し、フィードバックを得て、ふりかえりをする。
たとえば、歴史であれば、「ヨーロッパ史におけるハプスブルク家の意味がわかり、
簡単に説明ができ、その話題に関してやりとりができる」というCAN DOを基準に、
知識や技能をテストなどで測定して、フィードバックを得て、自身の熟達度をふり
かえり、明確な目標を設定する。

3) 教材のリソースの提供

自律学習を促すために学ぶ内容に関するリソースを必要に応じて提供するが、英語
を中心に提供するように配慮する必要がある。日本語に注目しがちな学習者には、
明確な学習目標を提示し、目的を適宜伝え、自律的に英語を用いて学習することを
促す。意欲のある学習者には、学習者の興味関心に適した教材を利用できるように
準備し、多様な活動のなかで学習者の思考を刺激する一助とし、授業で学ぶ内容を

より深く探求できるように工夫する。学習者が、授業以外にも多様な媒体を活用し、多彩な学びを工夫でき、知識を積み重ねることだけに固執せず、必要な情報を的確に把握するトレーニングができるようなリソースを提供する。

4) 英語のスタディ・スキル

内容に応じて学びは異なるので、それぞれに対応するスタディ・スキルが必要である。指導言語が英語の場合は学習者に与える負担は大きい。その負担を軽くするために必要なスタディ・スキルが提示される必要がある。たとえば、箇条書きでまとめる、資料を読む場合はキーとなる語句に注意する、資料の余白に必要な情報をメモするなどがある。あるいは、発表ややりとりをしたり、書く場合にも、さまざまなスキャフォールディングを提供し、英語でつまずかないように配慮する。指導のなかで、学習者に合ったスタディ・スキルあるいはラーニング・ストラテジー（learning strategy）を適切に提供する必要がある。

5) 内容の提示方法

学ぶ内容の提示方法も工夫する必要がある。文字情報であれば、必要な情報をハイライトし、関連する図や絵などを使って理解しやすくする。必要に応じて日本語の情報を与えることは大切だが、与え過ぎないように注意する。情報を理解するためのヒントを補足し、内容に注目できるようにする。聞く場合も同様で、聞き取りに集中するのではなく、必要であれば文字情報を提供し、動画なども利用する。CLILにおいては聞き取ることが目的ではなく、内容情報の理解が目的である。理解に必要な質問にも教師は答えて差し支えない。読む、聞く活動が書く、話す場合にも応用できるように、多くの英語の内容を提示し、学習者が必要な情報をそのなかから取り出す工夫をするように仕向ける。

6) 活動の明確化

多様な教材で、できる限りシンプルな活動を行いたい。学習者の意識が、タスクなどの活動ではなく、学ぶ内容に向かうように工夫する。たとえば、数学の場合、問題を解く、その問題の解き方を説明する、というような単純な活動で十分である。理科の場合、実験結果を報告するなどが適当だ。活動を組み立てる場合には、ブルー

ムの教育目標の分類（HOTSとLOTS）が役に立つ。学習者の英語のレベルや内容に関する理解度に合わせて、タスクの目標を明確にして、活動の進度に応じてコントロールする。

7）評価の観点

知識や技能の習熟度の評価ではなく、より多面的に評価することが重要だ。評価は形成的評価を基本として、それぞれの学習者の学習プロセスを評価することに重きを置く。しかし、成績など総括的評価を数値として学習者に提示する必要があるので、評価の基準を明確にし、活動の成果の程度を測定し、評価・評定を作成する。それとともに、CAN DOリストやルーブリックなどを利用して学習者の自己評価を促し、教師も同様に授業評価をする。ポイントは、教師の形成的な観点である。このような評価は必ずしも数値的で客観的である必要はなく、主観的であっても差し支えない。CLIL教育は、評価においても柔軟で、多様であるべきで、自律学習を促すことを目的とする。

8）発展学習とふりかえり

自律学習を促すCLIL教育は、授業活動で完結するものではないので、発展学習を組み込んだ教材である必要がある。教材は、導入と展開を提示することを優先し、まとめは発展的に終わることが重要だ。学習者が、学習をふりかえることでさらに次の疑問や課題を見つけ自律的に学習を続けられるように、オーセンティックで、考える素材と活動を促す内容を持った素材が教材に適している。

　教材の選定、作成、あるいは開発は、上記の8つの点に留意して考える。教材は、教育にとっては欠かせないものであるが、CLIL特有の定型の教材があるわけではない。また、状況に応じて学びも変化するので、その変化に柔軟に対応できる内容かどうかを選択の基準とする。英語圏で使われている科目内容の教材をそのまま利用する場合、カリキュラムの構成などの面からわかりにくい部分があり、設問の仕方の工夫が必要となる。設問の作り方や思考を整理するためのグラフィック・オーガナイザーなどを利用すると効果的だろう。

　これらの工夫において、教師の思考による学びに対する意思決定が大きく反映さ

れる。学習者との関係性や学習者同士の学習コミュニティを意識し、有効に活用し、効果的な統合学習を誘発する素材として、多様な教材を利用することが大切である。

8.2 CLIL教育における教材の扱い

　授業のなかで教材をどのように扱うかは、CLILでも学習活性化のポイントとなる。教材にしばられずに、教材をもとに学習をどう統合し活性化するかが最も大切である。ここでは、一例として中学校の各教科や分野に分けて、CLILでどのように教材を活用するか述べる。

■ 数学

数学のカリキュラムは国ごとに異なり学び方も多彩である。英語圏で使われている教科書の利用は、留学などを意図していない限り、適切ではないだろう。数学のシラバス内容の差異を理解して、日本と比較しながら利用するのはおもしろい。数学の基本的な用語は共通で数学の等式などは明解なので、その共通する部分に焦点を当て教材を扱い授業を展開するとよい。論理的な思考を育成するために、問題の解き方の説明などを英語で理解し、英語で解法を説明することは有意義だが、英語の正しい表現にばかり注意を払うことは避けたい。数学のディスコース・コミュニティは、日常、ビジネス、統計、学術などと応用範囲が広い。

■ 理科

物理、化学、生物、地球科学、環境、コンピュータなど、理科あるいは自然科学の分野は多様である。それぞれの分野の内容やトピックを教材として詳しく扱う必要はない。各分野の基本的な英語の習熟に重きを置くことで、内容を一般的な話題にするように配慮する。自分の身近な話題であれば理解もしやすく、意見も出やすい。思考し、コミュニケーションできる内容を選択するように配慮する。この分野は、情報の入手方法や事実の読解が重要である。自然科学系の場合、新しい情報も多く、それらをできる限り速く的確に把握する必要がある。読んだり、聞いたりして情報量を増やし、内容を理解し、疑問や意見を述べるなどの機会を、CLIL活動として提

供する。日本語の題材を用いて事実を確認し、英語と日本語を対照することで、内容の理解は深まるはずである。英語での活動を中心に据えながら、状況に応じて日本語で理解し、書く、話すなどの発信の際に役立つように工夫する。

■ 社会

社会の内容も、公民、地理、歴史、政治、社会、経済、文化など広範囲で、多様だが、時事的な話題を主として扱うことがCLIL教材としては大切だ。旅行やニュースなど学習者が興味を持つ話題を学ぶ内容と関連させるなど、日常に関連した具体的な題材が適している。新聞やウェブ上のニュース教材が使い易く、映画、動画、画像などを効果的に利用するために、使用言語の選択、スキャフォールディングの工夫をしたい。CLILの醍醐味である。理科（自然科学）と同様、専門的な内容については日本語を添えて学習者の理解を助ける。英語に焦点を当てながらどのように日本語を提示するかを考える。カタカナで示される外国の地名や人名などの固有名詞は、日本語では現地語の発音を基準にカタカナ表記をしていることが多いので、英語表記や発音に気をつける必要がある。社会の科目では、英語で書かれた情報や資料を調べ、必要な情報を見つけ、整理し、まとめる活動は効果的である。英語でまとめた内容を発表し、英語での質問に英語で答える活動は、多くのことを学ぶ機会であり、まさにCLIL教育と言える。事実の確認が多くなるので、使用する表現も限られ、必要な言語材料は準備の段階で学びやすい。社会のCLIL教材は、調査をまとめるための素材として提供し、学習者自身が考える術を育成できる内容であることが望ましい。

■ 音楽

CLILと音楽は相性がよい。楽器を演奏する、歌を歌う、歌に合わせてパフォーマンスをする、コンサートやミュージカルを鑑賞する、学習者自身がパフォーマンスを工夫するなど、さまざまな活動に英語は生かされる。イタリア語、フランス語、ドイツ語、スペイン語などのヨーロッパ言語や、アジアやアフリカの言語なども導入し、紹介することも、音楽では重要である。CLILの当初の目的である多言語多文化を生かしたい。英語で書かれた歌詞や曲の背景などを理解することは英語の授業と横断的な活動ができるし、歌うときに行う発音トレーニングは英語との親和性が高い。音楽の場合は、英語に限らず他の外国語も視野に入れることも必要だ。音楽を

題材とすると、多様な表現も理解しやすい。インターネットを利用すると、歌詞は容易に入手でき、聞ける歌も多くなっている。映像教材も多くあるので、音楽を通じてさまざまな活動が展開可能だ。音楽の授業でCLILとして利用する教材は、それ自体がオーセンティックなものであり、その教材を利用して、コミュニケーション活動を行う。内容も学ぶことができ、文化間理解も図ることができる。統合学習としてかなり多くのことができる。

■ 美術（工芸も含む）

英語と関連したものを創る活動や創作した作品を英語で説明すること、また、ものづくりのための多くのアイディアを英語で入手することは有用である。日本の伝統文化としての美術工芸や日本の新しい文化として周知され、注目を集めているマンガやファッションを英語で紹介することもおもしろい。以前より日本の多様な文化は注目を集めているので、英語や他の外国語で紹介する機会は多い。デジタル技術の普及で国境を介さない国際的なネットワークができ、作品をインターネット経由で全世界に発信できるようになった。英語は情報発信に重要なツールとなっている。映像や音声も美術工芸と結びつきマルチメディアとして効果的に活用できる。美術工芸、それ自体が共通の言語であるが、それに英語とCLIL教育が結びつくことは、日本の国際化にも重要である。

■ 体育

海外で活躍する日本のスポーツ選手も増え、国際試合の中継も多いスポーツの分野は、英語との関連がわかりやすい科目のひとつだ。スポーツだけではなく、保健体育に関しても、身体の仕組みや機能、健康などの身近な話題は、CLILとして扱いやすい。今後保健体育の科目でも英語は統合的に取り入れていく必要がある。多様な人との交流のなかで、英語と保健体育は教科横断的な連携が有効だ。日本の伝統的なスポーツである相撲、柔道、空手、合気道、剣道などは、海外でも実践している人が多くなっている。また、ダンスなども盛んになり、交流する機会も増え、生徒の興味も海外に向いているので、英語学習の動機づけとしてもCLIL教育には適している。たとえば、スポーツの競技規則や用語を教材として利用し、その内容を理解し、実際の指示や応答を英語で行い、そのスポーツをする。日本の伝統的なスポーツを紹介する活動やス

ポーツにおけるケガや治療などの英語による理解もCLIL教材としては適している。「肘が痛い」「お腹が痛い」など、健康やスポーツに関連することについて英語で理解したり発信することは、多言語多文化が進むなかでますます重要になる。

■ 技術・家庭

技術・家庭でもCLIL教育は効果的であり必要になっている。工作、コンピュータ、食事、料理、生活、家族のことなど実生活に密着したことが多く、英語という言語を介した教育も、現行の学習指導要領の枠組みでも英語と教科間連携などを通して多様な学習活動が可能になっている。CLIL教育における教材もインターネットなどから多くを活用できる。技術・家庭を扱うなかで、日本語と比較することで文化間意識も育成できる。たとえば、家庭科で、食事バランスガイド（the food pyramid）を教材として使うと、英語版も日本語版も外形は同じだが、具体的な食品の種類が異なる。生活文化などを比較して考えることに有効だ。また、実際に英語のレシピで料理を作ることは多くのCLIL実践でも行われている。技術では、英語の説明に従って物を組み立ててみるのもよい。技術・家庭においては、生徒が興味を持つCLIL教材はたくさんある。英語授業との教科横断的な授業は、音楽、美術、体育と同様に効果的に実践できる。

■ 国語

国語（日本語）という教科はCLILとは結びつかないと考える人もいるが、バイリンガル教育として多様な活動が可能である。ヨーロッパのCLILで母語と結びつけるCLIL教材の発想はないが、ヨーロッパのさまざまな言語を学ぶ際に、英語、ドイツ語、フランス語、スペイン語、イタリア語などの主要な言語を同時に学ぶことは想定されることであり、移民や難民の母語も視野に入れた学習はCLIL教育に応用できる。国語である日本語と英語のバイリンガル教育の一環として実践は可能である。CLILを文化間理解や言語意識などの観点で扱う。たとえば、国語で扱う教材の内容を英語で扱い、日本語と英語の文化と言語を比較して考える。日本の国語教育は、「伝統的な言語文化と国語の特質」を教える目的で、古典などの内容を扱っている。古典で扱うテクストの内容は、統合学習として十分にCLILとしても扱える。この点は、書道も、道徳も同様である。日本の文化理解には、英語でどのように説明するかを考

えることは大切な活動である。学級活動や特別活動などでも、国際理解教育などの観点からCLIL教育の教材として使える素材は多くある。扱い方次第で多様な統合学習が可能である。CLILは必ずしもEMIではない、多様なCLILがあってよい。

8.3 CLIL教育における教科書

CLIL教材はオーセンティックが望ましいが、そのまま使うのはむずかしい。日本でCLIL教育を実践するには教科書が必要だ。ヨーロッパでも、science, math, geography, artなど、CLIL教育に合わせた多くの教科書があるが、日本でそのままは使えない。教科書は、カリキュラムに沿ったシラバスとなっていなければいけないからである。その点を考慮して作成するとしても、多様な形式が可能だが、基本は明確にすべきで、CLIL教科書には次のことがバランスよく含まれている必要がある。

内容（学ぶ知識や技能）＋ 英語（言語学習やコミュニケーション能力）

小学校、中学校、高校では学習指導要領に準拠した教科書に、CLILの要素を入れることは可能である。その際に、上記のバランスを考慮すればCLIL教材としては有効に働く。教科横断的な科目が設定できれば、「国際理解」「英語で理解する日本文化」など独自に内容を設定したCLIL教科書を使いCLIL教育が可能である。筆者のCLILグループでは、CLIL教科書作りを数年続けてきて、2019年の時点で次の教科書を出版している。

『CLIL 英語で学ぶ健康科学 CLIL Health Sciences』
『CLIL 英語で学ぶ国際問題 CLIL Global Issues』
『CLIL 英語と地図で学ぶ世界事情 CLIL Seeing the World through Maps』
『CLIL 英語で学ぶ身体のしくみと働き CLIL Human Biology』
『CLIL 英語で学ぶ科学と数学の基礎 CLIL Basic Science & Math』
『CLIL 英語で学ぶ世界遺産 CLIL World Heritage』

図8.1 CLIL 教科書

いずれも内容に合わせて構成してあり、対象学習者は、高校高学年〜大学一般教育を想定している。たとえば、『CLIL 英語と地図で学ぶ世界事情 CLIL Seeing the World through Maps』であれば、一課の構成は次のようになっている。

- Chat in pairs — 各地域の地図を見て、おしゃべりする
- Listen carefully — この地域に関連したことを聞いて考える
- Talk in pairs — 写真を見て、具体的に話して、何を学ぶか考える
- Explore — その地域の話題を読んで、話し合って、関心を持つ
- Research — 興味のある地域を知り、調べる
- Read up — さらに読んで、地域理解を深め、情報を共有する
- Understand the background — 歴史的な背景を理解する

この教科書は基本的に英語授業で使うことを意図し、基礎的な内容を題材にすることで、英語を通して内容を深めることを目的としている。他の教科書も同様の方針で、それぞれの題材の内容をもとに英語で、読む、聞く、書く、話す、そして考えるという活動をする。

　CLIL 教科書には多様な役割があるが、日本の状況では、CLIL 教育を展開するためのコースブックと、素材を提供するためのリソースブックとしての役割が強調される。CLIL という学習展開をどうしてよいかわからない場合に、ある程度教科書に示される展開とタスクに沿って学習計画を立てることにより、学習者はCLILが目標とする統合学習を経験できる。また、教科書だけでは内容をすべてカバーできないので、基本的な内容を教科書に載せ、発展的なタスクを設定し、学習者が自律的に学習することを促すように構成されている。一般的に教科書内容のすべてを教え込むという考え方が強いが、CLIL 教育ではそれを求めない。教科書の役割は学習を促進する

ことであり、何をどう学ぶかは学習者に委ねる。そのために教科書が設定する目標は、学習する内容と英語の到達度の目安を示す程度だと考えている。

　内容（学ぶ知識や技能）と英語（言語学習やコミュニケーション能力）をバランスよく配置し、CLILの基本を生かしたCLIL教科書を構成する際のいくつかのヒントを**表8.1**に示しておく。その基本をもとに多様な状況に応じて多彩に柔軟に対応するのが、CLILの原則である。

- 英語の5技能（聞く、読む、話す［やりとり、プレゼンテーション］、書く）の活動を含む
- 聞く内容についての理解は、大まかなものに留め、意見を促す
- 読む内容についての理解は、整理、情報、知識、大意、疑問などに留め、興味関心を促す
- 話す（やりとり）に関しては、必要であれば基本的なやりとりの例を示し、整理、情報、知識、大意、疑問、興味関心などについて意見をかわす。英語だけでなくてもよい
- 話す（プレゼンテーション）に関しては、必要であれば基本的なプレゼンテーションの例を示し、背景知識のまとめ、興味関心、疑問、調査などに焦点を絞り、ポスターやスライドなどビジュアルを示しながら発表し、質疑を行う
- 書くことは、さまざまな活動のなかでのメモ、考えの整理などで英語を使い、日本語訳にこだわらないよう示唆し、ふりかえりを促し、論理構成を意識し、簡潔に事実を記述する
- 学ぶ内容は、一般的で基本的な分野の用語を含んだ事実にもとづく
- コミュニケーションは、意味、情報、意見のやりとりの活動として設定する
- 活動やタスクは、答えを導くよりも、思考を促す
- 学習活動や言語活動は、答えや結果を求めるのではなく、課題解決の工夫やプロセスを大切にする
- 学習者同士の学び合いを可能にするタスクを課す
- 文化と文化の相互作用が生まれる状況が生まれるように工夫する
- 英語言語材料やコミュニケーション活動では、CEFRの6レベルを意識する

表8.1 CLIL教科書を構成する際のヒント

これは、CLIL教科書作成に関するヒントであり、ガイドラインではない。CLILは、学ぶ内容とオーセンティックな素材があり、CLIL教師が扱う内容にある程度の知識があり、英語力があり、CLILの理念を理解していれば、それほどむずかしいことではない。しかし、CLIL教科書を使っただけで、CLILにはならないことは確かである。重要なことは、やはり教師の考え方にあり、上記のヒントに沿って作成された教科書の意図を、教師がまず理解していることである。教科書はそのためのひとつの道具でしかない。

8.4 CLIL教育における教材とタスク

　教師が教材やタスクをどのように考え、学習者にどう活動を促すかで、教材の良し悪しは左右される。CLILのタスクの基本は、統合的な活動であり、文法、語彙、発音などの英語の形態の理解、英語の技能の習熟だけを目的とするものではない。しかし、必要に応じて、基本的な英語の知識と技能に関する学習やタスクを行う必要がある。具体的には**表8.2**に示すタスクがCLILの活動例である。

受信的な活動（理解）
● 図、グラフ、写真、動画などの情報を読み取る／聞き取る
● 内容を読んで／聞いて、整理し、図表や図解などに整理する
● 内容を読んで／聞いて、必要な情報のメモをとる
● 内容を読んで／聞いて、必要な情報を整理する
● 内容を読んで／聞いて、話し手、目的、場所、場面、状況などを把握する
● 内容を読んで／聞いて、時間的順序、工程のプロセス、指示を理解する
● 内容を読んで／聞いて、欠けている情報を整理する
● その他、内容に関する理解や意見に関する活動をする
発信的な活動（運用）
● 質問に答える、言い換える、定義する、まとめる、具体例を出すなど、内容に関する基礎的な話す／書く／伝える練習をする

- 情報を収集し、まとめ、話す／書く／伝える活動をする
- 知っていること (what I know)、知りたいこと (what I want to know)、学んだこと (waht I learned) を、話す／書く／伝える活動をする
- 内容に関するキーワードについて考え、話す／書く／伝える活動をする
- 内容について疑問を出し、それについて意見を交換し、話す／書く／伝える活動をする
- 行ったアンケート調査、観察、資料収集などの調査結果をまとめ、話す／書く／伝える活動をする
- 英語の文法や機能を確認するために、内容に関する質問を作成し、コミュニケーション活動をする
- スライドやポスターなどを作成し、プレゼンテーションし、質疑応答する
- その他、上記の受信的発信的な活動を組み合わせ、統合的な活動をする

表8.2 CLILのタスク活動例

タスクはできる限りシンプルなほうがよく、活動を楽しむためではなく、内容に焦点を当てるために行う。英語は整理するあるいは伝える道具とする。また、多くの英語教育のタスクが有効に使えるが、タスクによる活動が、単に英語の知識や技能のトレーニングに終始しないように配慮し、内容があり、意味のやりとりが行われるように工夫する必要がある。

　たとえば、次の**図8.2**に示す題材をCLIL授業として展開することを考えてみる。

Acute Injuries

　Acute injuries are usually the result of a sudden trauma. Examples include collisions with obstacles on the field or between athletes. Common acute injuries among young athletes are contusions (bruises), sprains (a partial or complete tear of a ligament), strains (a partial or complete tear of a muscle or tendon), and fractures.

図8.2 教材例『CLIL Human Biology』(三修社, p.13)

この英文内容について、What are acute injuries? という質問を設定すると、内容理解に焦点があたり、They are usually the result of a sudden trauma. ...などと解答をすることになる。英文が急性傷害の説明なので、英語学習として考えるとほぼ無味乾燥な内容になる。しかし、CLILとしてのタスクは次のように、Acute injuries are very common if you do sports. Have you had acute injuries, such as contusions, sprains, strains, and fractures? Please tell us about your experieces. と指示すると、学習者同士が捻挫や骨折などの自身の経験を共有できる。学習者は自分の経験を伝え、他の学習者と共有するために、知らない語彙や表現を調べなければならない。必要があれば資料なども別に用意し、それぞれの学習者がどのようなケガを経験したかを共有し、どのような傾向があるか互いに考えることができる。CLILでは単に事実の確認を求める質問や解答だけで終わらないように工夫する。

　CLIL教材とタスクは、英語を使いながら学習者の学びを誘発し、内容と英語の両方を統合的に学習することを支援することを目標とする。CLIL教材だけで効果的なCLIL教育となるわけではないし、CLILに典型的なタスクを実施したからといって、効果的なCLIL活動が展開されるわけでもない。CLILの理念が理解され、その理念のもとにCLIL学習が教師と生徒の学び合いのもとに活性化することが大切である。

8.5　CLIL教育における教材の開発

　CLIL教育は、複雑な学習の営みのなかで、内容の学習と英語学習を統合することで相乗的な効果を期待している。学習者が準備不足で留学して英語で学ぶとなると、かなりの困難が予想される。一般的にIELTSなどのテストのために英語を学んでも、背景や分野で使われる専門用語や言い回し、分野の談話構造など、実際に英語が使われる場面にある程度習熟する必要がある。EAPやESPと関連するが、CLIL教育はその橋渡しの役割をする可能性がある。教師、指導法、カリキュラム、教材、学習環境などがより効果的な段階に向かうために、CLIL教育における教材の開発は必須である。CLIL教員養成や研修については次章で詳しく扱うが、教師の育成とともに最も重要な課題である。多様な学習分野を考えた場合、それぞれの分野や言語によるアプローチの仕方は異なり、多様で柔軟に考える複雑な理念やカリキュラム開発

の可能性がある。教材開発は、ICTの発達、学校形態の変化、学習内容や方法の改善などとともに、今後もさらに研究される必要がある。

　CLIL教材の開発は、特に学習環境の変化と連動している。CLILがヨーロッパで広がった一因は、インターネットの発達による教材の共有と人のネットワークであり、ヨーロッパの主要な言語による共通のプラットフォームの必要性であった。多言語多文化という状況に対応するためのEUの政策に後押しされたCLILの普及には、まず教材を必要とした。英語が主流であるが、ドイツ語やフランス語のCLILも普及していった。英語教材は英国から、ドイツ語教材はドイツから、フランス語教材はフランスから、それぞれの科目と関連する教材が開発され、利用されるようになった。教材は、書籍だけではなく、デジタル、画像、音声、動画として開発され、共用されるようになっている。自律学習を推進するCEFRの普及と相まって、インターネット上に教材のネットワークが広がり、教師も学習者も共有できる環境が整ってきている。

　ヨーロッパでは、教育環境やカリキュラムに共通のプラットフォームを構築し、学習者の移動を促進している。しかし、日本の教育環境はヨーロッパとは異なるので、ヨーロッパで使われているCLIL教材はそのまま使うのはむずかしい。独自にCLIL教材の開発を進める必要がある。日本は、言語教育に関して、バイリンガル教育、CBIなどのESLを基盤にしたアメリカの影響を長年受けている。戦後、特にアメリカの動向に影響を受け、政治、経済、社会、文化においてアメリカのほうを向いている。教育においても同様の傾向があり、英語学習においてもまずアメリカである。CLILはヨーロッパの考え方であり、従来のバイリンガル教育、CBI、ESLは、北米の考え方である。この考えは、「英語圏で学習できる」あるいは「生活できる」という同化政策の一面を含んでいる。日本でCLIL教材を開発する際にはそういった背景も考慮に入れる必要がある。

　今後のCLIL教育の教材開発は、多言語多文化に対応し、多様な分野を考慮し、各学習者のニーズに対応できるよう、デジタル化、ネットワーク化が必要だ。自律学習がますます推進され、学び方も変わってくる。AI技術の進歩により、教師が常に必要ということではなくなり、AIによるマルチリンガルな指導、カリキュラム、教材の提供が可能になる。教師の役割は、そのように多様になる学習をそれぞれの学習者の特性に合わせて提供することになる。実際に知識や技能の学習に携わる主体

はおそらくAIで十分だ。しかし、これはCLIL教育だけの特徴ではない。ほぼすべての学習がその方向に進むが、学習を計画し、支援し、評価するのは、教師である。

　CLIL教育の理念には大きな特徴がある。1) 内容と言語の統合学習、2) CLIL教育が示すフレームワーク、3) そのフレームワークを各状況に合わせて柔軟に適応させるという3つである。CLIL教育における教材開発は、次の**図8.3**に示すように、CLIL教材リソースバンクとCLIL教師のネットワークと、それを適宜必要に応じて利用する教師が加工し共有できる仕組みを効果的に運用することである。

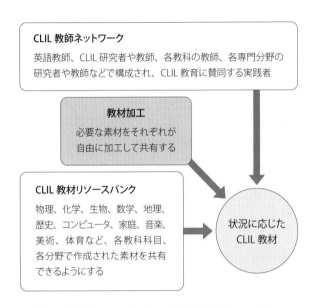

図8.3 CLIL教材リソースバンクとCLIL教師のネットワーク

　CLILは、教育のフレームワークであり広義のメソドロジーである。確固としたモデルとなる指導方法やモデルカリキュラムがあるわけではない。扱う内容の学習と言語と教材を、教師がどのように統合学習として組み立てるかによって、CLIL教育の質が担保される。教師と教材と状況に応じた工夫が、CLIL教材の開発の一歩となる。

第 **9** 章

CLIL教師と研修

CLIL教師の資質やCLIL教員養成および研修は今後の最も重要な課題である。ヨーロッパでも同様に重要な課題であり、資格や養成の制度は国によってさまざまである。しかし、ヨーロッパでのCLIL教師の資質のコンセンサスは明解で、教科科目の教師が当該言語で授業ができる能力と意欲があり、その上で、語学教育関連の研修を受けることで指導が認められ、CLILを実践している。国によってはCLILをカリキュラムとして取り入れているが、各学校や教師の指導に任せている場合が多い。また、バイリンガル教育やIBプログラムとして位置づけられている場合もあり、CLILとの境が明確ではないが、ヨーロッパでは一般的にCLILとは分けている。そのような状況では、CLIL教師の資質、CLIL教員養成や研修、CLILの指導方法も不確かな基盤の上で議論されてきている。CLIL教師の資質やCLIL教員養成と研修は発展途上であり、日本においてはようやく始まったばかりである。

　日本の教職課程では、教員免許状制度、養成と採用というプロセスにおいて、複数の教科を統合して教えることがむずかしい。伝統的に、英語が教科となっている中学校や高校では、教科専門性が強く、教科横断や教科間連携などがむずかしい。日本語という単一の言語が前提で、CLILのような発想は生まれにくく、実施する必要性があまりないのが現実である。教職課程でも、英語ともう一教科を指導する教員養成や、バイリンガル教育に関連する教員養成はない。

　現行の大学における教職課程は、教員免許制度のもと、「教科及び教科の指導法に関する科目」「教育の基礎的理解に関する科目」「道徳、総合的な学習の時間等の指導法及び生徒指導、教育相談等に関する科目」「教育実践に関する科目」「大学が独自に設定する科目」などと科目区分と単位数が規定され、必要な単位を修得することで教員免許状が取得できる。このカリキュラムのもとで養成された者が、各自治体、学校などで採用試験を経て採用されることになる。この制度では、CLILのような教科科目を英語で指導する統合学習は実施しにくい。

　学習指導要領では、英語を重視する教育方針が打ち出され、教科横断型授業や教科間連携は推奨されている。しかし、教員の職務の制限や、実際の学校の仕事のあり方、各学校の教育課程編成など、多様で柔軟なカリキュラムを実施しにくい仕組みが存在する。そのような教育環境では、CLIL教育はヨーロッパのようには実践できない。社会の教師が英語の免許を持っていたとしても、CLIL授業をすることはむずかしい。社会の教科で採用されれば、原則、社会を教える。例外はあるが、英語

の教員であれば英語を教えることが求められる。CLIL教育のような発想は、現行の学校教育のシステムにおいては特殊であり、社会的にも受け入れられにくい。英語教育がCLILを実践することが、実現しやすい方法ではあるが、抵抗はある。

CLIL教師、CLIL教師教育の実現を目標とした議論が進み、その構想が具体化されるように、必要な要件をここでまとめておく。

9.1 CLIL教師の資質

CLIL教師（CLIL teacher）という言い方がヨーロッパでは定着しつつある。日本でもそうなることを期待したいところだが、CLILは、教科（英語教師など）でも学校種（中学校教師など）でもない。一般的に、CLIL教師とは、CLIL教育を展開する教師のことを総称している。ヨーロッパでは、CLIL教師とは、目標言語の能力と当該科目の専門性があり、言語指導法などの基本を理解している教師のことで、言語を専門とする教師ではないという理解があるものの、あいまいで、バイリンガル教育やIBプログラムの教師も、CLIL教師と括られることもある。

CLIL教師と分類される教師は確かにいるが、資格に関しては明確な定義はない。CLILの基本的な知識と実践を学ぶ機会をCLILに興味を持つ人を対象に、CLILコースなどの養成や研修が実施されている。国によっては、教科科目を指導している教師を対象に、CEFRでB2あるいはC1以上の当該言語能力を有することを条件としてCLIL研修を実施し、その研修を修了した教師にCLIL授業を行うことを認めている。

ヨーロッパでの現状をもとに日本における資質について検討する。日本の現状では、CLIL実践の対象言語は英語であり、本書も主に英語のCLILを扱っている。また、CLILに関心を持つ人は英語にかかわっている人が多く、実際にCLILを実践している教師の多くも英語教師である。しかし、英語を教えていない人でもCLIL教育に関心を持つ人は増えている。さらには、日本語、中国語、韓国語などのアジア言語や、フランス語、ドイツ語、スペイン語などヨーロッパ言語を教えている教師も少しずつCLILに関心を持つようになっている。大学や英会話学校で教えている英語母語話者の教師もCLILという用語を使うようになっているのは、興味深い。CLILに関心を持つ人には、すでにCLILのような実践をしている、あるいは、自身の授業に満

足できず、よい方法はないかと模索しているという2つのパターンがある。双方とも、CLILという教育に期待していることが多く、CLILの明確な理論的背景に興味がある。その点から、CLIL教師の資質要件の設定は指針として有効に機能する。

　CLIL教師の資質要件を学習言語を英語として考えると、次の**表9.1**のように簡潔にまとめられる。

- CLIL教育の理念を理解している
- 英語力に関してCEFRでB2以上である
- 学ぶ内容にある程度習熟している
- CLTの背景を理解している
- 授業活動のなかで英語と日本語を効果的に使える
- 学習者の自律学習を尊重する
- 学習者とともに学ぶ気持ちを持っている
- 多様な指導法を柔軟に適用できる

表9.1 CLIL教師の資質要件

CLIL教育には多様な考え方があるが、理念は単純である。英語教育の一環としてCLIL教育の理念を理解し、教師は英語を運用する技能を十分持っている必要があるが、中高の外国語（英語）教職課程に必要とされている要件（英語コミュニケーション、英語学、英語文学、異文化理解）はCLIL教師には該当しない。英語が実際に使える力があり、学習者が学ぶ内容にもある程度の知識があり、英語のコミュニケーション力を育成することを理解し、英語と日本語を適切に運用し、学習者の自律を促し、教師自身も学習者という意識を持って、多様で柔軟なアプローチを工夫できるという資質が、CLIL教師の資質要件としてまとめることができる。

　以下、このCLIL教師の資質要件について具体的に解説する。

1）CLIL教育の理念を理解している

4つのC（4Cs）を基本としたCLIL教育の理念を理解し、それぞれの状況に応じて多様に柔軟に対応できる。CLIL教師としてはこの理念が最も大切である。理念がなければ、CBIやバイリンガル教育との区別もなくなる。特に日本の教育環境（context）

では、統合学習として学ぶ内容（content）に焦点を当てながら英語を実践的に学ぶ（communication, language learning）という活動が、思考（cognition）や文化間理解（interculture）という理念と相乗効果を生み、CLIL教育の骨格を形成する。

2) 英語力に関してCEFRでB2以上である

CEFRの複言語主義、複文化主義を理解し、B2以上の英語力を有する必要がある。CEFRの言語力尺度は、知識ではなく「〜できる」という能力を表しているので、授業での英語使用を前提とし、複言語主義、複文化主義を理解し、多言語多文化社会に適応できることが求められる。B2以上という能力は既存のテストで測定する能力ではなく、自己評価による実践的な力であることは忘れてはならない。実際に授業で英語が使えるかどうかで判断する。

3) 学ぶ内容にある程度習熟している

CLILでは学ぶ内容を重視するので、CLIL教師は内容についても必要な知識は備えている必要がある。しかし、専門家である必要はない。学習者の英語力がB1以上である場合は、教師の内容に関する知識や技能は高いほうがよいが、専門家でなくてもアプローチの仕方を工夫すれば十分対応できる。重要なことは、学習者の学習を支援すること、学習者の英語力に対するニーズを把握することである。学習者が自律的に学習できれば、内容の学習は自分で進めることができるので、教師は共に学ぶ姿勢を保つことが大切である。

4) CLTの背景を理解している

CLTはCLILの基盤であり、CLILを実践する教師はCLTを理解しておく必要がある。授業では英語を使う場面を意識することが求められる。EMIではないので、日本語も適宜使いながら、学習者が英語を自分の意思で使うことに集中するように仕向ける。英語を無理に使わせるのではなく、読む、聞く、書く、話すというすべての活動で英語を自然に使うように工夫し、意味のやりとりが活発になるようにCLTの理論を生かす。

5) 授業活動のなかで英語と日本語を効果的に使える

CLILの基本は、英語で内容を学びながら英語力を向上することである。学習者の英語力が十分でない場合、日本語は必要だ。日本語を使わずに英語だけで学習することは、内容を軽視することにつながる。英語で内容を理解し、英語を使って意味のやりとりができることを目的に、支援あるいはスキャフォールディングとして日本語を使うという意識を忘れてはいけない。また、英語と日本語が意味のやりとりのなかで自然に使われる体験を学習者に意識させることも大切である。

6) 学習者の自律学習を尊重する

CLILは、CEFRと同じように、自律学習を優先し思考を活性化させることを目的としている。CLIL教師は、学ぶ内容や学習目標にこだわり、シラバスや指導案に忠実に従い、タスクや活動のプロセスを計画通りに展開する必要はない。また、設定された結論に導くという予定調和にはこだわる必要もない。何が起こるのかがわからないというところにCLILの面白さがある。学習者の学習が自律的に進むことを教師は支援するからである。CLIL教師は、学習者の自律を積極的に取り入れることを恐れてはいけない。学習が失敗することもCLILでは貴重な経験と考える。

7) 学習者とともに学ぶ気持ちを持っている

教師もともに学ぶということが大切だ。CLILでは「協学」という用語も使われている。4つのC（4Cs）のcultureに当たる用語をcommunityと捉え、学習者同士が協力して学ぶという意味で、日本の状況に合わせて「協学」という用語が使われ、ある程度定着している。日本的な協同であり、ヨーロッパとは少し質が異なるかもしれない。学習者とともに学ぶという文化は、同じ立場に立つということではなく、教師と生徒という関係性は維持しながら英語で学ぶ環境のことである。生徒の目的意識とCLILで学ぶ意味を明確にしてともに学ぶのである。CLIL教育では、学習者が協学するだけではなく、教師も協学する。ともに学ぶという実践のコミュニティ（community of practice）を効果的に演出することが、CLIL教師の役割でもある。

8) 多様な指導法を柔軟に適用できる

多様な指導法を利用することがCLIL教師の真骨頂である。CLIL教師が英語教師と大

きく異なるところである。従来の文法訳読法、オーラル・メソッド、オーラル・アプローチ、コミュニカティブ・アプローチなど多くの指導法は折衷的に使われるようになり、現状は、指導法不在と言ってもよい。CLILはそのような背景で生まれ、多くの注目を集めている。CLILのよさは、どのようなアプローチを取ることも可能ということだ。従来の枠組みにとらわれない教育を開発することも可能である。また、各教科や専門分野の指導法を取り入れることもあり、可能性は未知数である。

　CLIL教師の資質を簡潔に示したが、実際には、CLILの定義やCLIL教師の資質要件が明確ではないので、これはひとつの指針として理解してほしい。状況に応じて、CLIL教師の資質要件は変化する。本書では日本におけるCLIL教育のあり方を基準にして考えているので、上記のように設定している。

9.2 認定CLIL教員（Qualified CLIL Teacher: QCT）

　上記で述べたCLIL教師の資質要件をもとに、その資格を明確に考えておく必要がある。現在そのような資格はないが、指標として基準を設定することは意味がある。このことを考える上で参考になるのは、ヨーロッパのCLIL教員研修に関する指針を示した『European Framework for CLIL Teacher Education』(Marsh, Mehisto, Wolff, & Frigols, 2011) である。そのなかでCLIL教師が備える資質能力について次のような提言をしている。

1) CLIL教師自身による資質向上のためのふりかえり (personal reflection)

CLIL教師自身の思考力、社会性、意欲などの精神面の成長が、学習者にも反映する。そのためにCLIL教師は常に自分をふりかえり資質向上を図る。

2) CLILの基礎知識 (CLIL fundamentals)

CLILの基本的な特徴を理解し、それをどのように自身の教育環境に生かせるかが大切だ。このような理解が学習者に対するCLILアプローチの向上につながる。

3) 内容と言語意識（content and language awareness）

内容の学習は言語の理解次第であり、さらに強化された言語学習は内容の学習に依存する。言語と認知の相互依存のリサーチにもとづく知識がCLILをさらに活性化する。

4) CLILメソドロジーと評価（methodology and assessment）

CLIL教育では、新鮮な形でよい指導を行うことが必要になる。その指導にはていねいなスキャフォールディングが求められるので、指導法や評価に関する幅広い知識と技能を積み重ねて良質な統合学習を生み出さなければならない。

5) リサーチと評価（research and evaluation）

熱心なCLIL教師は、探究心があり、ふりかえりをよくする学習者でもある。それは学習者にとってよきモデルとなる。自身を学習モデルとすることでさらにCLIL教育を発展させる。

6) 学習リソースと教育環境（learning resources and environments）

CLILにはCLILに特有のリソースがあり豊富な学習環境がある。それは、統合的で、重層的で、認知的だが、スキャフォールディングに支えられている。これが、学習者が挑戦する際に安心感を与える。CLIL教師はそれを演出する。

7) 授業運営（classroom management）

CLILの授業運営は、内容の学習と言語の学習を促進することを目標としている。CLIL教師は授業がダイナミックであることを理解し、学習者の動機づけを確認し、学習者と責任を共有し、ともに学習を構築する。

8) CLILの運営（CLIL management）

CLILを質的に向上するには、教師、生徒、保護者、管理職など学校教育にかかわるすべての人の力が必要だ。その人たちがCLILに関して知識を共有し、互いの役割を理解し、CLIL教育を推進する。

これを日本の状況にそのまま当てはめることはできないが、かなりの部分で共通する点がある。これを参照し、前述のCLIL教師の資質要件と重ね合わせて、CLIL教員の資格要件を提案する。

　日本の教育状況におけるCLIL教員の資格要件は、英語を中心にCLIL教育を展開することを想定して設定することが現時点では現実的である。前提条件には次の3点が挙げられる。

1) CLILの対象となる教科科目の内容に関して基本的知識を有している
2) CLIL教育で設定するテーマやトピックについて理解があり、必要な教材研究ができている
3) 英語力に関してはCEFRのB2以上である

この前提条件のもと、次の要件を満たした場合に「認定CLIL教員 (Qualified CLIL Teacher: QCT)」とする。

認定CLIL教員 (QCT) の資格要件
1　CLIL教育の理念を理解し、CLILに関する基本的知識を有する
2　扱う内容や分野に関しての基本的なことを英語で理解している
3　CLTにもとづいた英語指導を理解し、言語や文化を意識して指導する
4　学習者の英語レベルを理解し、英語と日本語を適切に使える
5　CEFRを理解し、学習者の自律学習を支援し、活動をコーディネートできる
6　学習者とともに学ぶ意識を持ち、形成的にダイナミックアセスメントができる
7　多様な指導方法やタスクを理解し、柔軟に適用できる
8　学習や授業に興味を持ち、授業研究をたえず行い、ふりかえりをする
9　CLILに関する指導や教材などを開発し、リソースを積極的に共有する
10　教師として実践的な統合学習に関するリサーチを行い、授業改善を図る

表9.2 設定CLIL教員（QCT）の資格要件

表9.2の10項目の資格要件は、CAN DOのようにまとめることもできる。このような基本的な内容をひとつの指針として、適切な研修を提供し、認定CLIL教員（QCT）として認定する。また、CLIL研修などの指針として活用し、CLIL教育に関する理解を深める。上記のことは各研修を通じて基本的に自己評価で測定する。この10項目の資格要件について以下に具体的に補足する。

1) CLIL教育の理念を理解し、CLILに関する基本的知識を有する

CLILの成り立ち、ヨーロッパでのCLILの動向、ヨーロッパでのCLILの先行研究実践、CLILに関する実践書、文献など、CLIL教育の基本的な理念を理解し、基本的知識が身についている。（第1章参照）

2) 扱う内容や分野に関しての基本的なことを英語で理解している

理科、数学、社会などの教科内容、グローバル化、国際理解、科学分野などのトピックやテーマについて英語で理解し、課題や問題点などを説明できる。専門的な知識があり、英語でも説明できれば十分であるが、必ずしも専門的な知識が必要ということではない。学ぶための資料を準備し、学習者が学ぶプロセスを提示できればよい。（第8章参照）

3) CLTにもとづいた英語指導を理解し、言語や文化を意識して指導する

CLTをヨーロッパの言語（教育）政策としてまとめたものがCEFRであり、そのなかで生まれた統合学習がCLILである。SLAや応用言語学の基本的な部分を理解し、CLTを積極的に導入し、それに柔軟な各教科の指導法を組み合わせる。（第3章参照）

4) 学習者の英語レベルを理解し、英語と日本語を適切に使える

CEFRの6段階レベルを理解し、学習者のレベルに応じて適切な活動が提供できる。また、学習者にさまざまなタスクを設定することができ、活動のなかで学習者が英語でうまくコミュニケーションができない場合に、トランスランゲージングを理解し、適切に日本語を使用できる。（第4章参照）

5) CEFRを理解し、学習者の自律学習を支援し、活動をコーディネートできる

CEFRの複言語主義、複文化主義、自律学習などの理念を理解し、学習者の自律学習を促す活動を提供することを心がける。(第1章参照)

6) 学習者とともに学ぶ意識を持ち、形成的にダイナミックアセスメントができる

教師も学習者であるという意識を持ち、授業のなかでもともに学ぶ姿勢で教育活動を行う。知識や技能を教えるのではなく、学習者が自律して学ぶ姿勢を援助し、その活動のなかで適切な支援を行い、学習を促進させることを心がける。ダイナミックアセスメント(dynamic assessment)*に関しては、CLILの多様で柔軟で複雑な活動のなかで、指導と評価を形成的にダイナミックに絡めて利用する。

*活動のなかで教師が介入することで動的に評価すること。

7) 多様な指導方法やタスクを理解し、柔軟に適用できる

CLILは多様な指導方法とタスクを効果的に利用することに特徴がある。言語的な活動だけではなく、内容の学習のなかで行われる活動も含み、多様なタスクを取り入れ、学習を柔軟に考えるように努め、失敗もうまく利用する。活動に関しては、「これがCLILだ」というステレオタイプは持たないことが大切だ。(第4章参照)

8) 学習や授業に興味を持ち、授業研究をたえず行い、ふりかえりをする

授業研究(lesson study)は、学習や授業の改善に必要な実践的な研修方法である。授業を行い、観察し、議論し、ふりかえる、というプロセスを通じて、より効果的な学習を考える。CLILでなくてもすべての授業に当てはまる教師の資質向上に効果的な方法である。この授業研究を、学習者も交えて恒常的に実施する。

9) CLILに関する指導や教材などを開発し、リソースを積極的に共有する

CLILは多様で柔軟な教育であり、形が明確ではなく、状況に応じて変わる。また、CLILは開発途上であり、知見の蓄積が不足している部分もあるので、カリキュラム開発や教材開発は重要であり、リソースの共有も促進される必要がある。

10) 教師として実践的な統合学習に関するリサーチを行い、授業改善を図る

CLIL 教育をより発展させるには実践のデータの蓄積と分析が欠かせない。授業での学習者の学習の実態が複雑であり、何が起こっているのかが正確にはつかめないが、一面で多大な効果があることがわかっている。このような複雑な統合学習をさらに発展させ、授業を改善するにはリサーチが欠かせない。

　認定 CLIL 教員（QCT）がこのような資格要件を理解し、CLIL に取り組むことで、CLIL 教育の質が改善されることが期待される。また、このような仕組みが確立すれば、CLIL 教育が認知され、より安定した統合学習が実施され、英語学習の改善、さらにはその他の外国語学習の改善につながる。

9.3 CLIL 教員養成と研修

　将来的には CLIL 教員養成のシステムが構築されることが望まれる。認定 CLIL 教員（QCT）などの資格が民間レベルでも設置されることで質が保証され、自信を持って CLIL を実践する教師が増えることが予想される。実際に、英語で内容を重視しながら授業活動を展開し、CLIL に近い理念を生かしながら、授業のなかで思考や文化などを培うという目的で学習指導を行なっている教師が少なからずいる。多くの事例は、英語の授業の一環であり英語の教師が担当している。ここ数年の間に CLIL の研究は徐々に進み、大学の教科教育法などの授業でも CLIL は取り上げられるようになっている。また、ブリティッシュ・カウンシルや海外の大学や語学関連の学校を中心に、CLIL 教員研修のコースが設置されるようになっている。日本 CLIL 教育学会（J-CLIL）でも、各地で大会やセミナーを開催し、また、海外でも短期集中セミナーなども実施されるようになり、実践と研究が活発になっている。CLIL 教員養成や研修が始められる段階にきているので、草の根的に始まっている CLIL 実践の知識と経験を、認定 CLIL 教員（QCT）という資格を設置し、質を保証することで、養成と研修のシステムを明確にする時期に来ている。

　そこで、どのような CLIL 教員養成のシステムが求められているのかについて具体的に検討しておく必要がある。教科横断的授業を推進する意味で「CLIL 指導法」関連

の科目を教職課程のなかに設置することが現実的である。特に、小学校教員養成課程のなかに、外国語活動や英語活動の指導のひとつの方法としてCLILを導入することが考えられる。小学校では2020年度から学級担任が「外国語活動」や「英語」を指導するようになった。その準備段階でCLILというアプローチが多くの事例で有効であることが報告されている。また、初等教育だけではなく、CLILという統合学習を教育方法の改善を目的に、各大学に「CLIL指導法」「CLIL研究」「CLIL教育」などという科目を設置し、教員を目指す学生に、英語という言語でそれぞれの教科科目を指導する可能性を考える機会を与える。日本では高校、高等専門学校、専門学校、大学などで、英語で教える授業が奨励され、留学生などを視野に今後もEMI化が進むことが求められているし、実際に具体的な指導法の開発が必要になっている。その橋渡し的な授業としてCLILは有効である。

　CLIL教員養成システムの現実的な方法として、いくつかの方法が考えられる。まず、認定CLIL教員（QCT）資格認定を目的として必要な講習を設定する制度が考えられる。前述の前提条件と資格要件をガイドラインとしてコアカリキュラムを定め、修了すれば認定証を与える。認定証が広く認知されれば一定の効力を持つつし、継続的な研修によって、CLIL教育の質が担保される。また、既存の教職課程にCLILを科目の一部として取り入れることも将来的には必要であるが、解決すべき課題が教員養成システムに存在する。教職課程は、教育の理論と実践の両輪を実践的に行うとが求められている。現行の教職課程のカリキュラムは、日本における初等中等教育に特化した教職に必要な基礎的な理論と教科にかかわる知識と技能が大部分を占めている。しかし、教科を「教える」という実践面の機会の提供が極端に少ない。教育実習は多くの場合2〜4週間程度であり十分とは言えない。その分、公立学校の場合には採用後に初任者研修などが提供されることで補完されるが、教員がさらに資質を向上するために他の教科をさらに学ぶということは、ほとんどないのが現状である。しかし、CLILが推進されているヨーロッパでは比較的多くの国で奨励されている。

　多少時間がかかるが、大学の教職課程にCLILコースを設定することが理想的である。この場合のCLIL科目は、幼稚園、小学校、中学校、高校のそれぞれの教職科目のうち、「大学独自の科目」として設定することが得策であろう。教職課程を履修しているすべての学生を対象に、コアカリキュラムの内容として**表9.3**のような科目を

設定する。

CLILの基礎と言語	CLIL教育の基本的知識
	分野の英語の特徴
CLILの実践	統合学習としてのCLIL実践
	バイリンガル教育の実践
	CEFRとCLIL
	CLILの指導と教材開発
	CLILのタスク
	CLILと評価
CLILの研究	CLILと授業研究
	CLILとリサーチ

表9.3 CLILコースコアカリキュラム

CLILの基礎と言語、CLILの実践、CLILの研究という3つの領域にそれぞれに関連する具体的な内容をモジュールとして設定し、CLIL教育の基本を理解できるようにする。各課程や教科の指導法に関する知識があることを前提に、英語を使って指導する理論、意義、実践、評価、ふりかえりなどを、CLILコースの主たる内容としている。

　本書の目的は、日本の状況におけるCLIL教育を考え、その実践の方向性を示すことである。そのなかでもCLIL教員養成と研修は重要な柱である。上記のようなCLILコースが開設されることが、ひとつの大きな目標である。しかし、たとえそれが実現できないにしても、本書で示すCLIL教育が徐々に浸透することを願ってやまない。CLILは、これまで述べてきたとおり草の根的に日本で広がってきた。筆者を含めてヨーロッパのCLILに関心を示す研究者、教師教育者、教師が、CLILについて考え、学習し研究し実践して今日に至っている。CLILについての理解もさまざまであり、決して同じではないが、基本は共通している。その点がCLILの特徴であり、いつも同じではなく常に変化していて発展している。統合のあり方は多様で柔軟で、教師も生徒も常に考えながら、良質な学習を模索している。そのように考えることがCLILの最大の利点であり魅力なのである。教員の養成と研修にCLILの観点を取り入れることは、大いに刺激となるはずである。

　その指針として**表9.3**のコアカリキュラムについて次に詳しく解説しておく。現時点では理想であって、机上の空論かもしれないが、CLILを自主的に実践研究する人にはCLILの理解に大いに役立つと考える。CLILに関する研修を組織的に行なっている団体は、今のところ日本CLIL教育学会(J-CLIL)だが、CLIL教員養成や研修は実施していないのが現状である。ここで示すコアカリキュラムがきっかけとなり計画が進むことを期待する。

9.4　CLILの基礎と言語

　この科目では、CLILの成り立ち、定義、基本となる理論、指導法、教材論、CLILの背景となる学習理論、学習者心理、統合学習、バイリンガル教育、CLILの背景となる言語学習、言語使用など、基礎的な知識を、2つのモジュールに分けて学習する。CLIL教育の理念を理解し、CLIL教育をどのようにそれぞれの状況で実践するか考え、言語の機能を統合的に学ぶ工夫ができることを目標とする。その際に、すでに理解している背景とCLILを結び付けられるようにする。この領域では、CLILの醍醐味である内容と言語の統合というダイナミックな営みを能動的に把握し、それぞれの思考に合うように工夫する基礎的な考えを身につける。

9.4.1　CLIL教育の基本的知識

　内容を学習する際に言語の機能を統合して学習することを理解しているという前提で、どのようにCLIL教育を実践するかを考えることから始める。たとえば、内容を日本語で理解していることが大切か否か、内容は常に新鮮である必要があるのか、日本語で習ったことを英語で復習することの意味は何か、バイリンガル教育における英語と日本語の働きをどう考えたらよいのかなど、これまでの統合学習やバイリンガル教育やCBIなどの指導とCLIL教育と比較しながら考察する。CLILは多様な学習法の組み合わせであり、内容と言語の学習を統合し、学習者の自律学習を推進し、学習者自身が学ぶ意欲を喚起することをひとつの大きな目標としているが、アプローチはさまざまで、「これはやってはいけない」「これはCLILではない」ということはない。各教師の考え方を優先し尊重する。そのためにCLIL教育の基本的な知識を理解

しておくことは必須である。

9.4.2 分野の英語の特徴

　内容は多彩であり際限がないが、初等中等教育では教科科目の内容に限られ、各教科科目の内容で使われる言語はある程度決まっている。たとえば、数学で使われる言語は明確である。理科も事実を伝えることがほとんどであり、用語はむずかしくても言語は明確である。日常的に使われる言語にも決まったやりとりはあるが、感情や情緒的な面を表現する言語は複雑だ。このように分野により英語は変化し複雑であることをCLIL教師が意識することは重要である。バイリンガル研究においては言語をBICSとCALPの2つに大きく分けているが、実際はさらに細分化しているので、CLIL教育においては指導に当たって留意する必要がある。

　分野の英語の特徴を理解する際に役立つ方法がジャンル分析である。分野には、ディスコース・コミュニティ（分野に特徴ある言語使用を共有する人のコミュニティ）が生まれる。ジャンル分析はそのディスコースを把握するプロセスのことで、Swales (1990) が提唱したESPでは重要な考え方であるが、CLILでも同様に理解しておく必要がある。CLILではディスコース・コミュニティを厳密に把握する必要はないが、意識することは欠かせない。そのために、分野の英語の特徴をある程度把握する必要がある。このジャンル分析をそれぞれのCLIL教師が理解すれば、CLILにおける教材やタスクにおいて有効なものを利用できるようになる。

9.5 CLILの実践

　CLILは理念を持った教育実践である。ヨーロッパでは、CLIL教師の多くがひとつのCLIL理論に執着しているということはなく、多様な学習観や教育観のもとにCLILを実践している。CLILのようなアプローチをしていてもCLILとは言わない場合もあり、バイリンガル教育、CBI、EMIなどと考えてほぼ同様の指導をしている場合もある。実は多様な考え方を各教師が持っている。厳密に区別することはあまり意味がない。目の前の学習者にとって望ましい学習を提供することが最優先される。その意味でCLILはまさに実践である。ここではその実践に注目し、実践に必要な知識と技能を

考える。

9.5.1 統合学習としてのCLIL実践

　CLILの最大の特徴は、統合学習であり、統合するものが内容と言語であり、その2つの目標を同時に達成することを目標としている点にある。「言うは易く」であり、実践はそう簡単にはいかない。CLILを実施したら、英語力が向上し日本語で学ぶよりも知識が定着したとは軽々に言えない。留学などの準備教育としては想定される学習面の対処として有効であると予想されるが、統合学習は学習者にかなりの負担を強いる学習である。自律学習を前面に出し学習者にすべてを委ねるのは危険なので、最も必要となるのは教師の工夫である。学習者の負担を軽減しながら、学習を支援する工夫がCLILには必要だ。

　伝統的な語学の授業では、言語の構造と機能を学び、基礎を理解してから、コントロールされた活動を行い、次第に複雑な言語活動に習熟し、ある程度上達した段階で、それぞれの学習者がそれぞれの分野や場面で実践的に学ぶという一元的な学習プロセスを基本としてきた。CLTでもほぼ同様で、学習者のニーズと意欲によりバイリンガル教育やイマージョンは一部で行われてきたが、学習者にとって少しハードルが高い。CLILでは、少し発想を変えて、スキャフォールディングを適切に入れて学習者の負担を軽くして、学習が快適になるように工夫する。

9.5.2 バイリンガル教育の実践

　既存のバイリンガル教育はふつうの学習者にはハードルが高い。目標言語が日常的に必要であれば動機づけもあり定着しやすいが、そうでない場合は学習者の負担は大きい。CLILは、バイリンガル教育の一環であるが少し違う。英語と日本語の2言語を効果的に使いながら内容を学習するアプローチである。その実践は、教師の言語使用の工夫に依存する。教師が英語を使いながら、必要に応じて日本語を適切に使うことができれば、学習者は英語ではなく意味に集中できる。CLILではバイリンガル教育を柔軟に取り入れ、内容や意味のやりとりに集中できるようにしている。

　しかし、CLILにおけるバイリンガルは課題でもある。応用言語学では、バイリンガル教育が子どもへの言語発達に及ぼす影響が議論され、基本的に2言語が活用できることを目的とする教育とされるが、CLILのバイリンガル教育は、母語あるい

は第1言語が使われている環境のなかで、学ぶ内容とともに学習目標言語を習熟することを目標とする。従来のバイリンガル教育を応用して考えようとしている。この点に関しては依然として議論のあるところであるが、柔軟なバイリンガル教育をCLILは目指している。

9.5.3 CEFRとCLIL

　CLILにはCEFRの理解が欠かせない。ヨーロッパの安定、多言語多文化への対応、言語教育の活性化、ヨーロッパ域内での人の移動、域内の高等教育機関の履修単位の互換性、自律学習の推進などを、具体的に推進する教育プラットフォームがCEFRやCLILである。ヨーロッパのCLILの実践にはこの理解が重要であるが、日本でもCEFRの考え方の一部は重要で、到達度目標の設定などが学習指導要領にも導入されているし、英語の授業でCAN DOリストが活用されるようになっている。

　CLILを実践する際には言語教育面でCEFRが基盤となるが、日本ではCLILはEMIとほぼ近い教育となる。また、実際に英語を使用する機会が少なく、文化的にもヨーロッパとは異なるので、英語によるコミュニケーション能力のニーズや動機づけが相対的に低く、ESLやCBIのコンセプトに近くなる。CEFRの基本的な理解とCLILとの関係を学ぶことは、CLIL実践には必要である。

9.5.4 CLILの指導と教材開発

　CLILの実践にあたっては、具体的な指導方法や指導技術と教材に関する知識が必須である。CLILの理念を理解しても実際に授業のなかでそれを具現化できなければ意味がない。教材をどのように準備し、どう利用するかがCLIL指導のカギとなる。CLIL授業の成否は、どのように英語を使って、教師と生徒あるいは生徒と生徒が効果的な意味のやりとりを行なっているかに左右される。英語を使う必要のある環境ができて、生徒が積極的に英語を使うようになれば、あまり技術的なことは考えなくてもよい。ごく自然に意味のやりとりが効果的にできるようになりCLIL教育になる。しかし、授業が講義のようになり、教師からの一方的な情報の伝達という形になると、CLILのメリットは消えてしまう。

　適切な教材を見つけ、それを学習者に適切な形に加工し、その教材を利用してタスクを考える、という一連の教材開発の手順を理解することが求められる。内容に

かかわる分野は多様であり、ひとつの標準的なフォーマットで教材開発ができないという面があるが、複雑なタスクにすることもまた問題である。個々の教師の個性を生かして工夫をし、教材が学習者の興味を引く内容で、教師も教材に対する思い入れがあれば、学習活動も効果的に展開する可能性が高くなる。CLILの指導と教材開発は連動しているので、実際の授業運営では最も重要である。

9.5.5 CLILのタスク

　CLILのタスクは基本的には言語学習に沿ったものであるが、教科科目関連のタスクにも配慮し、相乗的な効果を生む必要がある。グループワーク、問題解決、資料収集、実験、分類整理、プレゼンテーション、ポスター、リサーチ、フィールドワークなど、内容によりタスクも決まってくる。そこに言語学習のタスクを加えて複雑にすることは避け、効果的なタスクを常に考える。タスクのなかで使われる英語の使用をどのように生徒に促し、どの程度日本語を介入させるかなど、教師はバランスをとる必要がある。

　CLILでは、英語を使う活動をタスクに組み込むことが必須である。教師は英語を使って説明し、生徒同士は日本語で活動しているような状況では、意味のやりとりにおいて英語が機能していないので、効果的ではない。また、使う英語の対話例を提示して、そこで使われる表現をただ置き換えて使うだけでは、よい活動にはならない。コミュニケーションと言語学習が学習者同士でうまく機能するタスクを与える必要がある。このタスクの計画と実施がCLIL教育の良し悪しを決め、かつ、そのタスクのなかで内容と思考と言語とコミュニケーションが、学習者同士のやりとりのなかでどのように活性化されるかが重要となる。

9.5.6 CLILと評価

　CLILの実践では、内容と英語の学習をそれぞれどのように評価するかがよく議論の対象となる。CLILでは、ポートフォリオ評価が推奨されている。ポートフォリオ評価では、授業のなかで学習者がどのような活動をして、どのような成果物があり、何が達成できて、何ができるようになったかを、記録し、蓄積させる。数字で表される客観的尺度とならないので、総括的評価にしにくいが、形成的評価にもとづき学習のプロセスを評価することに重きを置く。CLILは自律学習を推進するので、学

習が授業のなかで完結しない。評価のなかで、今後の学習の方向性を示す必要がある。

　そこで、内容の学習の成果と英語の学習の成果を統合した評価となるフィードバックを、学習者に提供する。これは初等中等教育で実施されている観点別評価の視点とほぼ重なる。CLIL はもともと複雑な統合学習であり、総括的な評価はむずかしい。そこで、知識、技能、理解、思考、判断、コミュニケーション、表現、意欲、目的思考、文化間理解などの観点から、内容、言語、統合学習を観点別に評価する。

　CLIL 授業においてテストを評価のひとつのポイントとして加えるとすれば、授業で行った活動と関連させることが大切だ。たとえば、パフォーマンスであればそのパフォーマンスを評価する。言語に関しては、CEFR をもとにその評価方法を示しておく必要がある。ルーブリックを作成し、その基準により行動を評価してもよい。多様な評価の方法を理解し、各 CLIL 授業実践をする際に評価の方法を選択し、学習者にも明確に示し、学習プロセスに焦点を当て、形成的に評価し、その後の学習に役立つように観点別に総合的にフィードバックする。

9.6 CLIL の研究

　研究（リサーチ）は、実践の分野ではおろそかにされることが多いが必要である。ヨーロッパではかなり多くの CLIL 研究成果物が報告されつつある。CLIL 授業の会話分析、談話分析、ジャンル分析など授業中の言語使用などの研究、CLIL のカリキュラム、授業実践、学習効果などの実践的な研究、また、CLIL における教師や学習者の認知面の研究など、バイリンガルや統合学習の観点と併せて、徐々に研究報告が増えてきている。それとともに、応用言語学などの観点から批判もある。この 20 年で急速に発展してきた CLIL は、多くの研究成果とともに、多少の行き詰まり感が否めない。しかし、批判が多くなされることは、研究が進んでいることでもあり、貴重である。その点から研究は継続される必要がある。

　CLIL の理念は、複雑な授業の状況で複雑な学びに焦点を当てた実践という点に魅力がある。CLIL は、理論的な背景が不十分なまま実践的に発展した経緯から、研究面が弱い側面は当初からあった。主にバイリンガル教育の研究から多くの知見を得て、社会構成主義などの理論を借りて、CLIL の統合学習の理論を築いてきた。CLIL

自体の発想はシンプルで、内容と言語を統合的に学び、両方の知識と技能を統合して身につけるという考え方である。どのような方法が効果的かは教師が工夫する必要がある。その教師の実践が、適切なCLILを発展させる最も大切な要素であるが、現状ではその蓄積がまだ少ない。CLILの発展には教師がかかわる実践的な研究は重要であり、それは、ティーチャー・リサーチ（teacher research）として研究されることが望ましい。

ティーチャー・リサーチは、「教師自身の学校・授業活動に関する系統的意図的な探求（the systematic, intentional inquiry by teachers into their own school and classroom work）」（Cochran-Smith & Lytle, 1993: pp. 23-24）と定義されることがある。本書では、それを「教師自身の教師としての成長であり、生徒の学びを支援するための授業改善」と定義する。CLILはまだ未完成の指導法であり教育である。そのCLILを実践するためには、自分で実践しながら自律的に成長する必要がある。その実践の場は学びの場であり授業である。そして、自律学習を促すCLILは教師が学習者の学びを支援する教育であり、その教育を発展させるための研究を教師が実践することが大切だ。発展途上のCLILは、教師の成長と関連した授業実践と研究が必須であり、最も効果的な研究である。

9.6.1 CLILと授業研究（lesson study）

授業研究は、日本では従来から小学校教育の現場で持続的に実施されて成果をあげてきた。授業を観察することを通じてふりかえりを図り、改善していくというシンプルな方法である。CLILの授業実践は日本ではまだ発展途上であり、各教師がそれぞれの方法で模索しながらCLILを実践している。一般的な授業研究の手法では、授業が実践され、その授業を参観し、その授業について議論し、自身の授業をふりかえる、という形態をとっている。授業の目標が授業実践のなかで生徒にどのように定着し、どのように改善を図るかなどを、教師が他の教師とのふりかえりを通じて授業を考える実践的な研究で、多くの教育現場で行われている。同様の授業研究の手法は有効であるが、CLILについては少し工夫を加える。

CLILの授業は統合学習で、活動が主体なため、授業研究が主たる目的としている教師の指導案が結果としてどのように達成されたかは、見えにくい可能性がある。一般的に授業研究の際に、参観者の教師は介入しないが、CLILの場合は、介入して

もかまわない。複雑な学びであり、授業の目標の達成を見るよりも、授業のなかで生徒がどう学んでいるかを大切にしているからである。実際の授業を互いに見ることがCLILの発展には欠かせない。

　養成や研修ではこのような柔軟な授業研究の実践の場を共有することが重要である。そのような場を設定することはむずかしいかもしれないが、マイクロティーチングや模擬授業はシミュレーションであり実際とは違う。授業の様子をビデオで撮り、後で視聴して議論することもあるが、実際の授業に互いに介入することでCLILの学習活動を相乗的に改善する授業研究を開発することも重要である。そのような実践研究の場を蓄積することが現状では必要なので、CLIL授業研究のネットワークを構築することが今後の課題である。

9.6.2 CLILとリサーチ

　ティーチャー・リサーチというコンセプトでリサーチを進めることは、発展途上にあるCLILの実践にはメリットがある。リサーチは気軽に行うことが大切だ。生徒からのリフレクション、アンケート、感想、授業観察など、あらゆるデータを蓄積し、共有することが可能であれば、今後のCLILの発展に大きく寄与する。まずはできることから始めることが大切だ。

　リサーチトピックは、カリキュラム、内容と言語の組み合わせ、指導実践、授業言語、授業運営、タスク、活動、教材、評価など多様である。CLILは教育の一形態ということもあり、多様なリサーチトピックが可能だ。その点は教師としても面白みのひとつである。データを数字で表し、量的に分析も行う必要はあるが、CLILは質的研究の知見が役に立つと考える。量的な効果測定よりも、将来的な教育効果や教師や学習者の内面的な変化を見る。その点から、CLILのリサーチは、質的なデータの信頼性妥当性を測る目的で、「信用できる内容（credibility）」「他の授業にも転移可能（transferability）」「調査方法が再現可能（dependability）」「データを確認できる（confirmability）」という点に留意して実施する必要がある。これらも大切なCLIL教員養成と研修の内容となる。

9.7 CLIL 教育の普及

　CLIL 教育は、日本のように母語の日本語が圧倒的に強い文化社会では認知されにくいかもしれない。英語科目が小学校に導入されるのに相当長い時間がかかったが、ようやく導入された。小学校の英語教育には、CLIL は有効に機能するひとつの選択肢と考えられる。事実、小学校の外国語活動では CLIL に興味を持つ教師が多くなり、CLIL が取り入れられつつある。また、国際理解教育などでは CLIL に近いコンセプトで授業が展開されている例が多く報告されている。今後その動向には注目する必要がある。

　高校でも大学でも CLIL に関心を持つ教師は徐々に増えている。英会話学校や私塾などでも、数学や理科などの教科の内容と絡めて CLIL が導入されるようになってきている。しかし、CLIL がどの程度普及しているのか実態はよくわかっていない。各教育段階で英語を教えている人の多くが関心を持ち、CLIL に近いアプローチを取り入れるようになっているが、英語の授業の一環として CLIL が取り入れられ、CLIL か CLIL でないかは明確に区別がつきにくい。従来のカリキュラムの枠組みで CLIL を実践している教師がいることも考えられる。英語で教える科目が少しずつ増えているからである。CLIL は草の根的にかなりの広がりを示しつつあり、英語教育界でも CLIL は認知されるようになっているが、多くの英語教師のアプローチは、文法、発音、語句などの英語の構造の知識と機能に集中し、4 技能の習熟の向上を目的として展開されている。英語のテクストの背景にある思考や文化はあまり注目されることはない。実際に高校入試や大学入試、あるいは各種英語検定試験でも、内容や文化に言及されることは少なく、英語の知識と技能に焦点が当たる。ディスカッションやディベートなどの活動が奨励され、高校ではさまざまな活動のなかで実践されるようになり、CLIL 教育と共通する活動が広がりつつあるが、技能的な面に焦点が当たり、CLIL が大切にする内容や思考の深さにどの程度力点が置かれているかは明確ではない。

　CLIL の基本は、内容の学習と英語の学習が統合されることである。英語の知識や技能だけを学ぶだけではなく、それとともに内容の知識や技能もあわせて学ぶことが目的とされる。これは、ある程度の英語力がある場合はごく自然の流れである。英語のレベルが上がってくると、単に英語の技能向上だけでは満足しない。その背

後にある内容に対する興味関心、さらには深い理解が必要となる。以前は、このような知的欲求や思考は文法訳読の授業で展開されていた（現在でもその傾向はある）。内容は、主に哲学、論理学、歴史学、社会学、科学批評など人文社会科学系のものが多く、英語教師が解説できる題材である。しかし、このようなアプローチは、英語の構造と日本語の関係の知識は培うことができるが、英語の運用にはすぐには結びつかない。現在でも文法訳読を重視する考え方が強いが、歴史的に見れば批判され続けてきた。CLILはそのような点も強く意識して、文法訳読とCLTを相反するものと考えず、統合する学習を考える。

　CLILに対して懐疑的な見方は当然ある。これはヨーロッパでも同じである。学習は多様であり、多様であることが大切である。すべての学習がCLILである必要もない。本書ではCLILという教育について思考し、課題も含めて、明確な視点を示し、CLILに関して日本という状況を考慮してどのようなあり方が望ましいかを提案した。批判はあるだろうが、ヨーロッパなどを中心に提案されているCLILやそれに準じたCLIL教育セミナーや研修が日本でも行われるようになっている。その点から、CLILが単なるヨーロッパからの指導法のひとつになり、EMIの一種となることが危

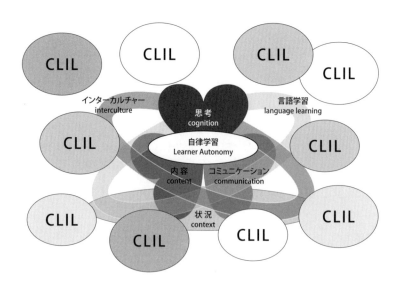

図9.1 多様で柔軟なCLIL教育

惧される。CLILはより多様で柔軟であり、日本的なあり方があってしかるべきだと考える。

　本書が提案するCLIL教育は前述したとおりであるが、整理すると、「CLILは、言語教育の一環で、思考力を育成し、英語によるコミュニケーション能力を育成し、互いの文化を理解する場を提供し、学習者の自律学習を促し、学ぶ内容に焦点を当てることで学ぶ意欲を喚起する」ということになる。これを図で示すと**図9.1**のように表せる。図は固定化されたモデルではなくフレームワークであり、多様で柔軟なCLIL教育の一端を表し、状況に応じて常に変化している。教師がいて学習者がいる。教師が変われば、学習者も変わる。学習者の目的が変われば、教師の学習観も変わる。環境が変われば、カリキュラムも変わり、学ぶ内容も変わる。なぜ内容を英語で学び活動するのかという基本的な統合学習の目標も変わるかもしれない。すべては常に変化していく。そのような変化に適切に対応できる教師が、CLIL教師である。本書で示すCLILフレームワークを基本として多様なCLILがそれぞれの状況で発展することを期待する。

9.8 CLILであるかないかは問題ではない

　CLIL教員の養成と研修は今後の重要な課題であるが、CLILという教育が日本に馴染むかどうかをさいごに言及しておきたい。日本語がどの分野においても強い基盤を持ち、外来の事物を日本語のなかに取り入れ、その文化のなかに消化してしまう。英語のまま日本語の体系のなかで使われるカタカナ語や、漢語がよい例である。食でもファッションでも日本的にアレンジするし、接客、ビジネス、製造、販売、公共交通なども他の国とは異なる独自の文化を築くことが多い。背景には、「日本はユニーク (the uniqueness of Japan)」という独特の考え方がある。日本語も国語であり、国語を言霊 (ことだま) と評し、言語の特殊性を強調する。国語は重要であり、英語も国語に翻訳することで理解するという習慣が抜けない。どの国でもその傾向は大なり小なりあるが、日本は特にその傾向が強いかもしれない。ヨーロッパの多言語多文化状況を反映して発展したCLILは相容れない考え方であり、日本では日本語でほぼ必要な学習はできる環境にあり、CLILの必要性は限られている可能性がある。

現在、英語は小学校から学ばれるようになっているが、学習指導要領では、外国語という教科として英語が教えられるように規定されている。日本社会では英語を日常的に使う人は少なく、多くの学習者は、英語を入学試験のために学び、仕事に必要な検定試験のために学ぶ。また、留学という体験も、明確に英語を通して何かを学ぶという目的よりは、留学という体験にあり、学び使用する英語も日常的な内容がほとんどである場合が多い。多くの学習者は、CLILという統合学習とはあまり関係がない学習が要求されている。学習指導要領の英語学習の目標は、コミュニケーション能力の育成であり、その基礎を養うことである。最近になり英語力をCEFRの6レベルで到達度指標を示すようになったが、それも必ずしも明確ではない。小学校から大学まで英語は学ばれるようになり、英語学習も以前よりは質もよくなり、多様な活動が展開されている。しかし、テストのための英語学習という意識はあまり変わっていない。そのようななかで、さまざまな英語学習のひとつとしてCLILは草の根的に導入されるようになってきた。

　実際、日本のCLILの導入は、ヨーロッパと違い語学の指導法として位置づけられる面があり、統合学習とは言えないかもしれないが、それぞれの教師がそれぞれの考えでCLILを理解し、授業のなかに取り入れている。そのために、CLILは、多面的で、ときにEMIであり、ときにCBIであり、ときにバイリンガル教育であり、ときにはふつうの英語授業のように見える。見る人の観点によっても違う。実際、「CLIL的」「CLILタイプの」「ソフトCLIL」などという表現を使って授業をしている場合が多い。ヨーロッパのCLILを絶対視し、英語以外の教師がそれぞれの教科を英語で教えるという授業であるという意識が強く、CLILとは呼ばないという考え方も強い。しかし、すでに述べたとおり、ヨーロッパでも同様の傾向があり、CLILの境界はますますぼんやりとしたものになっている。

　CLILと言うか言わないかはあまり大きな問題ではない。CLILはこれまでの英語教育や外国語教育を大きく変える役割があると考えるからだ。日本では、日本語と外国語と分けて考える傾向が強く、内と外という意識がある。外国語は、日本語とはかけ離れた憧れの文化を持つ言語であり、外国語学習は欧米文化の吸収と強いつながりがある。実用性を意識する人はまだ少ない。日本の学校教育のなかでは依然として教養的な意味が強い。CLILはそのような英語などの外国語に対する奇妙な憧れを排除する役割をすると考えられる。さらには、多言語多文化の意識を育む可能性

がある。いわゆるネイティブスピーカー信仰（native-speakerism）を軽くして、英語を学ぶ場が、ふつうに使う場になる可能性がある。何かを学ぶのに英語が介在し、英語が必要な言語となる環境が生まれる。

　CLILは特別な指導法ではない。ごくふつうの学習であり、教育なのである。これまでの意識では、英語を使って何か内容を学ぶのはむずかしいと考える傾向にあるが、英語と日本語を使って興味関心がある内容を自分が学びやすいように学ぶのであれば、それほど大変なことではない。わからないことがあれば、教師や他の学習者に尋ね、問題を解決し、ある内容に関する知識や技能を英語で理解し、さらには英語で発信できるようになれば、学習としては大成功ではないだろうか。知識を蓄積することではなく、学びのプロセスを学習者自身が考え、自ら解決するというスタンスを取ることが大切である。現在のような情報社会では、知識は使うものであり、蓄積するものではない。また、学ぶということは、記憶することや知識をただ保持しているかではなく、知識を探しどう利用するかというプロセスを理解することである。言語はそのために欠かせないツールであり、思考に必要な仕組みである。日本語という言語だけでは、これからの人には不十分である。また、英語だけを学ぶことも問題だ。CLILはそこで少し違う観点を提示する。それは、思考しながら英語の意味を理解し、英語で伝えたいことを伝えるというふつうのコミュニケーションをすることで、文化間理解を意識し、学びを楽しむのである。

　重ねて言うが、CLILであるかないかは大した問題ではない。大切なことは、英語を意味のやりとりのなかで理解することである。これがCLILの学びである。意味のある学びを英語で経験する必要がある。4技能の活動でも、意味のない場合はただの練習であり定着しにくいが、意味のある場合は英語で実際の意味のやりとりが起こる。その経験は定着しやすい。文法でも単に知識として理解しドリルをしているだけでは、実際のコミュニケーションで生かすことはむずかしい。英語を使って、失敗して、考えて、教えてもらい、また考えて、使って、成功すれば、わかる。わかって、また別の機会で使い、さらに工夫し、失敗し、考え、また、使って、目標を達成する。その一連のプロセスが統合学習であり、うまく機能すれば学習は成功することが多い。CLILはそのような学びを提供するアプローチであり、教育なのである。

関連文献

Cochran-Smith, M. & Lytle. S. L. (1993). *Inside/Outside Teacher Research and Knowledge*. New York, New York: Teachers College Press.

Marsh, D., Mehisto, P., Wolff, D., & Frigols-Martín, M.J. (2011). European Framework for CLIL Teacher Education. retrieved on 20/07/2018 from https://www.unifg.it/sites/default/files/allegatiparagrafo/20-01-2014/european_framework_for_clil_teacher_education.pdf

Swales, J. M. (1990). Genre analysis. English in academic and research settings. Cambridge: Cambridge University Press.

おわりに

　本書『教育としてのCLIL』は、筆者がこれまでCLILを研究し実践してきたことをまとめたものである。いまだ発展途上ではあるが、現時点でのCLILという教育の日本でのあり方に参考となることをまとめた。CLILと出会い、CLILの面白さを感じ、CLILを実践し、CLILを研究し、10年以上の月日が流れた。当初の発端は、日本の英語教育のあり方や考え方に疑問を感じたからである。2000年当初に、英国で博士課程に在籍し研究を始めた。課題は、日本の英語教師の認知を理解することである。その研究の過程で、日本の英語教師の教えることや学ぶことの認知の質の特徴をいくつか見出した。そのなかで印象に残ったことは、日本の英語教師は教えることに自信を持っていない傾向があることだった。それとともに英語を教えることにあまり楽しみを感じていないことだった。総じて、真面目な教師ほど疲れていると感じた。これはいけないと感じた。

　当時から英語教育や英語教師の働きを変えたいと考えていた関係で、研究のかたわらヨーロッパやアジアの学校を周り英語教育や外国語教育の実態を調査した。そのなかでCLILという教育に出会った。英語の教師ではない教師が数学や地理を英語で教えている。これはおもしろいと感じた。英語の授業もたくさん参観したが、英語の教師もCLILのことは知っていて、CLILとは言わないが、CLILのコンセプトで授業をしている教師が多かった。特に感じたのが、CLILを実践する教師が授業を自然に楽しんでいる様子を見たことだ。どのCLIL授業も単純である。科目の内容と英語（言語）の両方の学習を合わせて教えているだけである。アプローチの仕方はさまざまだった。生徒に尋ねると、多くの生徒がおもしろいと言った。これは、従来のバイリンガル教育やCBIのアプローチとは違うと直感し、始めることにした。

　日本で少しずつ広がりを見せてきて、多くの教師が同様の姿勢でCLILに取り組む姿を見て、「私のCLIL」をまとめようと決心し、本書を出版した。この本が多少役に立てば幸いだと思っている。CLILを始めたい人はぜひ明日から始めてほしい。まずははじめの一歩を踏み出してほしい。

　さいごになるが、本書の出版にあたり、三修社に厚く感謝申し上げたい。特に、CLIL関連の多くの書籍の編集・出版に携わっていただいた永尾真理氏の支援がなけ

れば、CLILはここまで発展することはなかっただろうと考える。『CLIL──新しい発想の授業』の出版から今日まで筆者の考えを取り上げていただき、企画を通していただき、文章の隅々まで校正していただき、感謝しても感謝仕切れない。筆者のCLIL研究と実践の集大成としての本書の出版にあたっては特にそのことを感じ、ここに重ねてお礼を述べたい。

索引

さ

は

ま

や

ら

著者略歴

笹島 茂 （ささじま しげる）

東洋英和女学院大学教授。日本CLIL教育学会（J-CLIL）会長。大学英語教育学会（JACET）監事。
PhD（the University of Stirling, Scotland）。主な研究領域は、英語教育、CLIL、言語教師認知、
教師教育。主な著書は、『CLIL──新しい発想の授業』（編著）（三修社）(2011)、『言語教師認知の
動向』（編著）（開拓社）(2014)、『CLIL 英語で培う文化間意識』（編著）（三修社）(2020)、『高校英語教科書
Grove コミュニケーション英語』（共著）（文英堂）他多数。趣味はミュージカル・演劇鑑賞など。

きょういく　　　　　　　　くりる
教育としてのCLIL

2020年7月25日　第1刷発行

著　　　者　　笹島 茂

発　行　者　　前田 俊秀

発　行　所　　株式会社 三修社

　　　　　　　〒150-0001 東京都渋谷区神宮前2-2-22
　　　　　　　TEL　03-3405-4511
　　　　　　　FAX　03-3405-4522
　　　　　　　振替　00190-9-72758
　　　　　　　https://www.sanshusha.co.jp/

　　　　　　　編集担当　永尾 真理

装丁・DTP　　秋田 康弘
イラスト(p.132)　カガワカオリ

印刷・製本　　壮光舎印刷株式会社

©2020 Shigeru Sasajima　Printed in Japan
ISBN978-4-384-05929-8 C1037